Kohlhammer

Klinische Psychologie und Psychotherapie bei Kindern, Jugendlichen und jungen Erwachsenen

Verhaltenstherapeutische Interventionsansätze

Herausgegeben von Tina In-Albon, Hanna Christiansen und Christina Schwenck

Eine Übersicht aller lieferbaren und im Buchhandel angekündigten Bände der Reihe finden Sie unter:

 https://shop.kohlhammer.de/klinische-psychologie-und-psychotherapie

Die Autorinnen

Dr. rer. nat. Katharina L. Schulte ist Kinder- und Jugendlichenpsychotherapeutin (M.Sc. Psychologin) und habilitiert in der Kinder- und Jugendabteilung für Psychische Gesundheit des Uniklinikums Erlangen zum Thema sexualisierte Gewalt an Kindern und Jugendlichen und Traumatisierung von Kindern und Jugendlichen.

Dr. rer. nat. Katharina Szota ist Klinische Psychologin (M. Sc.) und Kinder- und Jugendlichenpsychotherapeutin. Sie vertritt gegenwärtig die Professur für Kinder- und Jugendlichenpsychotherapie an der Goethe-Universität Frankfurt und arbeitet als wissenschaftliche Mitarbeiterin an der Philipps-Universität Marburg.

Katharina L. Schulte
Katharina Szota

Traumafolgestörungen im Kindes- und Jugendalter

Diagnostik und Behandlung von Folgen
interpersoneller Gewalt und
Vernachlässigung

Verlag W. Kohlhammer

Dieses Werk einschließlich aller seiner Teile ist urheberrechtlich geschützt. Jede Verwendung außerhalb der engen Grenzen des Urheberrechts ist ohne Zustimmung des Verlags unzulässig und strafbar. Das gilt insbesondere für Vervielfältigungen, Übersetzungen, Mikroverfilmungen und für die Einspeicherung und Verarbeitung in elektronischen Systemen.

Pharmakologische Daten, d. h. u. a. Angaben von Medikamenten, ihren Dosierungen und Applikationen, verändern sich fortlaufend durch klinische Erfahrung, pharmakologische Forschung und Änderung von Produktionsverfahren. Verlag und Autoren haben große Sorgfalt darauf gelegt, dass alle in diesem Buch gemachten Angaben dem derzeitigen Wissensstand entsprechen. Da jedoch die Medizin als Wissenschaft ständig im Fluss ist, da menschliche Irrtümer und Druckfehler nie völlig auszuschließen sind, können Verlag und Autoren hierfür jedoch keine Gewähr und Haftung übernehmen. Jeder Benutzer ist daher dringend angehalten, die gemachten Angaben, insbesondere in Hinsicht auf Arzneimittelnamen, enthaltene Wirkstoffe, spezifische Anwendungsbereiche und Dosierungen anhand des Medikamentenbeipackzettels und der entsprechenden Fachinformationen zu überprüfen und in eigener Verantwortung im Bereich der Patientenversorgung zu handeln. Aufgrund der Auswahl häufig angewendeter Arzneimittel besteht kein Anspruch auf Vollständigkeit.

Die Wiedergabe von Warenbezeichnungen, Handelsnamen und sonstigen Kennzeichen in diesem Buch berechtigt nicht zu der Annahme, dass diese von jedermann frei benutzt werden dürfen. Vielmehr kann es sich auch dann um eingetragene Warenzeichen oder sonstige geschützte Kennzeichen handeln, wenn sie nicht eigens als solche gekennzeichnet sind.

Es konnten nicht alle Rechtsinhaber von Abbildungen ermittelt werden. Sollte dem Verlag gegenüber der Nachweis der Rechtsinhaberschaft geführt werden, wird das branchenübliche Honorar nachträglich gezahlt.

Dieses Werk enthält Hinweise/Links zu externen Websites Dritter, auf deren Inhalt der Verlag keinen Einfluss hat und die der Haftung der jeweiligen Seitenanbieter oder -betreiber unterliegen. Zum Zeitpunkt der Verlinkung wurden die externen Websites auf mögliche Rechtsverstöße überprüft und dabei keine Rechtsverletzung festgestellt. Ohne konkrete Hinweise auf eine solche Rechtsverletzung ist eine permanente inhaltliche Kontrolle der verlinkten Seiten nicht zumutbar. Sollten jedoch Rechtsverletzungen bekannt werden, werden die betroffenen externen Links soweit möglich unverzüglich entfernt.

1. Auflage 2024

Alle Rechte vorbehalten
© W. Kohlhammer GmbH, Stuttgart
Gesamtherstellung: W. Kohlhammer GmbH, Stuttgart

Print:
ISBN 978-3-17-041468-6

E-Book-Formate:
pdf: ISBN 978-3-17-041469-3
epub: ISBN 978-3-17-041470-9

Geleitwort zur Buchreihe

Klinische Psychologie und Psychotherapie bei Kindern, Jugendlichen und jungen Erwachsenen: Verhaltenstherapeutische Interventionsansätze

Psychische Störungen im Kindes- und Jugendalter sind weit verbreitet und ein Schrittmacher für die Entwicklung weiterer psychischer Störungen im Erwachsenenalter. Für einige der für das Kindes- und Jugendalter typischen Störungsbereiche liegen empirisch gut abgesicherte Behandlungsmöglichkeiten vor. Eine Besonderheit in der Diagnostik und Therapie von Kindern mit psychischen Störungen stellt das Setting der Therapie dar. Dies bezieht sich sowohl auf den Einbezug der Eltern als auch auf mögliche Kontaktaufnahmen mit dem Kindergarten, der Schule, der Jugendhilfe usw. Des Weiteren stellt die Entwicklungspsychopathologie für die jeweiligen Bände ein zentrales Kernthema dar.

Ziel dieser neuen Buchreihe ist es, Themen der Klinischen Kinder- und Jugendpsychologie und Psychotherapie in ihrer Gesamtheit darzustellen. Dies umfasst die Beschreibung von Erscheinungsbildern, epidemiologischen Ergebnissen, rechtliche Aspekte, ätiologischen Faktoren bzw. Störungsmodelle, sowie das konkrete Vorgehen in der Diagnostik unter Berücksichtigung verschiedener Informanten und das konkrete Vorgehen in der Psychotherapie unter Berücksichtigung des aktuellen Wissensstandes zur Wirksamkeit.

Die Buchreihe besteht aus Bänden zu spezifischen psychischen Störungsbildern und zu störungsübergreifenden Themen. Die einzelnen Bände verfolgen einen vergleichbaren Aufbau wobei praxisorientierte Themen wie bspw. Fallbeispiele, konkrete Gesprächsinhalte oder die Antragsstellung durchgehend aufgenommen werden.

Christina Schwenck (Gießen)
Hanna Christiansen (Marburg)
Tina In-Albon (Landau)

Die Herausgeberinnen

Prof. Dr. Tina In-Albon, Professur für Klinische Psychologie und Psychotherapie des Kindes- und Jugendalters an der Universität Koblenz-Landau. Leitung der Landauer Psychotherapie-Ambulanz für Kinder und Jugendliche und des Studiengangs zur Ausbildung in Kinder- und Jugendlichenpsychotherapie der Universität Koblenz-Landau.

Prof. Dr. Hanna Christiansen, Professur für Klinische Psychologie des Kindes- und Jugendalters an der Philipps-Universität Marburg; Leiterin der Kinder- und Jugendlichen-Psychotherapie-Ambulanz Marburg (KJ-PAM) sowie des Kinder- und Jugendlichen-Instituts für Psychotherapie-Ausbildung Marburg (KJ-IPAM).

Prof. Dr. Christina Schwenck, Professur für Förderpädagogische und Klinische Kinder- und Jugendpsychologie, Justus-Liebig-Universität Gießen. Leiterin der postgradualen Ausbildung Kinder- und Jugendlichenpsychotherapie mit Schwerpunkt Verhaltenstherapie.

Inhalt

Geleitwort zur Buchreihe		5
1	**Klassifikation und Erscheinungsbild**	**11**
	1.1 Klärung von Begrifflichkeiten	12
	1.2 Klassifikation von Traumafolgestörungen im engeren Sinne	13
	1.2.1 Akute Belastungsreaktion	13
	1.2.2 Anpassungsstörung	15
	1.2.3 Posttraumatische Belastungsstörung	17
	1.2.4 Komplexe posttraumatische Belastungsstörung	18
	1.3 Klassifikation von Traumafolgestörungen im weiteren Sinne	20
	1.3.1 Anhaltende Trauerstörung	20
	1.3.2 Reaktive Bindungsstörung des Kindesalters	21
	1.3.3 Bindungsstörung mit Enthemmung	22
	1.4 Erscheinungsbild im Entwicklungsverlauf	24
	1.4.1 Altersunterschiede im Erscheinungsbild der PTBS	24
	1.4.2 Traumafolgestörungen im Entwicklungsverlauf	24
	1.5 Überprüfung der Lernziele	26
2	**Epidemiologie, Verlauf und Folgen**	**27**
	2.1 Risiko- und Schutzfaktoren für das Auftreten von Traumafolgestörungen	28
	2.1.1 Risikofaktoren	28
	2.1.2 Schutzfaktoren	29
	2.1.3 Prävalenz in verschiedenen Altersstufen	29
	2.2 Verlauf	30
	2.2.1 Verlauf der PTBS	30
	2.2.2 Verlauf der dissoziativen Störung	31
	2.3 Überprüfung der Lernziele	32
3	**Komorbidität und Differenzialdiagnostik**	**33**
	3.1 Komorbidität	34
	3.2 Differenzialdiagnostik	35
	3.2.1 Komplexe posttraumatische Belastungsstörungen und Borderline-Persönlichkeitsstörungen	35
	3.2.2 Anpassungsstörungen	36
	3.2.3 Anhaltende Trauerstörungen	37

		3.2.4	Depressive Störungen	37
		3.2.5	Angststörungen	37
		3.2.6	Aufmerksamkeitsdefizit-/Hyperaktivitätsstörungen	38
		3.2.7	Störungen des Sozialverhaltens	39
		3.2.8	Dissoziative Störungen	39
		3.2.9	Psychotische Störungen	40
	3.3		Überprüfung der Lernziele	41
4	**Diagnostik**			**42**
	4.1		Erstgespräch und Anamnese	43
		4.1.1	Das Erstgespräch	43
		4.1.2	Anamnese	47
		4.1.3	Psychopathologischer Befund	49
	4.2		Diagnoseinstrumente	49
		4.2.1	Fragebögen	50
		4.2.2	Diagnostische Interviews	52
		4.2.3	Testverfahren	54
		4.2.4	Verhaltensbeobachtung	55
	4.3		Diagnosestellung und Integration diagnostischer Informationen	55
	4.4		Problemanalyse auf Makro- und Mikroebene	57
	4.5		Indikation und Behandlungssetting	58
	4.6		Rückmeldung der Diagnostik	60
		4.6.1	Rückmeldung der Diagnostik an Kinder	61
		4.6.2	Rückmeldung der Diagnostik an Jugendliche	61
	4.7		Überprüfung der Lernziele	62
5	**Störungstheorien und -modelle**			**63**
	5.1		Bedingende Faktoren für Entstehung und Aufrechterhaltung	64
	5.2		Rahmenmodell der Ätiologie von Traumafolgen	65
		5.2.1	Risiko- und Schutzfaktoren	65
		5.2.2	Ereignisfaktoren	65
		5.2.3	Aufrechterhaltende Faktoren	66
		5.2.4	Gesundheitsfördernde Faktoren und Ressourcen	67
		5.2.5	Posttraumatische Prozesse und Resultate	68
	5.3		Zwei-Faktoren-Modell	70
	5.4		Furchtstrukturmodell	70
	5.5		Kognitives Störungsmodell	71
		5.5.1	Negative Interpretation	71
		5.5.2	Spezifika des Traumagedächtnisses	71
		5.5.3	Anhaltend wahrgenommene Bedrohung	72
	5.6		Social-Facilitation-Modell der Traumafolgen	72
	5.7		Anwendung eines Störungsmodells auf ein Fallbeispiel	73
		5.7.1	Psychoedukation mit Kind (Madeleine, 12 Jahre, siehe Fallbeispiel)	73

		5.7.2	Psychoedukation mit Eltern (Madeleine, 12 Jahre, siehe Fallbeispiel)	73
	5.8		Überprüfung der Lernziele	74

6 Psychotherapie ... 75

	6.1	Beispiel für einen Therapieantrag	76
	6.2	Behandlungsplanung	81
		6.2.1 Voraussetzungen	81
		6.2.2 Rahmenbedingungen	83
		6.2.3 Therapieziele	85
		6.2.4 Methoden und Vorgehen	89
	6.3	Therapiebausteine	90
		6.3.1 Phase der Stabilisierung	91
		6.3.2 Phase der Traumabearbeitung	96
		6.3.3 Phase der Integration	100
	6.4	Umgang mit schwierigen Therapiesituationen	102
		6.4.1 Amnesie: Die Kinder oder Jugendlichen haben unvollständige Erinnerungen	102
		6.4.2 Vermeidung: Die Kinder oder Jugendlichen vermeiden die Konfrontation	102
		6.4.3 Belastung und Dissoziation: Es kommt zu ausgeprägter Belastung oder dissoziativem Erleben während oder nach der Therapiesitzung	104
		6.4.4 Fehlen einer Bezugsperson: Es findet sich keine Bezugsperson, die an der Therapie teilnehmen kann	104
		6.4.5 Belastete Bezugspersonen: Die Eltern oder engen Bezugspersonen sind selbst stark belastet oder zeigen ungünstige Reaktionen gegenüber den Kindern	105
		6.4.6 Sprachbarriere: Die Behandlung erfolgt mit Unterstützung einer Sprachmittlung	105
	6.5	Verhaltenstherapeutische Behandlungsmanuale	106
		6.5.1 Spezifisch für Kinder und Jugendliche entwickelte Interventionen	106
		6.5.2 Für das Kindes- und Jugendalter angepasste Interventionen	107
	6.6	Überprüfung der Lernziele	110

7 Psychotherapieforschung ... 111

	7.1	Empirische Evidenz zur Behandlung der PTBS	111
		7.1.1 Therapieverfahren	112
		7.1.2 Therapiemethoden und -techniken	112
		7.1.3 Behandlungssetting	115
		7.1.4 Behandlungsformat	115
		7.1.5 Adjuvante Verfahren	116
	7.2	Zusammenfassung der empirischen Evidenz	118
	7.3	Überprüfung der Lernziele	119

8	**Rechtliche Aspekte**		**120**
	8.1	Aufklärung und Einwilligung	120
	8.2	Schweigepflicht	121
	8.3	Kindeswohlgefährdung	121
	8.4	Offenbarungsbefugnis	122
	8.5	Kindschaftsrecht	123
	8.6	Opferentschädigungsgesetz	123
	8.7	Ärztliches Attest und Beweissicherung	124
	8.8	Vereinbarkeit von Therapie und Strafverfahren	124
	8.9	Psychotherapeutische Versorgung geflüchteter Kinder und Jugendlicher	126
	8.10	Überprüfung der Lernziele	127
9	**Zusammenfassung und Ausblick**		**128**
	9.1	Zusammenfassung	128
	9.2	Ausblick	129
		9.2.1 Identifikation von Kindern mit PTBS	129
		9.2.2 Psychotherapieforschung	130
		9.2.3 Behandlung komplexer posttraumatischer Belastungsstörungen	130
		9.2.4 Interdisziplinäre Kooperation zur Versorgung	130
		9.2.5 Dissemination evidenzbasierter Psychotherapie	131
	9.3	Überprüfung der Lernziele	133
10	**Literaturverzeichnis**		**134**
11	**Weiterführende Literatur**		**149**
Stichwortverzeichnis			**151**

1 Klassifikation und Erscheinungsbild

Fallbeispiel

Die 6;4-jährige Meike stellt sich gemeinsam mit ihrer Mutter in einer ambulanten Praxis wegen ausgeprägten Trennungsängsten und Regressionen der Sauberkeitsentwicklung vor. Vor zwei Monaten sei herausgekommen, dass der neue Freund der Kindsmutter Meike regelmäßig geschlagen und sie in ihr Zimmer gesperrt habe, sobald die Kindsmutter nicht zu Hause gewesen sei. Die Kindsmutter arbeite im Schichtdienst und ihr Freund habe sich dann um Meike gekümmert. Dass etwas nicht in Ordnung sei, sei der Kindsmutter aufgefallen, als Meikes Spielen deutlich aggressiver geworden sei und sie immer wieder die gleichen Situationen, in denen ein Vater seine Kinder geschlagen habe, nachgespielt habe. Meike habe angefangen, wieder einzunässen und einzukoten und wolle nicht mehr alleine in ihrem Zimmer sein. In Trennungssituationen klammere sich Meike an ihre Mutter, bekomme Wutanfälle und starke Bauchschmerzen. Den Schulbesuch und das Treffen mit Freund*innen verweigere sie, obwohl sie früher sehr gerne sowohl in die Schule als auch zu ihren Freund*nnen gegangen sei. In einem Gespräch, in dem die Kindsmutter explizit nachgefragt habe, habe sich Meike letztendlich ihrer Mutter anvertraut. Die Kindsmutter habe sich umgehend von ihrem Freund getrennt.

Lernziele

- Sie können zentrale Begrifflichkeiten wie Trauma oder interpersonelle Gewalt erklären.
- Sie kennen die diagnostischen Kriterien für Traumafolgestörungen nach ICD-10 und ICD-11.
- Sie kennen das alterstypische Erscheinungsbild von Traumafolgestörungen von der frühen Kindheit bis zum Jugendalter bzw. jungen Erwachsenenalter.

Im Folgenden sollen zunächst einige zentrale Begrifflichkeiten geklärt werden, die zur Diskussion von Traumafolgestörungen im Kindes- und Jugendalter nach interpersoneller Gewalt und Vernachlässigung im Rahmen des Buches benötigt werden.

1 Klassifikation und Erscheinungsbild

1.1 Klärung von Begrifflichkeiten

Der Begriff eines *psychischen Traumas* ist nicht einheitlich definiert, das Wort stammt jedoch von dem Griechischen und bezeichnet eine Wunde. Ein Grundgedanke ist, dass es sich bei einem Trauma um eine Verletzung und einer daraus resultierenden Wunde an der menschlichen Seele handelt (Pausch & Matten, 2018). Die Weltgesundheitsorganisation (WHO) definierte 1991 ein Trauma als ein »kurz- oder langanhaltendes Ereignis oder Geschehen von außergewöhnlicher Bedrohung mit katastrophalem Ausmaß (…)« (ICD-10; Weltgesundheitsorganisation, 1993, S. 124). Eine Situation wird dann als traumatisch oder potenziell traumatisierend definiert, wenn es zur Konfrontation mit dem plötzlichen Tod oder einer Todesgefahr von sich selbst oder einer nahestehenden Person kommt oder wenn die persönliche Unversehrtheit durch eine Form der Gewalt verletzt wird (Maercker & Hecker, 2016). Traumatische Ereignisse können einmalig und kurz (*Trauma Typ 1*) oder länger und immer wiederkehrend (*Trauma Typ 2*) auftreten (Terr, 1991).

> **Wichtig**
>
> Traumata aus Kindersicht: Entscheidend ist die subjektive Wahrnehmung des Kindes von einer Situation, die als lebensbedrohlich für sich oder nahestehende Personen erlebt wird, nicht die objektive Erwachsenensicht.
> Beispiel: Die 5-jährige Pauline beobachtet ihre Eltern (von denen unbeabsichtigt) beim Geschlechtsverkehr und entwickelt eine Traumafolgestörung. Für sie, die nicht aufgeklärt war, hat sich ihre Mutter in Lebensgefahr befunden.

Unter *interpersoneller Gewalt* werden Ereignisse verstanden, die von Menschen bewusst verursacht werden. Gewöhnlich werden drei Formen der Gewalt an Kindern und Jugendlichen unterschieden, körperliche Gewalt, emotionale Gewalt, und sexualisierte/sexuelle Gewalt.

Die Deutsche Gesellschaft für Kinder- und Jugendpsychiatrie und -psychotherapie (DGKJP) bezeichnet als *körperliche Gewalt* die direkte Gewalteinwirkung auf das Kind durch Schlagen, Verbrennen, Verätzen, Schütteln, aber auch die Schädigung durch Intoxikation (DGKJP, 2003).

Häufig in Verbindung mit anderen Gewalthandlungen tritt *emotionale, auch seelische oder psychische Gewalt* genannt, auf. Zu emotionaler Gewalt zählen feindliche Ablehnung, Ausnutzung, unangebrachtes Verhalten beispielsweise dem Kind gegenüber, fehlende emotionale Reaktionen, beabsichtigtes Verursachen von Ängsten, Kontrollieren des Denkens, Fühlens und der Körperfunktionen, Verhinderung der Psychohygiene und der kognitiven und medizinischen Versorgung sowie das Verwehren lebenswichtiger Schutzfunktionen (May & Bundesarbeitsgemeinschaft Prävention und Prophylaxe, 2006).

Der ehemalige Unabhängige Beauftragte für Fragen des sexuellen »Kindesmissbrauchs« (UBSKM) beschreibt *sexualisierte Gewalt* als »jede sexuelle Handlung, die an Mädchen und Jungen gegen deren Willen vorgenommen wird oder der sie aufgrund körperlicher, seelischer, geistiger oder sprachlicher Unterlegenheit nicht wissentlich zustimmen können« (Rörig, 2021, Abschnitt 1). Hierzu gehören beispielsweise Vergewaltigungen, sexuelles Berühren von Kindern und Jugendlichen über oder unter der Kleidung oder das Onanieren vor einem Kind oder Jugendlichen. Handlungen können als grundlegende Differenzierung in zwei Kategorien eingeteilt werden: Handlungen mit direktem Körperkontakt (»hands-on«) und Handlungen ohne direkten Körperkontakt (»hands-off«). Alle genannten Akte werden als sexualisierte Gewalt bezeichnet, wenn der*die Täter*in diese Handlungen ausführt oder er*siesie das Kind oder die*den Jugendliche*n dazu verleitet, entsprechend manipuliert oder zwingt, diese Akte selbst zu vollführen (z. B. orale Befriedigung des Täters bzw. der Täterin).

Darüber hinaus können Traumafolgestörungen nach Vernachlässigung auftreten. Bei Vernachlässigung wird zwischen körperlicher und emotionaler Vernachlässigung unterschieden. *Körperliche Vernachlässigung* zeichnet sich durch eine nicht hinreichende Versorgung und Gesundheitsfürsorge [aus], die zu massiven Gedeih- und Entwicklungsstörungen führen kann (DGKJP, 2003). Hierzu zählen unter anderem unzureichende Nahrung, das Unterlassen von Besuchen in (zahn-)ärztlichen Praxen, fehlende oder verschmutzte Kleidung oder das Alleinlassen von Kindern.

Emotionale Vernachlässigung beschreibt ein nicht hinreichendes oder ständig wechselndes und dadurch nicht ausreichendes emotionales Beziehungsangebot (DGKJP, 2003), wie z. B. das Kind verbal abzuwerten, mit körperlicher Bestrafung zu drohen oder kalt und abweisend zu behandeln.

Als *Traumafolgestörungen* können einerseits psychische Störungen bezeichnet werden, die eine Konfrontation mit einem traumatischen oder stark belastenden Ereignis voraussetzen, oder in weiterem Sinne auch psychische Störungen, die sehr häufig, jedoch nicht ausschließlich in Folge traumatischer Ereignisse entwickelt werden.

1.2 Klassifikation von Traumafolgestörungen im engeren Sinne

1.2.1 Akute Belastungsreaktion

Eine vorübergehende Störung, die sich als Reaktion auf eine außergewöhnliche körperliche oder psychische Belastung entwickelt und innerhalb von Stunden oder Tagen nach dem Ereignis wieder verschwindet, wird als akute Belastungsreaktion bezeichnet. Die individuelle Vulnerabilität und die bestehenden Bewältigungsstrategien (Copingmechanismen) spielen eine Rolle bei der Entwicklung und dem Schweregrad der Störung. Beginnend mit einer Art Taubheit mit einer gewissen Bewusstseinseinengung und eingeschränkter Aufmerksamkeit, einer gestörten Reizverarbeitung und Desorientierung, zeigen die typischen Symptomatiken ein wechselndes und gemischtes Bild. Ein weiterer Rückzug aus der Umgebung (bis zum dissoziativen Stupor, siehe F44.2) oder Unruhe und Hyperaktivität (wie Fluchtreaktion oder Fugue) kann auf diesen Zustand folgen. Außerdem zeigen sich in der Regel vegetative Anzeichen von Panik, wie Herzrasen, Schwitzen und Erröten. Überwiegend treten die Symptome innerhalb von Minuten nach dem belastenden Ereignis auf und verschwinden innerhalb von zwei bis drei Tagen, häufig innerhalb von Stunden. Auch kann es in dieser Episode zu einer teilweisen oder vollständigen Amnesie (siehe F44.0) kommen (World Health Organization, 2019).

Die akute Belastungsreaktion besteht als solche im ICD-11 nicht mehr. Sie wird bei den »Gesundheitsbeeinflussenden Faktoren« eingeordnet, da diese eine normale Reaktion auf einen Stressor widerspiegelt, die sich normalerweise innerhalb weniger Tage nach dem auslösenden Ereignis zurückbildet (Maercker & Eberle, 2022).

> **Diagnostische Kriterien für Akute Belastungsreaktion nach ICD-10 (F43.0)**
>
> A. Erleben einer außergewöhnlichen psychischen oder physischen Belastung
> B. Erleben einer außergewöhnlichen psychischen oder physischen Belastung
> C. Es gibt zwei Symptomgruppen. Die akute Belastungsreaktion wird unterteilt in:
> F43.00 leicht: nur Symptome aus Gruppe 1.
> F43.01 mittelgradig: Symptome aus Gruppe 1. und zwei Symptome aus Gruppe 2.
> F43.02 schwer: Symptome aus Gruppe 1. Und vier Symptome aus Gruppe 2 oder dissoziativer Stupor (F44.2).
>
> Die Kriterien B, C und D der generalisierten Angststörung (F41.1);
>
> a) Rückzug von erwarteten sozialen Interaktionen,
> b) Einengung der Aufmerksamkeit,
> c) offensichtliche Desorientierung,
> d) Ärger oder verbale Aggression,
> e) Verzweiflung oder Hoffnungslosigkeit,
> f) unangenehme oder sinnlose Überaktivität,
> g) unkontrollierbare und außergewöhnliche Trauer (zu beurteilen nach den jeweiligen kulturellen Normen)
>
> D. Wenn die Belastung vorübergehend ist oder gemildert werden kann, beginnen die Symptome nach frühestens 8 Stunden abzuklingen. Hält die Belastung an, beginnen die Symptome nach höchstens 48 Stunden nachzulassen.
> E. Häufiges Ausschlusskriterium: Derzeit liegt keine andere psychische oder Verhaltensstörung vor (außer F41.1 Generalisierte Angststörung und F60 Persönlichkeitsstörungen). Das Ende der Krankheitsepisode einer anderen psychischen oder Verhaltensstörung muss mehr als 3 Monate zurückliegen.

> **Diagnostische Kriterien für Akute Stressreaktion nach ICD-11 (QF47)**[1]
>
> Z-Verschlüsselung unter »Sonstigen Faktoren, welche die Gesundheit beeinflussen«

1.2.2 Anpassungsstörung

Eine Symptomatik mit Zuständen subjektiver Bedrängnis und emotionaler Beeinträchtigung, durch welche das soziale Funktionieren und die Leistungsfähigkeit behindert werden, nennt man eine Anpassungsstörung. Hierbei müssen die Symptome nach einer prägenden Lebensveränderung oder nach einem belastenden Erlebnis während des Anpassungsprozesses an diese entstehen. Bei der Entstehung und der Ausprägung der Symptomatik sind eine entscheidende Prädisposition und Vulnerabilität relevant. Entscheidend ist, dass sich das Krankheitsbild ohne eine auslösende Belastung nicht entwickelt hätte. Die Anzeichen variieren und zeigen sich sowohl in einer depressiven Symptomatik als auch in einer Angstsymptomatik oder einer übermäßigen Sorge. Auch eine gemischte Symptomatik ist möglich. Darüber hinaus kann ein Gefühl entstehen, den Alltag nicht mehr meistern zu können (World Health Organization, 2019). Auch Störungen des Sozialverhaltens können insbesondere bei Jugendlichen im Rahmen einer Anpassungsstörung als zusätzliches Symptom auftreten (Schmidt & Poustka, 2006).

Vor der ICD-11 diente die Anpassungsstörung vor allem dem Zweck einer Restkategorie bzw. einer Ausschlussdiagnose und weniger einer vollwertigen Störung. Mit der Revision der ICD-11 wurde die Anpassungsstörung grundlegend überholt und gilt erstmals als vollwertige Diagnose. Die Subtypen der Anpassungsstörung in der ICD-10 wurden abgeschafft und sind spezifisch definierten Symptomen als diagnostischen Merkmalen gewichen. In der ICD-11 werden sogenannte Präokkupationen, d. h. gedankliches Verhaftetsein mit dem belastenden Erlebnis, als Kernsymptom der Anpassungsstörung definiert. Hiermit sind wiederehrende und aufdrängende Kognitionen, die an das Erlebnis erinnern, gemeint. Ein weiteres Kriterium ist Anpassungsschwierigkeiten, was mit einer Unfähigkeit, sich zu erholen, zu vergleichen ist. Ebenso Merkmal ist ein Interessenverlust gegenüber Beziehungen zu anderen, der Schule oder Arbeit oder der Freizeit. Betroffene können zudem von Konzentrations- oder Schlafproblemen berichten. Als Zeitkriterium bestehen weiterhin höchstens sechs Monate, es sei denn, das belastende Ereignis besteht über einen längeren Zeitraum.

Gemäß der ICD-11 kann sich eine Anpassungsstörung unterschiedlich über die Lebensspanne manifestieren. Im Kindesalter kann es häufiger zu Trotzverhalten, Schmerzsyndromen oder regressiven Reaktionen wie Bettnässen oder Schlafstö-

---

1 Word Health Organization, 2018. Von den Autorinnen aus der ICD-11 for Mortality and Morbidity Statistics ins Deutsche übersetzt. Die WHO ist nicht verantwortlich für den Inhalt oder die Richtigkeit dieser Übersetzung. Im Falle von Unstimmigkeiten zwischen der englischen Fassung und der Übersetzung ist die englische Originalfassung die verbindliche und authentische Fassung.

rungen und in der Pubertät zu Substanzkonsum oder erhöhter Risikobereitschaft kommen.

Diagnostische Kriterien für Anpassungsstörung nach ICD-10 (F43.2)

A. Identifizierbare psychosoziale Belastung, von einem nicht außergewöhnlichen oder katastrophalen Ausmaß; Beginn der Symptome innerhalb eines Monats.
B. Symptome und Verhaltensstörungen (außer Wahngedanken und Halluzinationen) wie sie bei affektiven Störungen (F3), bei Störungen des Kapitels F40–F48 (neurotische, Belastungs- und somatoforme Störungen) und bei den Störungen des Sozialverhaltens (F91) vorkommen. Die Kriterien einer einzelnen Störung werden aber nicht erfüllt. Die Symptome können in Art und Schwere variieren. Das vorherrschende Symptom sollte mit der fünften Stelle weiter differenziert werden (F42.2X)
F43.20 Kurze depressive Reaktion
F43.21 Längere depressive Reaktion
F43.22 Angst und depressive Reaktion gemischt
F42.23 Mit vorwiegender Beeinträchtigung von anderen Gefühlen
F43.24 Mit vorwiegender Störung des Sozialverhaltens
F43.25 Mit gemischter Störung von Gefühlen und Sozialverhalten
F43.28 Mit sonstigen spezifischen deutlichen Symptomen
C. Die Symptome dauern nicht länger als 6 Monate nach Ende der Belastung oder ihrer Folgen an, außer bei einer längeren depressiven Reaktion (F43.21). Bis zu einer Dauer von 6 Monaten kann die Diagnose einer Anpassungsstörung gestellt werden.

Diagnostische Kriterien für Anpassungsstörung nach ICD-11 (6B43)[2]

A. Identifizierbares Ereignis oder Geschehen innerhalb des letzten Monats
B. Präokkupationen (Gedankliches Verhaftetsein):
(1) wiederholte, belastende und unwillkürliche Gedanken an das Ereignis, (2) kreisende Gedanken oder Grübeln bezüglich des Ereignisses während mind. eines Monats an der Mehrzahl der Tage oder (3) Auftreten von Stress bei Erinnerung an das Ereignis
C. Fehlanpassungs- und weitere Symptome:
(1) Konzentrations- und Schlafstörungen, (2) mangelndes Selbstvertrauen bei Ausübung früherer gewohnter Tätigkeiten oder (3) Leistungsabfall
D. Ausschluss von häufig auftretenden psychischen Störungen wie affektive Störungen oder PTBS
E. Klinisch bedeutsame Beeinträchtigungen

---

2 WHO 2018, übersetzt durch die Autorinnen, vgl. Fußnote 1

1.2.3 Posttraumatische Belastungsstörung

Die posttraumatische Belastungsstörung (PTBS) ist eine psychische Störung, die nach extrem belastenden Erlebnissen auftreten kann. Die Symptomatik kann in vier grundlegende Symptombereiche eingeteilt werden:

Wiedererleben: Symptome des Wiedererlebens zeigen sich unter anderem durch Intrusionen (belastendes Widererleben des traumatischen Geschehens im Wachzustand oder Schlaf). Bei Kindern zeigt sich dies durch wiederholtes und wenig lustbetontes Nachspielen der traumatischen Situation (American Psychiatric Association, 2013). Als weiteres Symptom der PTBS können Flashbacks (subjektiver Eindruck, das traumatische Erlebnis aktuell wieder zu durchleben) auftreten.

Vermeidung traumabezogener Reize: Situationen, Orte oder Personen, die an das Trauma erinnern, werden beabsichtigt oder unbeabsichtigt vermieden.

Negative Veränderungen von Kognitionen und Emotionen: Betroffene zeigen ein deutlich vermindertes Interesse an Dingen, die vor der Traumatisierung von Bedeutung waren. Sie erleben ein Gefühl der Entfremdung von anderen und der Emotionslosigkeit oder emotionalen Taubheit. Dysfunktionale Überzeugungen, beispielsweise die eigene Sicherheit oder Zukunft betreffend, können auftreten.

Symptome der erhöhten autonomen Erregung: Hierunter fallen eine übermäßige Wachsamkeit und Schreckhaftigkeit, eine erhöhte Reizbarkeit und Aggressivität, Schwierigkeiten ein- oder durchzuschlafen, sowie Konzentrations- und Gedächtnisprobleme

---

Diagnostische Kriterien für posttraumatische Belastungsstörung nach ICD-10 (F43.1)

A. Die Betroffenen sind einem kurz- oder langanhaltenden Ereignis oder Geschehen von außergewöhnlicher Bedrohung oder mit katastrophalem Ausmaß ausgesetzt, das nahezu bei jedem tiefgreifende Verzweiflung auslösen würde.
B. Anhaltende Erinnerungen oder Wiedererleben der Belastung durch aufdringliche Nachhallerinnerungen (Flashbacks), lebendige Erinnerungen, sich wiederholende Träume oder durch innere Bedrängnis in Situationen, die der Belastung ähneln oder mit ihr in Zusammenhang stehen.
C. Umstände, die der Belastung ähneln oder mit ihr im Zusammenhang stehen, werden tatsächlich oder möglichst vermieden. Dieses Verhalten bestand nicht vor dem belastenden Erlebnis.
D. Entweder 1. oder 2.
1. Teilweise oder vollständige Unfähigkeit, einige wichtige Aspekte der Belastung zu erinnern.
2. Anhaltende Symptome einer erhöhten psychischen Sensitivität und Erregung (nicht vorhanden vor der Belastung) mit zwei der folgenden Merkmale:
a) Ein- und Durchschlafstörungen
b) Reizbarkeit oder Wutausbrüche
c) Konzentrationsschwierigkeiten

d) Übermäßige Wachsamkeit (Hypervigilanz)
e) Erhöhte Schreckhaftigkeit
E. Die Kriterien B, C und D treten innerhalb von sechs Monaten nach dem Belastungsereignis oder nach Ende einer Belastungsperiode auf. (In einigen speziellen Fällen kann ein späterer Beginn berücksichtigt werden, dies sollte aber gesondert angegeben werden.)

Diagnostische Kriterien für die posttraumatische Belastungsstörung nach ICD-11 (6B40)[3]

A. Sehr bedrohliches oder schreckliches Ereignis oder eine Serie von Ereignissen
B. Entweder 1 oder 2
(1) Intrusive Erinnerungen, Flashbacks oder (2) Alpträume, meist in Verbindung mit emotionaler Belastung oder physischen Reaktionen
C. Entweder 1 oder 2
Vermeidung von (1) Gedanken und Erinnerungen oder (2) Aktivitäten, Situationen und Personen, die an das Ereignis erinnern
D. Entweder 1 oder 2
(1) Wahrnehmung anhaltender Bedrohung oder (2) erhöhte Schreckhaftigkeit
A. Funktionale Beeinträchtigung in persönlichen, familiären, sozialen oder anderen Bereichen

1.2.4 Komplexe posttraumatische Belastungsstörung

In der klinischen Praxis wurden Folgen von andauerndem oder wiederholtem traumatischen Stress beobachtet, die über die bekannten PTBS Symptome hinaus auch die Selbstorganisation betreffen (Herman, 2015). Die auf diesen Beschreibungen aufbauende Forschung führte zur Definition eines empirisch gestützten Störungsbilds, das schließlich im ICD-11 als komplexe posttraumatische Belastungsstörung (kPTBS) aufgenommen wurde (Maercker et al., 2013).

Die Diagnose ist hierarchisch strukturiert, da im ersten Schritt die Erfüllung der PTBS Kriterien vorausgesetzt wird und im zweiten Schritt spezifische Kriterien für die kPTBS. Diese spezifischen Symptome werden als Schwierigkeiten in der Selbstorganisation (SSO) bezeichnet. Sie umfassen

- anhaltende und umfassende Defizite in der Emotionsregulation,
- das Erleben eines eingeschränkten Selbstbewusstseins, sowie
- Schwierigkeiten in der interpersonellen Beziehungsgestaltung (Maecker et al., 2013).

---

[3] WHO 2018, übersetzt durch die Autorinnen, vgl. Fußnote 1.

Wenngleich das Störungsbild deutlich häufiger nach Erleben wiederholt oder langanhaltend erlebter interpersoneller Gewalt, gerade bei Beginn in der Kindheit, auftritt (Cloitre et al., 2009, 2013), können die Symptome prinzipiell auch durch mehrere Einzelereignisse verursacht werden (Elliott et al., 2021).

Diagnostische Kriterien für komplexe Posttraumatische Belastungsstörung nach ICD-11 (6B41)[4]

A. Sehr bedrohliches oder schreckliches Ereignis oder eine Serie von Ereignissen, meist langanhaltende oder wiederholte Ereignisse, aus denen eine Flucht schwierig oder unmöglich ist (z. B. Folter, Sklaverei, wiederholte sexuelle und körperliche Gewalt)
B. Entweder 1 oder 2
(1) Intrusive Erinnerungen, Flashbacks oder (2) Alpträume, meist in Verbindung mit emotionaler Belastung oder physischen Reaktionen
C. Entweder 1 oder 2
Vermeidung von (1) Gedanken und Erinnerungen oder (2) Aktivitäten, Situationen und Personen, die an das Ereignis erinnern
D. Entweder 1 oder 2
(1) Wahrnehmung anhaltender Bedrohung oder (2) erhöhte Schreckhaftigkeit
E. Funktionale Beeinträchtigung in persönlichen, familiären, sozialen oder anderen Bereichen

Zusätzlich zu Diagnose der kPTBS

Entweder 1 oder 2
(1) erhöhte Reizbarkeit und Wut oder (2) verminderte emotionale Schwingungsfähigkeit
   Entweder 1 oder 2
(1) anhaltendes negatives Selbstbild, das dazu führt, dass die Person sich als beschädigt oder wertlos wahrnimmt oder (2) tiefgreifende und anhaltende Gefühle von Scham, Schuld und Versagen
   Entweder 1 oder 2
Anhaltenden Schwierigkeiten, (1) Beziehungen aufrecht zu erhalten oder (2) sich anderen nahe zu fühlen

Good to know: Traumaentwicklungsstörung

Parallel zur oben beschriebenen Entwicklung der kPTBS, die durch Studien mit Erwachsenen gestützt wurde, fanden Bemühungen statt, die Symptomatik von Kindern und Jugendlichen nach wiederholten Traumatisierungen in ihrem

---

4 WHO 2018, übersetzt durch die Autorinnen, vgl. Fußnote 1.

> Entwicklungsprozess durch ein eigenes Störungsbild besser abzubilden. Nach van der Kolk (2005) soll die sogenannte Traumaentwicklungsstörung oder Developmental Trauma Disorder (DTD) nach der Exposition mit mehreren oder langandauernden ungünstigen Ereignissen (Erleben von schwerer körperlicher Gewalt, emotionaler Gewalt oder wiederholten Trennungen von primären Bezugspersonen) über mindestens ein Jahr mit Beginn in der Kindheit auftreten. Sie umfasst neben posttraumatischen Belastungssymptomen unterschiedliche Symptome aus den Bereichen der affektiven oder physiologischen Dysregulation, Aufmerksamkeits- und Verhaltensdysregulation, Selbst- und Beziehungsdysregulation (van der Kolk, 2005).

In Abgrenzung zur kPTBS handelt es sich bei der DTD um eine tiefgreifende und durch Störungen des neurologischen Entwicklungsprozesses resultierende Beeinträchtigung in den Fähigkeiten zur Selbstregulation (Morelli & Villodas, 2022). Sie wurde bisher nicht in ICD-11 oder DSM-5 aufgenommen. Weitere Studien sollten untersuchen, ob die DTD die Symptomatik im Kindes- und Jugendalter besser abbildet als die kPTBS (Ford et al., 2022).

1.3 Klassifikation von Traumafolgestörungen im weiteren Sinne

Im Folgenden sollen beispielhaft drei Störungsbilder dargestellt werden, die im weiteren Sinne ebenfalls als Traumafolgestörungen verstanden werden können, da sie mit deutlich größerer Wahrscheinlichkeit nach traumatischen Ereignissen wie interpersonellen Gewalterfahrungen auftreten. Es handelt sich um keine vollumfängliche Darstellung aller mit traumatischen Erfahrungen assoziierter Diagnosen.

1.3.1 Anhaltende Trauerstörung

Die Diagnose der anhaltenden Trauerstörung wurde neu in die ICD-11 aufgenommen. Bei Vorliegen einer anhaltenden Trauerstörung tritt nach dem Tod einer nahestehenden Person (bei Kindern z. B. eines Elternteils oder Geschwisters) eine andauernde und tiefgreifende Trauerreaktion auf, die durch ein starkes Verlangen nach der verstorbenen Person verbunden mit intensivem emotionalem Schmerz charakterisiert ist, z. B. durch

- Traurigkeit, Schuld, Wut,
- Leugnen, Beschuldigen anderer Personen oder des Selbst,
- Schwierigkeiten, den Tod zu akzeptieren,

- Unfähigkeit zur Empfindung positiver Gefühle,
- Emotionale Taubheit

> **Diagnostische Kriterien für Anhaltende Trauerstörung nach ICD-11 (6B42)[5]**
>
> Die anhaltende Trauerstörung ist eine Erkrankung, welche nach dem Tod eines (Ehe-)Partners, Elternteils, Kind oder einer anderen nahestehenden Person, zu einer anhaltenden und durchdringenden Trauerreaktion führt, die charakterisiert wird durch
>
> - starkes Verlangen nach dem Verstorbenen oder
> - anhaltende Präokkupation (Beschäftigung) mit dem Verstorbenen begleitet von starkem emotionalem Schmerz, z. B.
> - Trauer, Schuld, Wut, Verleugnung, Vorwürfe,
> - Schwierigkeiten den Tod zu akzeptieren,
> - Gefühl, einen Teil seiner selbst verloren zu haben,
> - Unfähigkeit, positive Stimmung zu erleben,
> - emotionale Taubheit,
> - Schwierigkeiten mit anderen sozial zu interagieren oder anderen Aktivitäten nachzugehen).
>
> Die Trauerreaktion hält atypisch lange nach dem Verlust an (mehr als 6 Monate) und überschreitet klar erwartbare soziale, kulturelle oder religiöse Normen der eignen Kultur und des Kontexts. Trauerreaktionen, die bereits länger anhalten und sich innerhalb eines normalen Zeitraumes des gegebenen kulturellen und religiösen Kontextes befinden, werden als normale Trauerreaktionen betrachtet ohne Diagnosestellung.
> Die Störung verursacht deutliche Beeinträchtigungen im persönlichen, familiären, sozialen, schulischen bzw. Arbeitskontext oder andere Funktionseinbußen.

1.3.2 Reaktive Bindungsstörung des Kindesalters

Reaktive Bindungsstörungen treten in den ersten fünf Lebensjahren auf und sind durch anhaltende Auffälligkeiten im sozialen Beziehungsmuster des Kindes charakterisiert. Diese sind von einer emotionalen Störung begleitet. Die Symptome bestehen aus Furchtsamkeit und Übervorsichtigkeit, eingeschränkten sozialen Interaktionen mit Gleichaltrigen, gegen sich selbst oder andere gerichteten Aggressionen, Unglücklichsein und in einigen Fällen Wachstumsverzögerung. Das Syndrom tritt als direkte Folge schwerer elterlicher Vernachlässigung oder Gewalt oder häufigen Wechseln in den Milieuverhältnissen auf.

---

5 WHO 2018, übersetzt durch die Autorinnen, vgl. Fußnote 1.

> **Diagnostische Kriterien für Reaktive Bindungsstörung des Kindesalters nach ICD-10 (F94.1)**
>
> A. Beginn vor dem 5. Lebensjahr
> B. Deutlich widersprüchliche oder ambivalente soziale Reaktionen in verschiedenen sozialen Situationen (mit Variationen von Beziehung zu Beziehung)
> C. Emotionale Störung mit Verlust emotionaler Ansprechbarkeit, sozialem Rückzug, mit aggressiven Reaktionen auf eigenes Unglücklichsein oder das anderer, und/oder ängstliche Überempfindlichkeit
> D. Nachweis, dass soziale Gegenseitigkeit und Ansprechbarkeit möglich ist, durch Elemente normalen Bezogenseins in der Interaktion mit gesunden Erwachsenen
>
> **Diagnostische Kriterien für Reaktive Bindungsstörung nach ICD-11 (6B44)[6]**
>
> Die reaktive Bindungsstörung ist durch ein stark abweichendes Bindungsverhalten in der frühen Kindheit gekennzeichnet, das im Kontext ausgeprägt unangemessener Versorgung des Kindes auftritt (z.B. schwere Vernachlässigung, Misshandlung, institutionelle Deprivation). Auch wenn eine angemessene primäre Bezugsperson neu verfügbar ist, richtet sich das Kind nicht an die primäre Bezugsperson, um Trost, Unterstützung und Pflege zu bekommen, zeigt selten gegenüber irgendeinem Erwachsenen ein Verhalten der Suche nach Sicherheit und reagiert nicht, wenn Trost angeboten wird. Die reaktive Bindungsstörung kann nur bei Kindern diagnostiziert werden und die Kennzeichen der Störung entwickeln sich während der ersten fünf Lebensjahre. Die Störung kann jedoch nicht vor dem Alter von einem Jahr diagnostiziert werden (oder einem Entwicklungsalter von weniger als 9 Monaten), wenn die Fähigkeit für selektive Bindungen noch nicht voll entwickelt sein dürfte, oder im Kontext einer Autismus-Spektrum-Störung.

1.3.3 Bindungsstörung mit Enthemmung

Ein spezifisches abnormes soziales Funktionsmuster, das während der ersten fünf Lebensjahre auftritt mit einer Tendenz, trotz deutlicher Änderungen in den Milieubedingungen zu persistieren. Dieses kann z.B. in diffusem, nichtselektivem Bindungsverhalten bestehen, in aufmerksamkeitssuchendem und wahllos freundlichem Verhalten und kaum modulierten Interaktionen mit Gleichaltrigen. Vermehrt zeigen sich zudem emotionale und Verhaltensstörungen.

---

6 WHO 2018, übersetzt durch die Autorinnen, vgl. Fußnote 1.

Diagnostische Kriterien für Bindungsstörung mit Enthemmung nach ICD-10 (F94.2)

A. Diffuse Bindungen als ein anhaltendes Merkmal während der ersten 5 Lebensjahre (nicht notwendigerweise bis in die mittlere Kindheit andauernd). Die Diagnose fordert ein relatives Fehlen selektiver sozialer Bindungen mit:
   1. der normalen Tendenz, beim Unglücklichsein Trost bei anderen zu suchen;
   2. abnormer (relativer) Wahllosigkeit bei der Auswahl der Personen, bei denen Trost gesucht wird.
B. Wenig modulierte soziale Interaktionen mit unvertrauten Personen.
C. Die Diagnose erfordert mindestens eins der folgenden Merkmale: allgemeines Anklammerungsverhalten in der Kindheit; oder aufmerksamkeitsheischendes oder unterschiedlich freundliches Verhalten in der frühen oder der mittleren Kindheit.
D. Eindeutig keine Situationsspezifität der oben angegebenen Merkmale. Die Diagnose erfordert, dass sich die beiden Merkmale A und B in einem großen Bereich des sozialen Umfeldes des Kindes manifestieren.

Diagnostische Kriterien für Störung der sozialen Bindung mit enthemmtem Verhalten nach ICD-11 (6B45)[7]

Die Störung der sozialen Bindung mit enthemmtem Verhalten ist durch ein stark abnormales soziales Verhalten gekennzeichnet, das im Zusammenhang mit einer Vorgeschichte grob unzureichender Kinderbetreuung (z. B. schwere Vernachlässigung, institutionelle Deprivation) auftritt. Das Kind geht wahllos auf Erwachsene zu, hat keine Scheu, sich zu nähern, geht mit unbekannten Erwachsenen weg und zeigt gegenüber Fremden ein übermäßig vertrautes Verhalten. Eine Störung des enthemmten sozialen Bindungsverhaltens kann nur bei Kindern diagnostiziert werden, und die Merkmale der Störung entwickeln sich innerhalb der ersten 5 Lebensjahre. Die Störung kann jedoch nicht vor dem Alter von 1 Jahr (oder einem Entwicklungsalter von weniger als 9 Monaten) diagnostiziert werden, wenn die Fähigkeit zur selektiven Bindung möglicherweise noch nicht voll entwickelt ist, oder im Zusammenhang mit einer Autismus-Spektrum-Störung.

---

[7] WHO 2018, übersetzt durch die Autorinnen, vgl. Fußnote 1.

1.4 Erscheinungsbild im Entwicklungsverlauf

1.4.1 Altersunterschiede im Erscheinungsbild der PTBS

Im Vergleich zu Erwachsenen zeigen Kinder und Jugendliche seltener die eng umschriebene Symptomatik der PTBS oder erfüllen nicht das Vollbild der Diagnose. So wird beschrieben, dass Kinder seltener Flashbacks und Gefühle der Entfremdung erleben und ein geringer ausgeprägtes Vermeidungsverhalten aufweisen (McNally, 1991). Die Symptome können sich bei Kindern auch anders darstellen als bei Erwachsenen. So kann eine Belastung durch anklammerndes Verhalten oder Trennungsängste, verschiedenste Ängste sowie somatische Beschwerden wie Bauch- oder Kopfschmerzen deutlich werden. Es kann darüber hinaus zu nicht in den Kriterien einer PTBS Diagnose beschriebenen, weiterreichenden Symptomen und Verhaltensauffälligkeiten kommen. So wird beispielsweise der Verlust bereits erworbener Fähigkeiten (z. B. Lesen) beschrieben, Rückschritte in bereits erfolgten Entwicklungsprozessen (z. B. Sauberkeitsentwicklung) und regressives Verhalten (z. B. Daumenlutschen). Diese Hinweise auf eine PTBS unterscheiden sich für verschiedene Altersgruppen (De Young & Kenardy, 2017): Im Kleinkindalter werden Trennungsängste, regressives Verhalten und Verzögerungen im Erlernen neuer Fertigkeiten beschrieben. Im Schulalter können oppositionelles oder aggressives Verhalten auftreten, im Jugendalter selbstverletzendes Verhalten, Risikoverhalten und Substanzmissbrauch.

1.4.2 Traumafolgestörungen im Entwicklungsverlauf

Werden die Entwicklungsverläufe von Personen, die in oder seit ihrer Kindheit langandauernd interpersoneller Gewalt ausgesetzt waren, im Rückblick betrachtet, wird deutlich, dass einige bereits im Säuglingsalter unter Regulationsstörungen litten, im Vorschulalter die Kriterien für Bindungsstörungen erfüllten, im Schulalter durch hyperkinetische und oppositionelle Störungen auffielen, im Jugendalter nicht selten Substanzmissbrauch, selbstverletzendes Verhalten, auffällige Persönlichkeitsentwicklungen, emotional instabile Persönlichkeitsstörung (im späten Jugendalter) und affektive Störungen auftreten und im jungen Erwachsenenalter Persönlichkeitsstörungen diagnostiziert werden. Entsprechend wird von einer Entwicklungsheterotopie ausgegangen (Fegert et al., 2010). Grundlegende Defizite in der Selbstregulation, reduzierte Selbstwirksamkeitserwartungen und unsichere Bindungsstile können in unterschiedlichen Entwicklungsstufen zur Ausprägung verschiedener psychopathologischer Symptome und Störungsbilder führen (De Bellis, 2001).

In der nachfolgenden Tabelle (▶ Tab. 1.1) werden häufig mit traumatischen Erlebnissen assoziierte Symptome und Störungsbilder, die im Entwicklungsverlauf auftreten oder auffallen, dargestellt. Zu nennen ist, dass auftretende Symptome im Umkehrschluss nicht zwingend auf das Vorliegen einer Traumafolgestörung hinweisen müssen.

Tab. 1.1: Mit traumatischen Erlebnissen assoziierte Symptome und Störungsbilder im Entwicklungsverlauf von Kinderheit und **Jugend**

Altersgruppe	Störungen	Symptome
Säuglingsalter	Regulationsstörungen Bindungsstörungen Fütterstörungen	Erstarren (»freeze response«) bei mit der Misshandlung assoziierten Reizen und Personen
Vorschulalter	Bindungsstörungen Angststörungen emotionale Störungen des Kindesalters, z. B. mit Trennungsangst bipolare Störungen im Kindesalter Enuresis, Enkopresis	posttraumatisches Spiel: zwanghafte Wiederholung von Themen und Aspekten des Traumas, kein Angstabbau durch das Spiel. weniger elaboriertes und kreatives Spiel Nachspielen bestimmter Aspekte des Traumas, ohne Charakteristika des posttraumatischen Spiels wiederholte Erinnerung des traumatischen Ereignisses außerhalb des Spiels, ohne offensichtliche psychische Belastung psychische Belastung bei der Konfrontation mit Hinweisreizen Albträume mit Bezug zum Trauma oder mit zunehmender Frequenz ohne wieder erkennbaren Inhalt Einengung des Spielverhaltens sozialer Rückzug eingeschränkte Bandbreites des Affekts Ein- und Durchschlafschwierigkeiten erhöhte Irritierbarkeit, Wutausbrüche, Affektlabilität verringerte Konzentrationsfähigkeit im Vergleich zu vor dem Trauma Verlust bereits erworbener Fertigkeiten insbesondere im Bereich der Sauberkeitsentwicklung und der Sprache neu auftretende Ängste neu auftretende Trennungsangst neu auftretende Aggressionen Bauch- und Kopfschmerzen ausgeprägte Wachsamkeit (Hypervigilanz) ausgeprägte Schreckreaktionen
Schulalter	ADHS Störungen des Sozialverhaltens affektive Störungen Angststörungen emotionale Störungen	oppositionelles Verhalten Hyperaktivität soziale Probleme extreme Schuld- und Schamgefühle Konzentrations- und Aufmerksamkeitsprobleme Tagträumen bei gleichzeitiger Unruhe, Gereiztheit und Impulsivität posttraumatisches Spiel: zwanghafte Wiederholung von Themen und Aspekten des Traumas, kein Angstabbau durch das Spiel Nachspielen bestimmter Aspekte des Traumas, ohne Charakteristika des posttraumatischen Spiels Albträume mit Bezug zum Trauma oder mit

Tab. 1.1: Mit traumatischen Erlebnissen assoziierte Symptome und Störungsbilder im Entwicklungsverlauf von Kinderheit und **Jugend** – Fortsetzung

Altersgruppe	Störungen	Symptome
		zunehmender Frequenz ohne wieder erkennbaren Inhalt Schlaflosigkeit Bauch- und Kopfschmerzen
Pubertät	ADHS Störungen des Sozialverhaltens affektive Störungen	oppositionelles Verhalten Übertreten von Regeln und Normen, Bedrohen von Peers und Auseinandersetzungen
Adoleszenz und junges Erwachsenenalter	Persönlichkeitsstörungen dissoziative und somatoforme Störungen ADHS Störungen des Sozialverhaltens	Risikoverhaltensweisen Selbstverletzung Suizidalität Substanzmissbrauch sich abgeschnitten und in seiner Umgebung fremd fühlen Verminderung der Fähigkeit, Gefühle zu empfinden
		verringerte Konzentrationsfähigkeit im Vergleich zu vor dem Trauma Alpträume, Schlaflosigkeit verkürzte Zukunftsperspektive (»Ich werde sowieso nie die Schule beenden/ eine*n Partner*in haben, heiraten, Kinder bekommen etc.«) übertriebene negative Überzeugungen und Erwartungen – bezogen auf die eigene Person, andere Personen oder die Welt sowie bezogen auf Ursachen und Folgen des traumatischen Ereignisses

1.5 Überprüfung der Lernziele

- Was ist ein Trauma und was sind Traumafolgestörungen?
- Wie ist die posttraumatische Belastungsstörung von der Anpassungsstörung abzugrenzen?
- Wie kann sich die Symptomatik einer Traumafolgestörung zwischen Kindern im Vorschulalter und Jugendalter unterscheiden?

2 Epidemiologie, Verlauf und Folgen

Fallbeispiel

Nachdem Christine mit 2;5 Jahren aufgrund von massiver Vernachlässigung aus ihrer Ursprungsfamilie in eine Inobhutnahmestelle und zwei Wochen später in eine Pflegefamilie kam, zeigte sie sich zunächst fröhlich und angepasst. Sie ging freundlich auf andere Menschen zu, zeigte sich fremden Erwachsenen gegenüber vielmehr distanzlos und aufmerksamkeitssuchend. Nachdem sie die Verzögerungen ihrer Sprach- und Sauberkeitsentwicklung aufholen konnte, schloss Christine im Kindergarten zügig zahlreiche Freundschaften. Im Grundschulalter führten ihre Schwierigkeiten, mit Frustrationen umzugehen und Bedürfnisse aufzuschieben, zu ersten oppositionellen Verhaltensweisen. Im Speziellen verweigerte sie das Anfertigen von Hausaufgaben und blieb vereinzelt dem Unterricht fern. Mit dem Wechsel auf die weiterführende Schule zeigten sich verstärkte Schwierigkeiten, die ansteigenden Anforderungen in der Schule zu erfüllen. Christine verbrachte ihre Freizeit und viele Schulstunden mit ihrem großen Freundeskreis, welcher sich auch aus deutlich älteren Jugendlichen zusammensetzte, die Christines Pflegeeltern unbekannt waren. Im Alter von 13 Jahren erlebte Christine durch einen älteren Jugendlichen wiederholt sexuelle Übergriffe. Daraufhin begann Christine in der Absicht, ihr hohes Anspannungsniveau zu reduzieren, sich selbst Schnittverletzungen zuzufügen und zusätzlich zu Zigaretten und Alkohol auch Cannabis zu konsumieren. Christine entzieht sich immer stärker den Pflegeeltern und bleibt häufig über Nacht fort, ohne diese über ihren Aufenthaltsort zu informieren. Im späten Jugendalter leidet Christine zudem unter Suizidgedanken und berichtet von Pseudohalluzinationen und Derealisations- und Depersonalisationserleben.

Lernziele

- Sie kennen die Risiko- und Schutzfaktoren für das Auftreten von Traumafolgestörungen.
- Sie wissen über unterschiedliche Verläufe bei Traumafolgestörungen bei Kindern und Jugendlichen Bescheid.
- Sie kennen mögliche negative Folgen von Traumafolgestörungen im Kindes- und Jugendalter auf die weitere Entwicklung.
- Sie haben eine Vorstellung von den Kosten hieraus für die Volkswirtschaft.

2.1 Risiko- und Schutzfaktoren für das Auftreten von Traumafolgestörungen

Es ist es wichtig, zwischen Kindern und Jugendlichen mit vorübergehenden Belastungssymptomen nach einer traumatischen Erfahrung und Kindern und Jugendlichen mit einem erhöhten Risiko, anhaltende psychische Störungen zu entwickeln, zu unterscheiden. Eine traumatische Erfahrung alleine stellt keine hinreichende Bedingung für die Störungsentwicklung dar. Durch die vielen epidemiologischen Studien wird deutlich, dass über 84% der Personen nach einem Erleben traumatischer Ereignisse keine Traumafolgestörung entwickeln (Brewin et al., 2000, Alisic et al., 2014). Vielmehr ist vom Zusammenwirken einer Reihe biopsychosozialer und kultureller Faktoren auszugehen, die zu verschiedenen Zeitpunkten (vor, während und nach der Traumatisierung) und mit unterschiedlicher Dauer einwirken (Maercker et al., 2019). Von diesen hängt es letztendlich ab, ob sich ein Störungsbild entwickelt bzw. aufrechterhalten wird (Maercker et al., 2019).

Für eine Abschätzung des individuellen Risikos der Entwicklung einer Traumafolgestörung ist es wichtig, dass Risiko- und Schutzfaktoren meist gebündelt und Interaktionen zwischen Faktoren häufig auftreten. Aus diesem Grund muss die gesamte Familien- und Umweltsituation mit einbezogen werden (Rosner & Unterhitzenberger, 2019).

2.1.1 Risikofaktoren

Als Risikofaktor auf der Ebene des Individuums gilt das weibliche Geschlecht, eine niedrige Intelligenz, ein niedriger Selbstwert, weitere psychische und körperliche Erkrankungen und vorausgegangene und nachfolgende Traumatisierungen (Trickey, 2012). Zudem zählen ein niedriger sozioökonomischer Status, psychische Probleme der Eltern, mangelnde soziale Unterstützung und ein niedriges Funktionsniveau der Familie zu den Risikofaktoren. Wenn die Eltern aufgrund ihrer eigenen Probleme mitverantwortlich für die Traumatisierung sind (z. B. durch eine mangelnde Aufsicht und Betreuung oder Gewalterfahrungen durch das Umfeld oder die Eltern selbst, psychische Erkrankungen der Eltern, Psychosen oder Substanzmissbrauch), wenden diese häufig selbst dysfunktionale Bewältigungsstrategien an (z. B. Gedankenunterdrücken, Vermeidung, Schuldzuweisungen), die dann an das Kind durch Modelllernen weitergegeben werden. Aufgrund der elterlichen Belastung ist es manchmal nicht möglich, ein angemessenes unterstützendes Umfeld für die Kinder und Jugendlichen zu schaffen (Rosner & Unterhitzenberger, 2019). Zu den Risikofaktoren während der Traumatisierung zählen das Ausmaß der wahrgenommenen Lebensgefahr, Verlust von Personen, die Schwere der Traumatisierung und wahrgenommener Stress (Kultalahti & Rosner, 2008).

2.1.2 Schutzfaktoren

Egle und Hardt (2005) nannten in ihrer Übersicht zu individuell-biografischen Schutzfaktoren eine gute psychische und körperliche Gesundheit, eine hohe Stresstoleranz, bestehende Kontrollüberzeugungen und Selbstwirksamkeitserwartungen. Diese erhöhen die Wahrscheinlichkeit, dass in Extremsituationen die Handlungsfähigkeit bewahrt wird und ein potenziell traumatisierendes Erlebnis ohne Folgesymptome verarbeitet werden kann (Egle & Hardt, 2005). Dies gilt auch bei geringer psychosozialer Gesamtbelastung und dem Bestehen positiver sozialer Kontakte im Sinne einer dauerhaften Verfügbarkeit von verlässlichen Bezugspersonen, familiärer Stabilität und sicherem Bindungsverhalten (Egle & Hardt, 2005). Ein stabiler Schutzfaktor ist in Übereinstimmung hiermit eine sichere und positive Bindung an die Bezugspersonen (Rosner & Unterhitzenberger, 2019).

2.1.3 Prävalenz in verschiedenen Altersstufen

Mehr als die Hälfte aller Menschen werden über die Lebensspanne zumindest einmal mit einem traumatischen Ereignis konfrontiert (Kessler et al., 1995). Interpersonelle Gewalterfahrungen stellen die häufigsten potenziell traumatisierenden Ereignisse im Kindes- und Jugendalter dar. Etwa ein Drittel aller Menschen in Deutschland hat mindestens eine Form der Misshandlung und/oder Vernachlässigung erfahren (Witt et al., 2017). Häufig wird jedoch von Polyviktimisierung berichtet, sprich einer Kombination von Vernachlässigung, körperlicher und sexualisierter Gewalt (Witt et al., 2017). Durch unterschiedliche erhobene Schweregrade der erfassten Misshandlungen sowie methodischen Differenzen sind starke Prävalenzschwankungen auffindbar. Bei Betrachtung mittelgradiger oder schwerer Kindesmisshandlung gaben 6.5 % einer deutschsprachigen Stichprobe emotionale Gewalt, 6.7 % körperliche Gewalt, 7.6 % sexualisierte Gewalt, 13.3 % emotionale Vernachlässigung sowie 22.5 % körperliche Vernachlässigung in Kindheit und Jugend an (Witt et al., 2017). Weitaus höhere weltweite Tendenzen lassen sich aus Metaanalysen entnehmen. Hierbei gehen Prävalenzen von 36.3 % bei emotionaler Gewalt, 22.6 % bei körperlicher Gewalt, 12.7 % bei sexualisierter Gewalt, 18.4 % bei emotionaler Vernachlässigung und 16.3 % bei körperlicher Vernachlässigung hervor (Stoltenborgh et al., 2011; Stoltenborgh et al., 2012; Stoltenborgh, et al., 2013).

Ein besonders erhöhtes Risiko, mit traumatischen Erlebnissen konfrontiert zu werden, haben Kinder im Vorschulalter. Laut Schätzungen von UNICEF (2017) werden weltweit etwa 60 % der Kinder zwischen zwei und vier Jahren von ihren Bezugspersonen mit körperlicher Gewalt bestraft. Etwa jedes vierte Kind unter fünf Jahren lebt zudem mit einer Mutter zusammen, die Partnerschaftsgewalt erlebt hat (UNICEF, 2017). Auch Studienergebnisse aus Deutschland zeigen, dass besonders das Alter zwischen der Geburt und dem sechsten Lebensjahr als Risikofaktor für die Kindesmisshandlung und -vernachlässigung gilt (Metzner et al., 2020).

In der unmittelbaren Folge eines Traumas durchläuft ein Großteil der Betroffenen Symptome, die sich zumeist als vorübergehend erweisen (Maercker & Michael, 2009). Kessler et al. (1995) verweisen in ihrer Schätzung auf einen Anteil von 8,2 %

der männlichen sowie 20,4 % der weiblichen Traumaexponierten, die eine PTBS entwickeln. Studien angelehnt an die DSM-IV-Kriterien legen eine Schätzung der Lebenszeitprävalenz von 6,8 % dar (Kessler et al., 2005), während sich bei Orientierung an den DSM-5-Kriterien eine höhere Prävalenz von 8,3 % ergab (Kilpatrick et al., 2013). Die Bremer Jugendstudie fand bei den befragten 11- bis 17-Jährigen eine Lebenszeitprävalenz der posttraumatischen Belastungsstörung von 1,6 % (Essau et al., 1999). Begründet werden variierende Prävalenzzahlen u. a. durch den Einfluss von kulturellen und historischen Faktoren wie etwa der Kriegsaktivität und geschehener Gewaltanwendung (Maercker et al., 2008), aber auch durch unterschiedliche Daten je nach Diagnosekriterien, erfragter Traumata, Land und Bevölkerungsgruppe.

Laut De Young und Landolt (2018) entwickeln 10 % bis 20 % der Vorschulkinder nach dem Erleben eines potenziell traumatischen Ereignisses Symptome einer Traumafolgestörung wie z. B. der PTBS. Als pathogenste Traumata, d. h. die Traumata, die am häufigsten mit der Entwicklung einer Traumafolgestörung einhergehen, sind körperliche und sexualisierte/sexuelle Gewalt im Kindesalter sowie Kriegsteilnahme anzusehen (Maercker et al., 2008). Dies wird bestätigt durch eine Meta-Analyse von Alisic et al. (2014), die zeigte, dass einer von sechs traumaexponierten Minderjährigen (16 %) überhaupt eine PTBS entwickelt, jedoch einer von vier (25 %) eine PTBS nach einer interpersonellen Traumatisierung entwickelt.

2.2 Verlauf

2.2.1 Verlauf der PTBS

Längsschnittuntersuchungen zum unbehandelten Verlauf der PTBS sind selten, deuten aber zumindest für eine Teilgruppe eine hohe Stabilität der Symptomatik an. Zeigen epidemiologische Daten, dass die Störung in den meisten Fällen ohne eine Behandlung nicht remittiert, ist eine psychotherapeutische Behandlung dringend in Betracht zu ziehen, um eine Chronifizierung und die Entwicklung von komorbiden Störungen und negativen psychosozialen Folgen zu verhindern. In einer repräsentativen Stichprobe einer nationalen Umfrage erfüllten noch mehr als 60 % der Erwachsenen ein Jahr nach der Diagnose die Diagnosekriterien einer PTBS und 33 % auch noch nach zehn Jahren (Kessler et al., 1995). Scheeringa et al. (2005) begleiteten traumatisierte Vorschulkinder aus verschiedenen Settings über zwei Jahre hinweg und untersuchten diese zu drei Zeitpunkten. Sie fanden eine hohe Stabilität der posttraumatischen Symptome. Außerdem konnte gezeigt werden, dass das Erfüllen einer PTBS Diagnose vier Monate nach dem Trauma den Grad der Beeinträchtigung zwei Jahre später voraussagte. Osofsky et al. (2015) identifizierten in der Folge von Naturkatastrophen (z. B. Hurrikan, Ölkatastrophe) vier Trajektorien im Verlauf von vier Jahren: 52 % der mehr als 4.000 untersuchten Kinder (3 bis 12 Jahre) zeigten stabil niedrige Symptome, eine zweite Gruppe zeigte eine starke Rückentwicklung von Symptomen (21%), eine dritte Gruppe zeigte zunehmend mehr Symptome (18%), und eine vierte Gruppe zeigte stabil hohe Symptome (9%). Diese unterschiedlichen Verläufe verdeutlichen die Notwendigkeit der Beobachtung traumatisierter Kinder und Jugendlicher, auch wenn diese kurz nach dem Trauma unauffällig hinsichtlich einer Traumafolgestörung sind. Ein Teil der Kinder und Jugendlichen entwickelt auch im Verlauf nach einer Traumatisierung keine Traumafolgestörung (Rosner & Steil, 2014), andere benötigen eine Behandlung, wenn sich Symptome entwickeln. Kinder und Jugendliche mit Symptomen einer Traumafolgestörung sollten zumindest psychotherapeutisch oder psychiatrisch vorstellig werden. Welche Form der Unterstützung und Intervention notwendig ist, kann dann gemeinsam mit professioneller Unterstützung entschieden werden.

Es handelt sich bei der PTBS um eine Störung mit starkem Chronifizierungsrisiko. Aber auch, wenn traumatische Ereignisse keine Traumafolgestörung in der Kindheit hervorrufen, so erhöht sich doch das Risiko für eine PTBS im Erwachsenenalter und andere häufig mit traumatischen Erfahrungen assoziierten Störungen, wie Borderline-Persönlichkeitsstörung, somatoforme und dissoziative Störungen. Weiterhin sind Zusammenhänge mit einer Reihe anderer physischer und psychischer Probleme und Störungen wie Adipositas, Depression, Suizidversuchen und Alkoholabhängigkeit belegt (Felitti et al., 1998). Ebenfalls scheint der Verlauf der PTBS durch Komorbiditäten negativ beeinflusst zu werden (Geng et al., 2019).

Bei den Verlaufsdaten muss berücksichtigt werden, dass die anfängliche Genesung bei einem erheblichen Teil der jungen Patient*innen im Laufe der Zeit möglicherweise nicht stabil ist. Einschränkungen der Studien ergeben sich aus den geringen Stichprobengrößen.

2.2.2 Verlauf der dissoziativen Störung

Zu den dissoziativen Störungen vom Bewusstseinstyp werden psychogene Syndrome mit Amnesie, Stupor, Fugue, Trance- und Besessenheit, Identitätsdiffusion sowie Depersonalisation und Derealisation gerechnet. Dissoziative Symptome treten nicht nur im Rahmen dieser dissoziativen Störungen auf, sondern auch bei anderen, vor allem posttraumatischen Störungen. In einer Studie von Jans et al. (2008) zum Verlauf der dissoziativen Störung mit Beginn im Kindes- und Jugendalter erfüllten 82,6% der Patienten zum Zeitpunkt der Nachuntersuchung die Kriterien für irgendeine Form einer psychiatrischen Störung, während 26,1% immer noch an einer dissoziativen Störung litten. Insgesamt 56,5% litten an einer Achse-I-Störung (insbesondere Angststörungen, dissoziative und somatoforme Störungen). Persönlichkeitsstörungen wurden bei 47,8% beobachtet (insbesondere Borderline-, Zwangs- und negativistische Persönlichkeitsstörungen). Stärkere dissoziative Symptome und stationäre Behandlungen im Kindes- oder Jugendalter waren signifikant mit einem geringeren Grad der psychosozialen Anpassung im Erwachsenenalter verbunden.

Zusammenfassend und für alle Traumafolgestörungen lässt sich sagen, dass ein großer Teil der Kinder und Jugendlichen nach traumatischen Erfahrungen belastet bleibt, Interventionen allerdings das Risiko einer Chronifizierung verringern. Eine Längsschnittstudie über 25 Jahre weist darauf hin, dass die Inanspruchnahme einer psychotherapeutischen Behandlung das Risiko einer chronifizierten Störung und Beeinträchtigung verringert (Goenjian et al., 2021).

2.3 Überprüfung der Lernziele

- Wie häufig sind Gewalterfahrungen im Kindes- und Jugendalter? Wie häufig sind Traumafolgestörungen?
- Welchen Verlauf nehmen Traumafolgestörungen des Kindes- und Jugendalters?

3 Komorbidität und Differenzialdiagnostik

> **Fallbeispiel**
>
> Die 17;2-jährige Aaliyah wird nach einer achtmonatigen stationären Behandlung für eine ambulante Psychotherapie vorgestellt. Die stationäre Aufnahme erfolgte aufgrund eines Suizidversuchs durch eine selbstzugefügte Messerverletzung nach bereits mehrjähriger nichtsuizidaler Selbstverletzung. Die Patientin berichtet von starken Stimmungsschwankungen, leichter Reizbarkeit und depressiver Stimmung. Sie leide unter starken Ängsten bei Begegnung mit anderen Menschen. In der Schule oder im Bus habe sie schon »Panikattacken, ganz aus dem Nichts« erlebt. Sie sei in diesen Situationen nicht ansprechbar. Manchmal spüre sie schon, dass sie »weg« sei. Aaliyah beschreibt übergangsweise bestehende dissoziative Zustände sowie ein phasenweise auftretendes Depersonalisations- und Derealisationserleben, das sie wiederum stark beängstigte. Aufgrund der Angstzustände vermeide sie viele Situationen und Orte, an denen sie Menschen begegnen könnte. Nachts könne sie häufig nicht zur Ruhe kommen. Auch habe sie häufig Alpträume, nachts, aber auch tagsüber.
>
> Die Bezugsbetreuerin beschreibt ein ausgeprägtes Rückzugs- und Vermeidungsverhalten, das ein Zusammenleben in der Wohngruppe, in der Aaliyah seit etwa einem Jahr lebe, schwierig mache. Zu den anderen Jugendlichen nehme sie selten Kontakt auf. Auch die Betreuerin berichtet von Schwierigkeiten, mit ihr »in die Beziehung zu treten«. Man dürfe Aaliyah nicht unvorhergesehen anfassen, da dies starke Angstzustände auslöse.

> **Lernziele**
>
> - Sie kennen die häufigsten Komorbiditäten von Traumafolgestörungen.
> - Sie können unterschiedliche Traumafolgestörungen voneinander abgrenzen.

3 Komorbidität und Differenzialdiagnostik

3.1 Komorbidität

Ähnlich wie im Erwachsenenalter (z. B. Brunello et al., 2001) besteht auch bei der Mehrzahl der Kinder und Jugendlichen mit Traumafolgestörungen Multimorbidität. In der Studie von Perkonigg et al. (2000) lag bei 87,5 % der untersuchten Jugendlichen mit PTBS mindestens eine weitere Diagnose vor, bei 77,5 % waren die Kriterien für zwei oder mehr Diagnosen erfüllt. Einige Störungen traten dabei nach den Selbstberichten der 14- bis 24-Jährigen (N = 3021) hauptsächlich bereits vor der PTBS auf, etwa spezifische Phobien, Essstörungen oder soziale Angststörungen, während sich andere zeitgleich oder nach der PTBS entwickelten, beispielsweise depressive Störungen oder Panikstörungen (Perkonigg et al., 2000).

Das Risiko für die Entwicklung somatoformer Störungen, generalisierter Angststörungen, Agoraphobie, sowie Nikotinabhängigkeiten und affektiver Störungen war in der Stichprobe bei Bestehen einer PTBS erhöht (Perkonigg et al., 2000). Dies deutet darauf hin, dass Kinder und Jugendliche, die nach traumatischen Erlebnissen eine PTBS entwickelt haben, mit höherer Wahrscheinlichkeit auch weitere psychische Störungen entwickeln. Die PTBS wird daher auch als »Gatekeeper-Störung« bezeichnet (Rosner & Unterhitzenberger, 2019, S. 628). Bislang liegen nur wenige prospektive Studien vor, die diese Annahme einer erhöhten Anfälligkeit für weitere psychische Störungen in Folge der Entwicklung einer PTBS auch längsschnittlich untersuchen. In der Studie von Basu et al. (2020) wurden 11.292 dänische Schulkinder im Alter von 6 bis 15 Jahren über einen Zeitraum von durchschnittlich 5,8 Jahren befragt. Bei Vorliegen einer PTBS zeigte sich ein erhöhtes Risiko, nachfolgend depressive Störungen (RR = 7,4), Angststörungen (RR = 7,1) oder Verhaltensstörungen (RR = 4,9) zu entwickeln. Zwischen männlichen und weiblichen Kindern ergaben sich keine Unterschiede. In der Studie wurden auch weitere Traumafolgestörungen berücksichtigt: Auch für Kinder und Jugendliche mit akuten Belastungsstörungen, Anpassungsstörungen oder anderen/nicht näher bezeichneten Reaktionen auf schwere Belastung bestanden erhöhte Risiken für Folgestörungen.

Die als entwicklungsangepasste komplexe PTBS verstandene sogenannte »Entwicklungstraumastörung« wurde im Hinblick auf Unterschiede und Gemeinsamkeiten in Komorbiditäten mit der PTBS untersucht. Zwei Studien zeigten, dass sich bei Vorliegen einer Entwicklungstraumastörung ohne PTBS vermehrt komorbide Panikstörungen, emotionale Störungen mit Trennungsängsten und oppositionelle Verhaltensstörungen zeigen, während die PTBS mit schweren depressiven Episoden und generalisierter Angststörung assoziiert ist (Ford, Spinazzola & van der Kolk, 2021).

Es ist interessant, dass im Entwicklungsverlauf unterschiedliche Ko- und Multimorbiditäten gehäuft aufzutreten scheinen. Im Kindesalter zeigen sich häufig depressive Störungen, emotionale Störungen mit Trennungsangst, spezifische Phobien, Aufmerksamkeitsdefizit-/Hyperaktivitätsstörungen (ADHS) und Störungen mit oppositionellem Trotzverhalten (Scheeringa et al., 2003). Im Jugendalter treten Angststörungen, depressive Störungen, Störungen des Sozialverhaltens und Substanzabhängigkeiten gehäuft auf (Lewis et al., 2019). Hieran wird deutlich, dass sich beispielsweise depressive Störungen und Angststörungen über alle Altersgruppen hinweg als komorbide Störungen zeigen, während beispielsweise emotionale Störungen mit Trennungsangst insbesondere im Vorschulalter und Substanzabhängigkeiten vorrangig ab dem Jugendalter auftreten, sowie Suizidalität und nichtsuizidale selbstverletzende Verhaltensweisen (Rosner & Unterhitzenberger, 2019).

> **Merke: Komorbidität**
>
> Ko- und Multimorbidität ist bei unterschiedlichen Traumafolgestörungen wie der PTBS eher die Regel als die Ausnahme. Besonders häufig werden Angststörungen und depressive Störungen berichtet. Es zeigen sich unterschiedliche Komorbiditäten im Entwicklungsverlauf.

3.2 Differenzialdiagnostik

Im Rahmen der Diagnostik müssen nicht nur Ko- und Multimorbiditäten berücksichtigt werden, sondern auch differenziert und beurteilt werden, ob nicht etwa eine andere Störung die Symptomatik besser erklärt.

Im Folgenden soll dargestellt werden, wie die verschiedenen Traumafolgestörungen voneinander unterschieden und abgegrenzt werden können. Einige Diagnosen sollen nicht gleichzeitig verschlüsselt werden, andere psychische Störungen können jedoch auch gemeinsam, im Sinne einer Ko- oder Multimorbidität (s. o.), auftreten.

3.2.1 Komplexe posttraumatische Belastungsstörungen und Borderline-Persönlichkeitsstörungen

Personen mit der neu im ICD-11 aufgenommenen Diagnose der komplexen posttraumatischen Belastungsstörung (kPTBS) erfüllen zum einen die Kriterien für eine PTBS, zum anderen haben sie sogenannte Schwierigkeiten in der Selbstorganisation: Sie weisen entweder eine erhöhte Reizbarkeit oder verminderte emotionale Schwingungsfähigkeit auf, demonstrieren entweder ein anhaltendes negatives Selbstkonzept oder anhaltende Scham-, Schuld- oder Versagensgefühle und haben Schwierigkeiten in der Aufrechterhaltung oder Herstellung von persönlicher Nähe in Beziehungen zu anderen. Entsprechend ist hierbei die Abgrenzung zur Borderline-Persönlichkeitsstörung (BPS) von Bedeutung.

Beide Störungsbilder zeigen einige Überschneidungen, beispielsweise im Hinblick auf eine emotionale Dysregulation, eine Neigung zu Dissoziation und instabilen interpersonellen Beziehungen (Ford & Courtois, 2021). Während in einigen Untersuchungen ausgeprägte Wutausbrüche insbesondere bei Vorliegen einer BPS auftraten, schienen sich die Symptome eines instabilen Selbstbilds weniger gut zur Differenzierung der kPTBS und BPS zu eignen (Powers et al., 2022). Andere Studien weisen dagegen darauf hin, dass sich bei BPS eher ein instabiles, schwankendes Selbstbild, bei kPTBS dagegen ein überdauerndes negatives Selbstbild zeigt (Frost et al., 2020). Es wird beschrieben, dass sich auch die zentralen Emotionen im Hinblick auf die interpersonellen Schwierigkeiten unterscheiden würden: Während bei der kPTBS Misstrauen gegenüber anderen Personen empfunden werde, dominiere bei der BPS die Angst vor Zurückweisung oder dem Verlassenwerden (Ford & Coutois, 2021).

> **Beispielhafte Fragen zur Differenzialdiagnostik von kPTBS und BPS**
>
> 1. Haben sich bereits mehrfach zentrale Einstellungen (z. B. politische Einstellungen, moralische oder religiöse Anschauungen) plötzlich und umfassend verändert?
> 2. Haben sich bereits mehrfach persönliche Ziele (z. B. den Beruf, Wohnort, Kinderwunsch betreffend) oder sexuelle Präferenzen plötzlich verändert?
> 3. Gab es bereits mehrfach Veränderungen in der eigenen Wahrnehmung von Persönlichkeitseigenschaften?
> 4. Sind die Schwierigkeiten mit anderen Menschen eher
>   a) durch Ängste, kritisiert, zurückgewiesen oder verlassen zu werden, oder
>   b) durch Misstrauen und Schwierigkeiten, Nähe zuzulassen gekennzeichnet?

Es sollte beachtet werden, dass die Mehrzahl der Studien zur Differenzierung von PTBS, kPTBS und BPS mit erwachsenen Stichproben erfolgt ist. Insbesondere im Jugendalter sollte vor einer Vergabe einer BPS berücksichtigt werden, dass hiermit zeitlich stabile Veränderungen in der Persönlichkeit beschrieben werden, d. h. der Person inhärente Merkmale.

3.2.2 Anpassungsstörungen

Die Symptome von Anpassungsstörungen beginnen innerhalb eines Monats nach bzw. nach Beginn mindestens einer psychosozialen Belastung, welche nicht den Kriterien für ein »traumatisches Ereignis« entsprechen muss. Einzelne Symptome ähneln jenen der PTBS (z. B. belastende und unwillkürliche Gedanken an das Ereignis, Auftreten von Stress bei Erinnerung an das Ereignis) und/oder depressiver Störungen (z. B. Grübeln, Konzentrations- und Schlafstörungen), die Kriterien für andere psychische Störungen dürfen jedoch nicht erfüllt sein. Da viele Kinder und Jugendliche trotz erheblicher Belastung nicht alle Diagnosekriterien der PTBS erfüllen, wird erwartet, dass vielen von ihnen eine Anpassungsstörung diagnostiziert wird (Rosner & Unterhitzenberger, 2019). Nach dem ICD-10 können Anpassungsstörungen nur bis sechs Monate nach dem Ende der Belastung oder ihrer Auswirkungen diagnostiziert werden, außer bei längeren depressiven Reaktionen. Im ICD-11 ist keine zeitliche Begrenzung vorgesehen.

3.2.3 Anhaltende Trauerstörungen

Die Abgrenzung der im ICD-11 neu aufgenommenen Diagnose der anhaltenden Trauerstörung von Traumafolgestörungen kann schwierig sein, wenn im Kontext eines traumatischen Ereignisses eine nahestehende Person verstorben ist. Im Fokus der anhaltenden Trauerstörung steht das intensive Gefühl der Sehnsucht nach der verstorbenen Person, während Angst-, Scham- und Schuldgefühle bei Vorliegen einer Traumafolgestörung dominieren (Rosner & Unterhitzenberger, 2019). Die Differenzierung dieser durchaus auch gemeinsam auftretenden Emotionen kann insbesondere Kindern schwerfallen.

3.2.4 Depressive Störungen

Depressive Symptome treten auch im Rahmen einer Reihe von Traumafolgestörungen auf, beispielsweise der PTBS oder kPTBS. Veränderungen im Antrieb, der Konzentration und des Schlafs, eine depressive Stimmung, Hoffnungslosigkeit und negative Überzeugungen stellen Überlappungen von Symptomen dar. Liegt ausschließlich eine depressive Störung vor, berichten die Betroffenen in der Regel nicht von PTBS-spezifischen Symptomen aus dem Symptombereich des Wiedererlebens (Intrusionen, Flashbacks). Die Voraussetzung für eine PTBS Diagnose stellt das Erleben von mindestens einem traumatischen Ereignis dar. Als relativ spezifisches Merkmal von PTBS kann das Vorkommen von Intrusionen die Differenzialdiagnostik erleichtern (Trickey & Meiser-Stedman, 2019). Während im Rahmen von depressiven Störungen intrusive Gedanken berichtet werden können, kommen Flashbacks vorrangig bei PTBS vor. Werden für beide Störungsbilder die Diagnosekriterien erfüllt, können die Diagnosen unabhängig voneinander vergeben werden (World Health Organization, 1993).

3.2.5 Angststörungen

Neben der häufigen Komorbidität von PTBS und verschiedenen Angststörungen besteht darüber hinaus die Notwendigkeit, die Störungen differenzialdiagnostisch voneinander abzugrenzen. Angstreaktionen und Vermeidungsverhalten, welches zunächst auf das Vorliegen einer Angststörung, beispielsweise einer Panikstörung oder einer spezifischen Phobie, hinweisen könnte, zeigt sich auch im Rahmen einer PTBS. Es lassen sich jedoch häufig inhaltliche Bezüge der Befürchtungen von Betroffenen zu den traumatischen Erlebnissen herstellen (Schellong et al., 2019). Beispielsweise lassen sich Ängste vor uniformierten Personen als Symptome einer PTBS einordnen (anstelle einer spezifischen Phobie), wenn bekannt ist, dass auf der Flucht durch Grenzbeamte Gewalt erlebt oder mitangesehen wurde.

Bei jüngeren Kindern ist die Abgrenzung von emotionalen Störungen mit Trennungsangst und im Rahmen der PTBS auftretenden Trennungsängsten herausfordernd. Es sollte anamnestisch erfragt werden, ob die Ängste erstmalig nach dem Erleben eines potenziell traumatisierenden Ereignisses auftraten. Zudem können Befürchtungen der Kinder exploriert werden, die sich auf das erneute Erleben eines bereits erlebten Ereignisses beziehen (Rosner & Unterhitzenberger, 2019). Es besteht das Risiko, Angst- und Belastungsreaktionen bei Konfrontation mit traumatischen Erinnerungen oder Hinweisreizen als plötzliche und unerklärbare Angst- oder Panikattacken fehlzuinterpretieren. Im DSM-5 wird daher empfohlen, im Falle eines bekannten traumatischen Ereignisses vorrangig eine PTBS zu diagnostizieren, sofern die Diagnosekriterien erfüllt werden (Rosner & Unterhitzenberger, 2019).

3.2.6 Aufmerksamkeitsdefizit-/Hyperaktivitätsstörungen

Die Kernsymptomatik der Aufmerksamkeitsdefizit-/Hyperaktivitätsstörungen (ADHS) umfasst das Symptomcluster der Unaufmerksamkeit (z. B. Flüchtigkeitsfehler, Schwierigkeiten in der Aufrechterhaltung von Aufmerksamkeit und in der Organisation von Aufgaben, Vergesslichkeit), der Hyperaktivität (z. B. Zappeln mit Händen und Füßen, exzessives Herumlaufen oder subjektives Unruhegefühl) und der Impulsivität (z. B. Schwierigkeiten, abzuwarten). Die Symptomatik sollte bereits im Kindesalter aufgetreten sein (World Health Organization, 1993).

Konzentrationsprobleme und Unaufmerksamkeit können auch bei Vorliegen einer PTBS oder kPTBS auftreten und werden als Hinweise auf eine erhöhte autonome Erregung angeführt. Besonders wahrscheinlich sind sie bei Erleben von Dissoziation, Intrusionen oder Flashbacks oder der Begegnung mit angstauslösenden Stimuli (Weinstein et al., 2000). Unaufmerksamkeit kann auch im Sinne einer Vermeidung unangenehmer Gesprächsinhalte oder Triggerreize auftreten. Die wahrnehmbare oder subjektiv empfundene Unruhe und eine erhöhte Impulsivität können ebenfalls als Folge der Übererregung auftreten. Zur differenzialdiagnostischen Abklärung wird daher neben der Durchführung einer Traumaanamnese empfohlen, die Situationen möglichst spezifisch zu erfassen, in welchen die Unaufmerksamkeit auftritt, da so gegebenenfalls ein Zusammenhang zu den traumabezogenen Stimuli festgestellt werden kann (Weinstein et al., 2000). Zudem ist der Verlauf der Symptomatik zu explorieren, d. h. ob die Symptome bereits vor dem traumatischen Ereignis bestanden und sich möglicherweise auch in Berichten oder Zeugnissen finden lassen.

Beispielhafte Fragen zur Differenzialdiagnostik einer ADHS

1. Seit wann bestehen die Symptome?
    a) Bereits vor den Gewalt- und Vernachlässigungserfahrungen?
2. In welchen Kontexten und Situationen tritt die Unaufmerksamkeit und Impulsivität auf?
    b) Werden in den Kontexten und Situationen, stärker als in anderen, traumabezogene Stimuli (Orte, Gerüche, Personen, Gesprächsthemen, Geräusche u. Ä.) begegnet?
3. Welche Kognitionen hat das Kind/der oder die Jugendliche in den Situationen der Unaufmerksamkeit?

Ähnliche Fragen kommen auch bei der Differenzialdiagnostik anderer Störungen infrage.

3.2.7 Störungen des Sozialverhaltens

Als Folge der erhöhten autonomen Erregung, die sich auch durch Gereiztheit äußern kann, sowie der Vermeidung aversiver Emotionen wie beispielsweise Hilflosigkeit, können einige Kinder und Jugendliche mit Traumafolgestörungen Verhaltensweisen zeigen, die auf eine Störung des Sozialverhaltens hindeuten (Rosner & Unterhitzenberger, 2019). Ähnlich wie bei der Differenzialdiagnostik von ADHS sollte auch zur Unterscheidung einer Traumafolgestörung von einer Störung des Sozialverhaltens der Verlauf der Symptomentwicklung unter Berücksichtigung potenziell traumatisierender Ereignisse berücksichtigt werden. Plötzliche Verhaltensänderungen können darauf hinweisen, dass beispielsweise eine PTBS vorliegt.

3.2.8 Dissoziative Störungen

Dissoziative Störungen und im Speziellen die dissoziative Identitätsstörung (DIS) treten häufig in Folge traumatischer Kindheitserlebnisse auf, können sich aber auch unabhängig entwickeln. Zugleich können im Rahmen von PTBS, kPTBS und BPS dissoziative Symptome und Syndrome bestehen, weshalb im DSM-5 für PTBS ein Subtyp »mit dissoziativen Symptomen« aufgeführt ist. Die Abgrenzung von BPS und der DIS erscheint auch durch die Überlappung der Symptomatik eines instabilen Selbsterlebens herausfordernd. Diesbezüglich wird berichtet, dass die Wechsel im Selbsterleben bei DIS tiefgreifender und auch »autobiographische Gedächtnisinhalte einschließlich bestimmter Fähigkeiten (...) nur stimmungsabhängig und persönlichkeitsanteilabhängig abrufbar und verfügbar (Kluft, 1996, zitiert nach Dammann & Overkamp, 2006, S. 19) seien.

Dissoziative Störungen

Dissoziative Störungen sind gekennzeichnet durch eine unwillkürliche Unterbrechung oder Diskontinuität der normalen Integration motorischer, sensorischer oder kognitiver Funktionen sowie des Bewusstseins oder des Selbsterlebens. Sie sind nicht durch eine Erkrankung des Nervensystems, anderer psychischer oder Verhaltensstörungen oder einen medizinischen Zustand, einschließlich Wirkungen von Substanzen oder Entzugserscheinungen, zurückzuführen. In der ICD-11 werden die folgenden dissoziativen Störungen differenziert:

- 6B60 Dissoziative Störung mit neurologischen Symptomen: Auftreten motorischer, sensorischer oder kognitiver Symptome (z.B. Seh- oder Hörstörung, Parese, Anfall)
- 6B61 Dissoziative Amnesie: Unfähigkeit zum Abruf autobiografischer Erinnerungen, typischerweise kürzlich stattgefundener belastender Ereignisse

- 6B62 Trance-Störung: Trance-Zustände, Verlust des Gefühls der persönlichen Identität
- 6B63 Besessenheitstrance-Störung: Trancezustände, in denen das Erleben einer externen, »besitzergreifenden« Identität mit Einfluss auf das eigene Verhalten vorherrscht
- 6B64 Dissoziative Identitätsstörung: Vorliegen mehrerer verschiedener Persönlichkeitszustände, die mit deutlichen Unterbrechungen des Selbst- und Handlungsgefühls einhergehen und eigene Wahrnehmungs- und Erlebensmuster aufweisen
- 6B65 Partielle dissoziative Identitätsstörung: Vorliegen eines dominanten Persönlichkeitszustands, der gelegentlich und vorübergehend von nicht-dominanten weiteren Persönlichkeitszuständen gestört wird. Dies wird von dem dominanten Zustand als aversiv erlebt und tritt häufig als Reaktion auf emotionale Zustände auf.
- 6B66 Depersonalisations- oder Derealisationsstörung: Anhaltende oder wiederkehrende Erfahrungen von Depersonalisation (Erleben des Selbst als fremd oder unwirklich), Derealisation (Erleben der Umgebung als fremd oder unwirklich) oder beidem

3.2.9 Psychotische Störungen

Frühstadien psychotischer Störungen können den Symptomen einer PTBS ähneln (und durchaus auch komorbid auftreten). Auch können Flashbacks oder Hypervigilanz im Kontext einer PTBS einen halluzinatorischen oder paranoiden Charakter aufweisen (Lincoln & Heibach, 2017). Die Unterscheidung gelingt am ehesten durch die Identifikation traumatischer Ereignisse im Vorfeld der Symptomatik sowie charakteristischer Merkmale von PTBS-Symptomen wie dem Wiedererleben (Lincoln & Heibach, 2017). Eine Abgrenzung zwischen Intrusionen und Halluzinationen kann beispielsweise durch Assoziationen zu den traumatischen Ereignissen gelingen, beispielsweise wenn im Falle akustischer »Halluzinationen« die Stimme des Täters oder der Täterin wahrgenommen wird (Rosner & Unterhitzenberger, 2019).

Merke: Vorgehen zur Differenzialdiagnostik

1. Erhebung einer Traumaanamnese mit Kind bzw. Jugendlichem*Jugendlicher und Bezugsperson
2. Zeitliche Einordnung der traumatischen Erfahrungen und des Symptombeginns
3. Abklärung einer Situations- und Kontextabhängigkeit der Symptome
4. Berücksichtigung eines inhaltlichen Traumabezugs der Symptomatik

3.3 Überprüfung der Lernziele

- Welche Komorbiditäten einer PTBS zeigen sich im Kindes-, welche eher im Jugendalter?
- Welche psychischen Störungen sind differenzialdiagnostisch bei Aaliyah (siehe Fallbeispiel) zu berücksichtigen?
- Wie können die verschiedenen Angststörungen von spezifischen Traumafolgestörungen wie der akuten Belastungsreaktion oder PTBS abgegrenzt werden?

4 Diagnostik

Fallbeispiel

Die 10-jährige Maike absolviert in der Hochschulambulanz eine psychologische Diagnostik aufgrund des Verdachts einer Traumafolgestörung. Im Erstgespräch wirkt Maike zunächst skeptisch und misstrauisch. Sie zeigt sich verschlossen und blickt schweigend zu Boden, als die Therapeutin ihr Fragen zu ihrer Symptomatik stellt. Maikes Mutter versucht ihrer Tochter zu helfen und übernimmt teilweise das Antworten für sie. Als Maikes Mutter anfängt, über die körperlich gewaltvollen Übergriffe im Ferienlager durch einen Betreuer vor einem halben Jahr zu berichten, wirkt Maike zunehmend angespannt, knibbelt an ihren Fingern und blickt zur Tür. Als die Therapeutin die Mutter unterbricht und sagt, dass es ausreichend sei, grob über die traumatischen Ereignisse zu sprechen, scheint Maike sich deutlich zu entspannen. Da Maikes Schulleistungen sich seit einigen Monaten deutlich verschlechtert haben, wird eine ausführliche Leistungsdiagnostik durchgeführt, welche jedoch den Verdacht auf eine kognitive Überforderung nicht bestätigt. Vielmehr zeigen sich sowohl im Selbst- als auch im Fremdbericht (Eltern- und Lehrkrafturteil) in der CBCL Hinweise auf klinisch-relevante Symptome im internalisierenden Spektrum. Im Selbsturteil weist das CATS Screening und der ETI-KJ auf eine posttraumatische Belastung hin. Für eine ausführliche diagnostische Abklärung wird in der Hochschulambulanz ein umfassendes diagnostisches Interview (Kinder-DIPS) mit Maike und ihrer Mutter durchgeführt. Während Maikes Mutter Schwierigkeiten hat, mögliche Gefühlszustände und posttraumatische Kognitionen ihrer Tochter genau einzuschätzen, äußert Maike im Interview deutliche posttraumatische Belastungssymptome und ein ausgeprägtes Vermeidungsverhalten. In der Indikationssitzung der Hochschulambulanz wird auf Grundlage der vorliegenden Befunde bei Maike eine posttraumatische Belastungsstörung diagnostiziert.

Lernziele

- Sie kennen die diagnostischen Verfahren, die bei Traumafolgestörungen im Kindes- und Jugendalter eingesetzt werden sollten.
- Sie können nennen, worauf bei der Exploration des Traumas geachtet werden sollte.
- Sie wissen, wie mit Unterschieden in diagnostischen Angaben zwischen Kindern, Eltern und Lehrkräften umgegangen werden sollte.

- Sie können Indikationen für eine ambulante bzw. (teil-)stationäre Behandlung aufzählen.
- Sie wissen, wie diagnostische Ergebnisse an Kinder, Jugendliche, Eltern und Lehrkräfte zurückgemeldet werden sollte.

Ziel des diagnostischen Prozesses bei Kindern und Jugendlichen ist ein Gesamtüberblick über die vorliegende Symptomatik zu gewinnen. Wichtige Fragen sind hier u. a., ob eine klinische bedeutsame Störung im Sinne einer Traumafolgestörung vorliegt, welche komorbiden Störungen existieren und welche differenzialdiagnostischen Überlegungen in Betracht gezogen werden müssen. Darüber hinaus ist der diagnostische Prozess auch ein wichtiger Startpunkt im Beziehungsaufbau.

Weiterhin dient die Diagnostik dazu, relevante Aussagen über die Funktionsfähigkeit in allen wichtigen Lebensbereichen von Kindern und Jugendlichen wie Familie, schulisches Umfeld und Gleichaltrige zu treffen. Für die Gewinnung der notwendigen Informationen ist besonders im Kindes- und Jugendalter eine multimodale Diagnostik und die Einbeziehung von verschiedenen Quellen notwendig, wie das klinische Urteil, das Selbsturteil der Kinder und Jugendlichen, das Elternurteil und die Einschätzung von Lehrkräften.

Neben dem Ziel der Klassifikation sollten die gewonnenen Informationen aus dem Prozess der Diagnostik auch zur Behandlungsplanung und zum Festlegen von Therapiezielen genutzt werden.

4.1 Erstgespräch und Anamnese

4.1.1 Das Erstgespräch

In aller Regel beginnt der erste Kontakt mit einer telefonischen Anmeldung in der Praxis, meist durch die Sorgeberechtigten, weniger häufig durch die Kinder und Jugendlichen selbst. Ein grundlegender Unterschied zur Therapie im Erwachsenenalter ist, dass der Auftraggeber nicht gleich die hilfesuchende Person ist und die Terminvereinbarung möglicherweise sogar gegen den Willen der Kinder und Jugendlichen stattfindet. In einigen Fällen erfolgt der Wunsch nach Beratung oder Therapie dennoch im Konsens oder gar auf Wunsch des Kindes oder Jugendlichen.

Tab. 4.1: Dos und Don'ts des Erstgesprächs

Dos	Don'ts
• bei jüngeren Kindern eine kurze Spielphase zu Beginn des Gespräches einbauen	• das Kind nicht beabsichtigt in Trigger-Situationen bringen • das Kind nicht anfassen

Tab. 4.1: Dos und Don'ts des Erstgesprächs – Fortsetzung

Dos	Don'ts
• in Abhängigkeit des Alters und des traumatischen Ereignisses gemeinsames oder separates Gespräch mit den Bezugspersonen und dem Kind machen • Kontakt- und Beziehungsaufnahme mit dem Kind • ruhiges und bestimmtes Auftreten • Herstellung einer sicheren, störungsfreien Gesprächsatmosphäre (ausreichenden körperlichen Abstand, das Schließen oder Offenlassen von Türen, das Mitnehmen einer Vertrauensperson oder das Entfernen von Auslösereizen im Raum) • Fragen nach Bedürfnissen • Transparenz, Einbindung in Gestaltung und Entscheidungen, ausführliche Aufklärung • Stopp-Regel erklären: das Kind soll Stopp sagen, wenn es ihm zu viel wird (Krüger, 2015) • Verweis auf die Schweigepflicht • Erörtern, was zusammengefasst passiert ist und welche Symptome das Kind zeigt • Gefühle aufnehmen, aber nicht vertiefen • Normalisierung der Reaktion auf das traumatische Erlebnis • beiläufige Vermittlung von Wissen zum spezifischen Trauma (z.B was ist sexuelle Gewalt, wie oft kommt sie vor, wer trägt die Verantwortung etc.) • aktive Erfragung der Symptomatik und potenziell traumatisierenden Ereignisse • Erfragung des subjektiven Erlebens und der Bewertung des Ereignisses • Abklärung der äußeren Sicherheit (Kindeswohl), ggf. polizeiliche Schutzmaßnahmen oder institutionelle Maßnahmen einleiten	• nicht nach detaillierten Informationen zum Geschehen fragen • dem Kind nicht sagen, wie es sich zu fühlen oder verhalten hat • keine Versprechungen geben, die man nicht halten kann • keine Bagatellisierung des Geschehens (»du hast Glück, dass du überlebt hast«, »Davor muss man doch keine Angst haben«)

Zum Erstgespräch erscheinen dann das Kind oder der*die Jugendliche gemeinsam mit Sorgeberechtigten und/oder Bezugspersonen. Jugendliche können ab dem 15. Lebensjahr auch alleine zum Erstgespräch kommen. Das Erstgespräch dient einem gemeinsamen ersten Kennenlernen, der Klärung des Anliegens und der gemeinsamen Zielklärung. Besonders bei traumatisierten Kindern und Jugendlichen müssen verschiedene Aspekte für die Phase des Erstkontaktes, des Kennenlernens und der Exploration beachtet werden (▶ Tab. 4.1). Insbesondere nach interpersonellen Traumatisierungen kann eine reduzierte zwischenmenschliche Vertrauensfähigkeit gezeigt werden (Schäfer et al., 2019). Behandelnde sollten sich vergegenwärtigen, dass sie für die Kinder und Jugendlichen eine unbekannte, erwachsene Person darstellen und damit zu Beginn der Psychotherapie im Fokus des Misstrauens der Kinder und Jugendlichen stehen können. Zudem werden aus Schamerleben und Schuldgefühlen sowie der störungsimmanenten Vermeidungssymptomatik häufig Symptome nicht im Zusammenhang mit zurückliegenden Traumatisierungen genannt, weshalb diese nicht berichtet werden (Schäfer et al., 2019). Viele Kinder und Jugendlichen sprechen von sich aus, wenn überhaupt, erst im Verlauf der Behandlung über ihre erlebten Traumata. Vor allem zu Beginn der Behandlung oder nach der ersten Eröffnung einer traumatischen Erfahrung sind keine näheren Details der traumatischen Erfahrung notwendig. Wichtig ist es dennoch, die Kinder und Jugendlichen darauf vorzubereiten, dass nach der Aktualität der Ereignisse gefragt werden muss. Hier ist es zwingend notwendig abzuklären, ob eine Kindeswohlgefährdung vorliegt.

Darüber hinaus zeigen vor allem traumatisierte Jugendliche Schwierigkeiten, sich als hilfsbedürftig zu definieren und professionelle Hilfe anzunehmen. Sie halten an dem Anspruch fest, das Trauma aus eigener Kraft zu bewältigen und zeigen sehr häufig Schuldgefühle im Zusammenhang mit der Inanspruchnahme von Hilfe, z. B. »Ich nehme jemandem den Platz weg« oder »Anderen geht es viel schlechter.«

Um Befürchtungen, Misstrauen, Ängsten und Vermeidungsverhalten zu begegnen, können verschiedene Techniken genutzt werden. Grundsätzlich ist davon auszugehen, dass Ängste und Misstrauen der Kinder und Jugendlichen mit zunehmender Dauer von selbst abnehmen und habituieren, da sie erleben, dass die Behandelnden Vertrauenspersonen darstellen. So kann es bei Kindern hilfreich sein, zu Beginn eine kurze Spielphase gemeinsam mit den Bezugspersonen zu etablieren. Weiterhin bietet es sich an, im Gespräch mit positiven oder neutralen Themen zu beginnen, beispielsweise über deren Hobbies und Freizeitaktivitäten, da diese für die Kinder und Jugendlichen im Gegensatz zur Symptomatik weniger scham- und angstbesetzt sind.

Es sollte Wert auf die Herstellung einer sicheren, störungsfreien Gesprächsatmosphäre unter Berücksichtigung von spezifischen Kontrollbedürfnissen gelegt werden. Es sollte auf die notwendigen und von dem Kind gewünschten Rahmenbedingungen adäquat eingegangen werden, beispielsweise durch ausreichenden körperlichen Abstand, das Schließen oder Offenlassen von Türen, das Mitnehmen einer Vertrauensperson oder das Entfernen von Auslösereizen im Gesprächsraum. Den Kindern und Jugendlichen sollte ein hohes Maß an Transparenz entgegengebracht werden und es sollte eine ausgeprägte Einbindung in Entscheidungen zur Gesprächsführung stattfinden, um dem erhöhten Kontrollbedürfnis entgegen zu kommen. Die Kinder und Jugendlichen sollten darüber aufgeklärt werden, wie der diagnostische Prozess allgemein abläuft und was sie zu erwarten haben. Vor allem nach interpersoneller Gewalt ist es wichtig, den Kindern und Jugendlichen ein Gefühl der Kontrolle zurückzugeben, indem sie beispielsweise Entscheidungen selbst treffen, mitentscheiden können und einschätzen können, was auf sie zukommt. Um dem Misstrauen zu begegnen und die Bereitschaft sich zu öffnen und anzuvertrauen zu stärken, sollten Behandelnde auf die Schweigepflicht verweisen. Wenn Eltern oder Bezugspersonen beim Erstgespräch anwesend sind, sollte nach einem gemeinsamen Kennenlernen ein Teil des Gesprächs auch alleine mit dem Kind oder Jugendlichen geführt werden. Hier ist nachzufragen und abzuschätzen, ob das Kind oder der*die Jugendliche damit einverstanden ist, wenn die Bezugspersonen den Raum verlassen. Aus Sorge die Bezugspersonen zu belasten sowie Scham- und Schuldgefühlen, fällt es einigen Betroffenen leichter, in Abwesenheit von anderen über Erlebtes und die damit einhergehende Belastungssymptomatik zu sprechen. Da es vielen dennoch schwerfällt, spontan von ihren Belastungssymptomen zu berichten, wird eine aktive Erfragung der Symptomatik empfohlen.

Neben Kennenlernen, Exploration, Zielklärung und Erfassung der Anamnese dient das Erstgespräch außerdem dazu, wichtige Unterlagen einzuholen, die dem diagnostischen Prozess dienen.

Wichtige Unterlagen für den diagnostischen Prozess:

- Schriftliches Einverständnis zur Durchführung der Diagnostik und Behandlung von allen Sorgeberechtigten.
- Dokumentationsheft der Früherkennungsuntersuchungen (gelbes U-Heft).
- Mögliche Kindergartenberichte, Grundschulzeugnisse und aktuelle Zeugnisse, Berichte von möglichen Vorbehandlungen.
- Schweigepflichtentbindung gegenüber möglichen Vorbehandelnden, pädagogische Fachkräfte, Lehrkräfte, sowie Erlaubnis zum Einholen von diagnostischen Vorbefunden (z. B. IQ-Tests).

Abzuwägen ist darüber hinaus die aktuelle äußere Sicherheit der Kinder und Jugendlichen. Vor allem bei Traumatisierungen durch interpersonelle Gewalt und Vernachlässigung, sollte das Vorliegen von Kindeswohlgefährdungen überprüft werden. Zu erwägen sind polizeiliche Schutzmaßnahmen oder institutionelle Maßnahmen, wie beispielsweise bei Kindeswohlgefährdungen oder häuslicher Gewalt (▶ Kap. 8.3 Kindeswohlgefährdung).

In § 4 des Gesetzes zur Kooperation und Information im Kinderschutz (KKG) werden die Aufgaben und Befugnisse von Berufsgeheimnisträger in den Gesundheitsberufen bei Verdacht auf Kindeswohlgefährdung beschrieben. Diese haben einen Schutzauftrag, sofern sie konkrete Hinweise oder ernst zu nehmende Vermutungen für eine Gefährdung (»gewichtige Anhaltspunkte«) haben. Das beinhaltet:

- Eine Verpflichtung zur Erörterung »gewichtiger Anhaltspunkte für eine Kindeswohlgefährdung« mit den Eltern, Kindern und Jugendlichen,
- den Anspruch auf Beratung zur Gefährdungseinschätzung durch eine »insoweit erfahrene Fachkraft« und
- die Befugnis zur Datenweitergabe an das Jugendamt, wenn ein Tätigwerden für dringend erforderlich erachtet wird und eine Gefährdung auf andere Weise nicht abgewendet werden kann unter Beachtung des Transparenzgebotes.

Die Einschätzung, ob eine Kindeswohlgefährdung vorliegt, ist abhängig von kulturellen, historischzeitlichen und ethnischen Faktoren. Es ist kein beobachtbarer Sachverhalt, sondern ein rechtlich unbestimmtes Konstrukt. Kindeswohlgefährdung wird demnach nicht anhand von Tatbeständen definiert, sondern anhand der Auswirkungen der Tatbestände auf das körperliche, seelische und geistige Wohl des Kindes (einschließlich zukünftiger Gefahren).

Zur Risikoeinschätzung wird die Beantwortung der folgenden vier Fragen empfohlen:

1. Inwieweit ist das Kindeswohl durch die Sorgeberechtigten gewährleistet oder ist dies nur zum Teil oder gar nicht der Fall?
2. Problemakzeptanz: Sehen die Sorgeberechtigten selbst ein Problem oder ist das weniger oder gar nicht der Fall?
3. Problemkongruenz: Stimmen die Sorgeberechtigten und die beteiligten Fachkräfte in der Problemkonstruktion überein oder ist dies weniger oder gar nicht der Fall?
4. Hilfeakzeptanz: Sind die Sorgeberechtigten und Kinder bereit, die Hilfeangebote anzunehmen und zu nutzen oder ist dies nur zum Teil oder gar nicht der Fall?

Zur Gefährdungsabschätzung mit dem Kind oder dem*der Jugendlichen sollte der Verdacht exploriert werden, Risiken und Ressourcen abgewogen sowie Vorstellungen, Wünsche und Ängste erfragt werden. Das Kind oder der*die Jugendliche sollte nicht zum Sprechen gedrängt werden und es sollte sich Zeit für die Gefährdungsabschätzung genommen werden (außer bei akuter Gefahr). Dem Kind oder dem*der Jugendlichen sollte darüber hinaus nichts versprochen werden, was nicht gehalten werden kann und es sollte über das weitere Verfahren informiert werden. Wichtig ist, alles gut zu dokumentieren, sowohl der Inhalt der Gespräche als auch die Vorgehensweise. Die Dokumentation muss die Gefährdungsmomente in Abwägung mit den Schutz- und Risikofaktoren sowie die Bewertung der Handlungsmöglichkeiten und Handlungen der Sorgeberechtigten einbeziehen und einen Schutzplan beinhalten. Es sollte nicht nur das Ergebnis der Arbeit schriftlich festgehalten werden.

Es sollte in jedem Fall eine Beratung zur Gefährdungseinschätzung durch eine »insoweit erfahrene Fachkraft« (IseF) in Anspruch genommen werden. Mit dieser ist zu klären, was im konkreten Fall »gewichtige Anhaltspunkte« sind, wie »auf Hilfen hingewirkt« werden kann und wann eine Datenweitergabe an das Jugendamt angebracht ist. Neben der Hilfe bei der Gefährdungseinschätzung unterstützt die IseF ebenfalls bei der Rollenklärung der beteiligten Fachkräfte, Klärung individueller Verantwortung, Versachlichung emotional belastender Prozesse, Entwicklung von Handlungsplänen, Förderung von Kooperation und Kommunikation, Vorbereitung der Einbeziehung der Sorgeberechtigten sowie Nachbearbeitung.

4.1.2 Anamnese

Die ausführliche Anamnese dient der Erfassung der Entwicklungsgeschichte, sowie der Störungsentwicklung. Wichtige Meilensteine der Entwicklung, welche in der Regel mit den Eltern im Gespräch erfasst werden, sind Verlauf der Schwangerschaft, Geburt, sowie Entwicklung im ersten Lebensjahr. Zur allgemeinen Entwicklungsgeschichte zählen unter anderem auch die motorische und sprachliche Entwicklung sowie das zeitgerechte Erreichen der Meilensteine. Bei Hinweisen auf mögliche Entwicklungsverzögerungen sollten diese weiter exploriert werden. Hilfreich ist hier der Blick ins gelbe U-Untersuchungsheft, welches zu den regelmäßigen Früherkennungsuntersuchungen von den kinderärztlichen Praxen ausgefüllt wird. Weitere wichtige Informationen, die für die Weiterbehandlung von Relevanz sind, betreffen psychotherapeutische oder psychiatrische Vorbehandlungen mit Angaben zur Häufigkeit, Dauer, Art und einer Einschätzung, inwieweit die Behandlung erfolgreich war. Es sollten pädiatrische Vorbefunde, Berichte des zuständigen Jugendamtes und weiterer Institutionen angefordert werden.

In den Practice Parameters der Amerikanischen Gesellschaft für Kinder- und Jugendpsychiatrie (American Academy of Child and Adolescent Psychiatry, Cohen et al., 2009) wird als Minimalstandard für jede diagnostische Abklärung die Erhebung einer Traumaanamnese empfohlen, auch wenn das Kind oder der*die Jugendliche nicht aufgrund einer Traumafolgestörung oder -symptomatik zum Erstgespräch angemeldet wurde. Diese Empfehlung beruht auf epidemiologischen Studien, die eine hohe Prävalenz von potenziell traumatischen Ereignissen im Kindes- und Jugendalter finden konnten und mehr als die Hälfte der Alterspopulation betrifft (Rosner et al., 2019).

Das Kind oder der*die Jugendliche sollte zunächst die Möglichkeit erhalten, selbst über die Traumatisierung und die aktuelle Symptomatik zu sprechen, bevor direkte Fragen bezüglich des Erlebens von Gewalt und Vernachlässigung gestellt werden. Dabei ist es wichtig, neben dem Tatsachenwissen zum Ereignis auch das subjektive Erleben und die Bewertung des Ereignisses zu erfragen (hatte das Kind bzw. der*die Jugendliche Todesangst? Bestehen Schuldgefühle oder Selbstvorwürfe?). Die posttraumatischen Bewertungen stellen ein Risiko für die Entwicklung einer Traumafolgestörung dar.

> **Beispiele zur Erfragung von postraumatischen Bewertungen (angelehnt an den PeriTraumaBelastungs-Fragebogen, Maercker, 2002)**
>
> - Fühltest du dich hilflos?
> - Dachtest du, du müsstest sterben?
> - Fühltest du dich frustriert und ärgerlich nichts mehr tun zu können?
> - Fürchtetest du dich um deine Sicherheit und/oder die der anderen?
> - Schämtest du dich für deine Gefühlsreaktion?
> - Hattest du Schwierigkeiten deinen Darm und deine Blase zu beherrschen?
> - Fühltest du, du würdest ohnmächtig werden?

Einige Kriterien von Traumafolgestörungen erfordern die verbale Beschreibung von affektiven Zuständen, was vor allem für jüngere Kinder eine große Herausforderung darstellt (Scheeringa et al., 1995). Aus diesem Grunde hilft es, zusätzlich zur verbalen Erfassung ebenfalls auf non-verbale Ausdrucksarten wie beispielsweise Malen oder Handpuppen zurückzugreifen (Salmon et al., 2012). Hierbei sollte das Kind beispielsweise nicht bewusst in Trigger-Situationen gebracht werden, angefasst werden, das traumatische Ereignis verharmlost werden (»Davor muss man doch keine Angst haben«) oder dem Kind gesagt werden, was es zu malen, spielen etc. hat. Dem Kind sollte freigestellt werden, in welcher Form es nonverbal kommunizieren möchte, Gefühle sollten angenommen, aber nicht vertieft werden und es sollten die Bedürfnisse des Kindes berücksichtigt werden. Dem Kind sollte in jedem Fall ebenfalls die Stopp-Regel erklärt werden, bei welcher das Kind Stopp sagen soll, wenn es ihm zu viel wird (Krüger, 2015).

> **Wichtig**
>
> Die bei Behandelnden weit verbreitete Angst, Kinder und Jugendliche explizit nach potenziell traumatischen Erlebnissen und infolgedessen entstandenen Symptomen zu fragen, ist unbegründet. Studien bestätigen, dass bei altersentsprechendem und adäquatem Vorgehen das Kind oder der*die Jugendliche durch eine Exploration nicht übermäßig belastet wird oder sogar eine Retraumatisierung erfolgt (Skar, Ormhang & Jensen, 2019).

4.1.3 Psychopathologischer Befund

Bei der Erfassung des traumaspezifischen psychopathologischen Befunds sollten einige Besonderheiten beachtet werden. Es sollte begutachtet werden, ob die Fähigkeit zur Beziehungsaufnahme besteht, ob die Betroffenen zur Kommunikation mit den Behandelnden in der Lage ist und ob ein hilfreicher Kontakt herstellbar ist. Um diese Aspekte abzuklären, gilt es gravierende Störungen zentraler psychischer Funktionen auszuschließen. Im Detail bedeutet dies, zu überprüfen, ob Störungen des Bewusstseins (z. B. Dissoziation), der Orientierung, der Wahrnehmung, der psychovegetativen Reaktionen (z. B. anhaltende starke Erregungslevel), der Psychomotorik (z. B. Stupor), des Affekts (z. B. schwere depressive Symptomatik, fehlende emotionale Auslenkbarkeit) und Auffälligkeiten in der Sprache vorliegen. Ebenso sollte grundlegend eingeschätzt werden, ob eine akute Eigen- oder Fremdgefährdung oder ein erhöhtes Risiko für selbstverletzendes Verhalten oder Substanzmissbrauch vorliegt.

4.2 Diagnoseinstrumente

Im Rahmen des diagnostischen Prozesses erfolgt in mehreren Sitzungen eine systematische Exploration unter besonderer Berücksichtigung traumaspezifischer Aspekte. Neben der klinischen Exploration ist eine multimethodische Diagnostik unter Einsatz klinisch-diagnostischer Interviews sowie psychometrischer Selbst- und Fremdbeurteilungsinstrumente sinnvoll. Da Eltern die Symptomatik der Kinder teilweise unterschätzen, sollte die Diagnostik nicht allein auf Fremdbeurteilungen gestützt werden (Steil & Rosner, 2009). Die spezifische Diagnostik dient der Erstellung eines umfassenden Bilds der Persönlichkeit, der biografischen und aktuellen Lebensbedingungen sowie der aktuellen und kommenden (z. B. schulischen) Anforderungen und bildet im Verlauf die Grundlage einer qualifizierten traumadiagnostischen Gesamtbeurteilung, Fallkonzeptualisierung und Indikationsklärung für weitere Behandlungsmaßnahmen (Rosner et al., 2019).

Traumaspezifisch erfasst werden sollte:

- aktueller psychischer Befund zur Diagnostik und Differenzialdiagnostik von Art, Schwere und Komplexität des Spektrums möglicher psychischer Traumafolgestörungen inkl. Komorbidität, Evaluation des posttraumatischen Verlaufs und der Vorbehandlungen.
- Erstauftreten der psychischen Symptome (innerhalb der ersten vier Wochen oder später)
- bisheriger Verlauf (gleichbleibend, abnehmend oder zunehmend)
- bisherige förderliche oder dysfunktionale Bewältigungsversuche
- Art, Umfang und Effekte von Vorbehandlungen
- körperliche Beschwerden und Erkrankungen, insbesondere auch hirnorganische Symptome, körperliche Vorerkrankungen und Vorbehandlungen
- Risikofaktoren

4.2.1 Fragebögen

Zur diagnostischen Erfassung der Symptomatik eignen sich Screeningfragebögen und Fragebögen zur spezifischen Erfassung und Verlaufsdiagnostik (▶ Tab. 4.2).

Bei den Screeningverfahren handelt es sich um kurze, in der Regel schriftlich von den Betroffenen selbst zu beantwortende und leicht auswertbare Fragebögen. Im Kindesalter muss darauf geachtet werden, dass sowohl die Screenings, als auch jeder weitere Fragebogen für jüngere Kinder verständlich formuliert ist. Für jüngere Kinder sind Selbstberichtverfahren in Screening- oder Fragebogenform selten geeignet aufgrund eingeschränkter Lesefertigkeiten und der Notwendigkeit, dass einzelne Frageitems kindgerecht erläutert werden müssen. Es ist nicht nur sinnvoll, Screenings im Rahmen der Diagnostik einzusetzen, sondern auch um Verlaufskontrollen während und nach Abschluss der Behandlung durchzuführen, um die Entwicklung der traumaspezifischen Symptomatik zu begutachten.

Um Traumafolgesymptome zu erfassen, eignet sich die Trauma-Symptom-Checkliste für Kinder und Jugendliche (TSC-KJ; Spranz, Loos & Steil, 2018). Sie ist ein Instrument zur Erfassung des Vorliegens und der Schwere von Traumafolgesymptomen im Kindes- und Jugendalter und kann ab acht Jahren eingesetzt werden. Das Selbstbeurteilungsinstrument umfasst sechs klinische Skalen (Depression, Ärger, Angst, Dissoziation, posttraumatischer Stress und sexuell auffälliges Verhalten) und fragt so eine große Breite möglicher Symptome nach Traumatisierungen ab. Die TSC-KJ ermöglicht einen Überblick über Art und Schweregrad der individuellen Beeinträchtigungen und kann helfen, psychotherapeutische Behandlungsziele zu identifizieren, Akzente in der Behandlung zu setzen und den Therapieerfolg zu überprüfen. Dabei geht das Spektrum der erfassten Symptome weit über die der posttraumatischen Belastungsstörung hinaus. Der Einsatz der TSC-KJ ist möglich bei Patient*innen zwischen 8 und 21 Jahren, wobei psychometrische Gütekriterien und Vergleichswerte für den Altersbereich von 13–21 Jahren vorliegen.

Das Child and Adolescent Trauma Screening 2 (CATS-2; Sachser, Berliner, Risch, Rosner, Birkeland, Eilers, Hafstad, Pfeiffer, Plener & Jensen, 2022) ist ein kurzes, frei zugängliches Screeninginstrument, welches auf den DSM-5 Kriterien der posttraumatischen Belastungsstörung (PTBS) aufbaut. Es erfasst bisher erlebte Traumata und posttraumatische Belastungssymptome. Es bestehen unterschiedliche Versionen: CATS Selbsturteil (7–17 Jahre), CATS Fremdurteil durch Betreuende (7–17 Jahre), CATS Fremdurteil durch Betreuende (3–6 Jahre). Häufig wird er zur Verlaufskontrolle der Therapie angewandt.

Das Essener Trauma-Inventar für Kinder und Jugendliche (ETI-KJ; Tagay, et al., 2007; Tagay, et al. 2011) stellt ein Screening-Instrument (ab 12 Jahre) nach den Kriterien des DSM-IV dar. Es erfasst das Vorliegen eines Traumas, die Ausprägung der klinischen Beeinträchtigung und die Dauer der vorliegenden Symptomatik. Außerdem kann eine Summe aus den Items zur Intrusion, Vermeidung und Hyperarousal gebildet werden, der Cut-Off liegt bei 27 Punkten.

Ein weiteres Screeninginstrument für Kinder im Vorschulalter ist die Young Child PTSD Checklist (YCPC), welches im Alter zwischen einem und sechs Jahren als Fremdurteil angewandt werden kann und den für Vorschulkinder geeigneten Kriterien von Scheeringa et al. (1995, 2001, 2003, 2011) entspricht.

Bei Kindern ab acht Jahren kann außerdem die Children's Revised Impact of Event Scale (CRIES-8/ CRIES-13; Perrin et al., 2005) zur Erfassung posttraumatischer Symptome eingesetzt werden. Diese liegt in einer Version mit 8 Items und 13 Items im Selbsturteil vor.

Ebenfalls ab sieben Jahren lassen sich PROPS (Parent Report of Posttraumatic Symptoms) als Fremdurteil bzw. CROPS (Child Report of Posttraumatic Symptoms) als Selbsturteil zur Erfassung einer Traumafolgestörungssymptomatik einsetzen. Diese wurden als Screening-Instrument von Dr. Ricky Greenwald (Greenwald & Rule, 1999) entwickelt und von Wiedemann (2000) für den deutschsprachigen Raum adaptiert. Beide Instrumente eignen sich sehr gut zur Therapieverlaufskontrolle.

Beim Einsatz von Fragebogenverfahren im Rahmen des diagnostischen Prozesses zur Identifikation von Traumafolgestörungen wird zwischen Basisverfahren und störungsspezifischen Verfahren unterschieden. Basisverfahren ermöglichen einen Überblick über die gesamte Symptomatik der Kinder und Jugendlichen und können Aufschluss über mögliche Komorbiditäten oder differenzialdiagnostische Überlegungen liefern. Entsprechende Basisverfahren sind: Elternfragebogen über das Verhalten von Kindern und Jugendlichen (CBCL/6–18R; Döpfner, Plück, Kinnen, & Arbeitsgruppe Deutsche Child Behavior Checklist, 2014), Fragebogen für Jugendliche (YSR/11–18R; Döpfner et al., 2014), Lehrerfragebogen über das Verhalten von Kindern und Jugendlichen (TRF/6–18R; Döpfner et al., 2014), Diagnostiksystem für Psychische Störungen nach ICD-10 und DSM-5 für Kinder und Jugendliche (DISYPS-III; Döpfner & Görtz-Dorten, 2017). Beide Basisverfahren sind sowohl für den Selbstbericht als auch für den Fremdbericht aus Eltern- und Lehrkraftperspektive verfügbar.

Neben den genannten Basisverfahren können zur Diagnostik einer Traumafolgestörung ebenfalls störungsspezifische Verfahren angewandt werden, welche explizit Traumata und Traumafolgen erfassen. Hierzu eignet sich der UCLA PTSD Reaction Index (Steinberg, Brymer Decker & Pynoos, 2004), der den Diagnosekriterien des DSM-5 entspricht. Dieser ist in drei Versionen vorhanden: Kinderversion (7 bis 12 Jahre), Jugendlichenversion (13 bis 18 Jahre) und Elternversion. In Teil I bildet ein kurzer Rückblick auf das traumatische Erlebnis die Grundlage für die nachfolgenden Fragen und hilft dem Kind, sich an Einzelheiten des traumatischen Ereignisses zu erinnern (Kriterium A1). Teil II enthält Fragen zu den Kriterien A1 und A2, die mit »ja« oder »nein« beantwortet werden. In Teil III wird nach der Häufigkeit der PTBS-Symptome im letzten Monat gefragt (auf einer Skala von 0 = nie bis 4 = meistens). Die Durchführung kann im Interview- oder Fragebogenformat erfolgen. Landolt (2012) empfiehlt die Kinderversion in Form eines Interviews zu führen, damit das Verständnis der Fragen sichergestellt ist und somit die Befunde reliabel und valide sind. Im Interview dürfen die Fragen angepasst werden, damit auf das erlebte traumatische Ereignis Bezug genommen wird. Dieser Fragebogen eignet sich ebenfalls zur Therapieverlaufskontrolle.

4.2.2 Diagnostische Interviews

Diagnostische Interviews gehören zum Goldstandard der klinisch-psychologischen Diagnostik. Mithilfe von vorformulierten und klar strukturierten Fragen werden alle relevanten Störungsbereiche nach ICD-10, ICD-11 und/oder DSM-5 erfasst. Sie haben einen festen Algorithmus, in welcher Abfolge die Fragen zu stellen sind und geben Hinweise, wie die Antworten des*der Interviewten zu bewerten sind. Standardisierte diagnostische Interviews haben im Vergleich zu unstandardisierten klinischen Interviews einen höheren Formalisierungsgrad und legen fest, wie eine Antwort zu interpretieren ist, sind jedoch im Kindesalter nicht durchführbar. Strukturierte Interviews sind dagegen einsetzbar und haben ebenso wie standardisierte Verfahren den Vorteil, dass der Grad der Zuverlässigkeit der Informationserhebung deutlich höher ist (Interraterreliabilität), was mit einer höheren Verlässlichkeit der diagnostischen Einschätzung einhergeht (Neuschwander, In-Albon, Adornetto, Roth, & Schneider, 2013). Ein weiterer Vorzug ist die sehr systematische Erfassung einer möglichen Symptomatik in Hinblick auf die Kriterien eines Klassifikationssystems. Dies ermöglicht eine klinisch psycholgische Diagnosestellung nach dem Interview. Da alle Störungsbereiche systematisch erfasst werden, kann eine umfassende Erfassung von komorbiden Störungen und eine Differenzialdiagnostik erfolgen.

Ein solches strukturiertes Interview ist das Diagnostische Interview bei psychischen Störungen im Kindes- und Jugendalter (3. Auflage: Schneider, Pflug, In-Albon & Margraf, 2017), auch Kinder-DIPS genannt, welches sich an beiden Diagnosesystemen (ICD-10 und DSM-5) orientiert. Es gibt eine Kind- und eine Elternversion, wobei die Kindversion ab einem Alter von ca. sechs Jahren eingesetzt

4.2 Diagnoseinstrumente

Tab. 4.2: Überblick über Screeningverfahren und Fragebögen zur Erfassung der traumaspezifischen Symptomatik sowie der Verlaufskontrolle (PTBS = posttraumatische Belastungsstörung; engl.: PTSD = post-traumatic stress disorder)

Traumaspezifischer Fragebogen	Alter (Jahre)	Selbstbeurteilung/ Fremdbeurteilung	Versionen	Ziel und Zweck
Trauma-Symptom-Checkliste für Kinder und Jugendliche (TSC-KJ)	8–21	Selbstbeurteilung		Erfassung des Vorliegens und der Schwere von Traumafolgesymptomen
Child and Adolescent Trauma Screening 2 (CATS-2)	3–17	Selbstbeurteilung, Fremdbeurteilung	CATS Selbsturteil (7–17 Jahre), CATS Fremdurteil durch Betreuende (7–17 Jahre), CATS Fremdurteil durch Betreuende (3–6 Jahre)	Erfassung bisher erlebter Traumata und posttraumatischer Belastungssymptome
Essener Trauma-Inventar für Kinder und Jugendliche (ETI-KJ)	12–17	Selbstbeurteilung		Erfassung des Vorliegens eines Traumas, der Ausprägung der klinischen Beeinträchtigung und der Dauer der vorliegenden Symptomatik
Young Child PTSD Checklist (YCPC)	1–6	Fremdbeurteilung		Erfassung posttraumatischer Belastungssymptome
Children's Revised Impact of Event Scale (CRIES-8/ CRIES-13)	8–18	Selbstbeurteilung	8-Item-Screening, 13-Item-Screening	Erfassung posttraumatischer Belastungssymptome
UCLA PTSD Reaction Index	7–18	Selbstbeurteilung, Fremdbeurteilung	Kinderversion (7–12 Jahre), Jugendlichenversion (13–18 Jahre) und Elternversion	Erfassung des Vorliegens eines Traumas und der posttraumatischen Belastungssymptome
Child Report of Posttraumatic Symptoms (CROPS); Parent Report of Posttraumatic Symptoms (PROPS)	7–17	Selbstbeurteilung, Fremdbeurteilung		Erfassung des Vorliegens und Schweregrads einer PTBS

werden kann. Anhand der Ergebnisse des Kinder-DIPS kann unter anderem eine valide PTBS-Diagnose gestellt werden.

Ebenfalls eingesetzt werden können die Interviews zu Belastungsstörungen bei Kindern und Jugendlichen (IBS-KJ) von Steil und Füchsel (2006). Diese klinischen Verfahren sind strukturierte Interviews, welche das Vorhandensein einer Traumatisierung im Sinne des DSM-IV, einer PTBS sowie die Häufigkeit und Intensität der Symptome der Störung laut DSM-IV erfassen. Bei diesen Interviews werden Kinder zwischen 7 und 16 Jahren selber befragt. Durch kindgerecht formulierte Fragen sind die Interviews auch für jüngere Kinder gut verständlich. Alternativformulierungen sind dem unterschiedlichen Verständnis der Kinder angepasst und werden dem Entwicklungsstand bzw. dem situativen Verständnis entsprechend ausgewählt. Außerdem erleichtern kindgerechte visuelle Analogskalen zur Symptomeinschätzung dem Kind das Verständnis des Frageformats.

Ein weiteres Interview ist die deutschsprachige Version Belastende Kindheitserfahrungen (KERF) (Isele, Teicher, Ruf-Leuschner et al., 2014), welches eine valide Version der MACE (Maltreatment and Abuse Chronology of Exposure) Scale (Teicher & Parigger, 2011) darstellt. Die MACE ermöglichte erstmals eine umfassende Erhebung aller Formen belastender Kindheitserfahrungen, einschließlich emotionaler Gewalterfahrungen. Es erfasst allerdings keine posttraumatische Symptomatik.

Für Kleinkinder eignet sich das PTBS – Semistrukturierte Interview und Beobachtungsbogen für Säuglinge und Kleinkinder (Scheeringa & Zeanah, 1994; deutsche Version: Graf, Irblich & Landhold, 2008), welches mit der primären Bezugsperson durchgeführt wird. Während der Durchführung des Interviews soll sich das Kind im selben Raum aufhalten und vom Untersuchenden beobachtet werden. Die nicht standardisierten Beobachtungen können die Aussagen der primären Bezugsperson ergänzen.

Bei jüngeren Kindern eignet sich das Strukturierte Interview für das Vorschulalter (SIVA: 0–6) (Bolten et al., 2021). Beim SIVA: 0–6 handelt es sich um ein strukturiertes Interview, welches mit Eltern von Kindern im Vorschulalter zwischen drei Monaten und 6;11 Jahren durchgeführt wird. Mit dem Instrument können die häufigsten Störungsbilder des Vorschulalters erhoben werden. Die Fragen orientieren sich an den Diagnosekriterien der Klassifikationssysteme ICD-10, DC: 0–5 und DSM-5, erfassen zusätzlich aber auch noch weitere klinisch bedeutsame Informationen.

4.2.3 Testverfahren

Testverfahren werden bei der störungsspezifischen Diagnostik einer Traumafolgestörung eher selten angewandt bzw. werden vorrangig zur Beurteilung der kognitiven Leistungsfähigkeit oder zur Diagnostik von möglichen komorbiden Entwicklungsstörungen eingesetzt. Da sich Traumafolgestörungen negativ auf die schulische Leistung auswirken können, kommt häufig die Frage auf, ob eine schulische Überforderung vorliegt. In diesem Fall wird eine Intelligenzdiagnostik benötigt. Hier gibt es einerseits ausführliche Testverfahren wie den Wechsler Intelligenztest für Kinder (WISC-V; Wechsler, 2017) oder die Kaufman-Assessment

Battery für Kinder (KABC-II; Kaufman & Kaufman, 2015), andererseits orientierende Testverfahren, wie der Grundintelligenztest Skala 2 (CFT 20-R; Weiß, 2006) oder den Raven Matrizen (CPM; Raven, 2001). Da nur die ausführlichen Verfahren fundierte Aussagen über schulrelevante Intelligenzbereiche erlauben, inklusive sprachlicher Fähigkeiten, sind diese gegenüber den orientierenden Verfahren zu bevorzugen.

4.2.4 Verhaltensbeobachtung

Standardisierte und strukturierte Beobachtungsinstrumente zur Diagnostik einer Traumafolgestörung gibt es nur wenige, da die Kernsymptomatik der Störungen kognitiv charakterisiert ist. Dementsprechend eignen sich Beobachtungsinstrumente nur bedingt zur Diagnostik dieser Störungen. Zur Diagnosestellung ist vielmehr die Schilderung des intrinsischen Erlebens, der Emotionen und Kognitionen, sowie stabilem Vermeidungsverhaltens notwendig. Dennoch kann der Einsatz von Verhaltensbeobachtungen bei Säuglingen und Kleinkindern sowie bei Kindern und Jugendlichen mit kognitiven Einschränkungen helfen, Hinweise auf das Vorliegen einer Traumafolgestörung zu erlangen. Ein Beispiel für ein solches Instrument ist das bereits beschriebene PTBS – Semistrukturierte Interview und Beobachtungsbogen für Säuglinge und Kleinkinder (Scheeringa & Zeanah, 1994), welches neben einem Interview mit der Bezugsperson eine Verhaltensbeobachtung des Kindes mit einbezieht. Vor allem bei kleineren Kindern ist es sinnvoll, das Spielverhalten zu beobachten, da diese häufig ihre Symptomatik im traumatischen Spiel zeigen. Dieses traumatische Spiel kennzeichnet sich durch besonders monotone, sich wiederholende Spielinhalte aus, welche einem Ritual gleichen können. In dieser pathologischen Form des Als-Ob-Spiels reinszenieren die Kinder repetitiv Szenen der traumatischen Erfahrung. Das Spielverhalten setzt meist ohne Einleitung direkt am traumatischen Erlebnis an und wiederholt es ohne inhaltliche Entwicklung (Simons & Herpertz-Dahlmann, 2008).

4.3 Diagnosestellung und Integration diagnostischer Informationen

Nach Abschluss der Diagnostik erfolgt die Diagnosestellung. Hierzu sollten alle diagnostischen Informationen aus Exploration, Anamnese, Fragebögen, Interviews, Verhaltensbeobachtungen und weiteren diagnostischen Materialien (beispielsweise Schulzeugnisse, Polizeiberichte, Gerichtsurteile) mit einbezogen werden und kumuliert bewertet werden. Wichtig ist klinisch zu beurteilen, ob die vorliegende posttraumatische Symptomatik Krankheitswert hat oder noch im subklinischen Bereich zu verordnen ist. Hierzu können Prozentränge aus den Fragebögen herangezogen werden. Weiterhin sollte betrachtet werden, ob die Alltagsfunktionsfähigkeit im Vergleich zu Gleichaltrigen eingeschränkt ist, wie beispielsweise durch Vermeidungsverhalten, eine dauerhafte Alarmbereitschaft oder Schlafstörungen.

Eine besondere Schwierigkeit zeigt sich bei der Zusammenführung der einzelnen Diagnostikauswertungen vor allem, wenn diese stark voneinander abweichen (z. B. Kind/Eltern). So kann es beispielsweise sein, dass das Kind im Selbsturteil die Symptomatik einer Traumafolgestörung beschreibt, die Bezugsperson im Fremdurteil jedoch nicht. Verschiedene Studien zeigen, dass einige Faktoren, wie beispielsweise eine elterliche Depression oder soziale Unterstützung, sich auf die Übereinstimmung von Urteilen im Kindes- und Jugendalter auswirken und zu insgesamt geringer Übereinstimmung führen (Popp, Neuschwander, Mannstadt, In-Albon & Schneider, 2017). Ebenfalls schwierig gestaltet sich die Beurteilung des Fremdurteils, wenn die Bezugsperson selbst tatbeteiligt oder selbst betroffen ist, diese Information den Behandelnden jedoch nicht vorliegt. Auch hier kann es zu falsch negativen Interpretationen kommen. Ein weiteres Problem kann sich für das kindliche Trauma ebenfalls daraus ergeben, dass Erwachsene den objektiven Aspekt als nicht »schlimm/schwer genug« einschätzen und somit die vorliegende Situation möglicherweise nicht als traumatisierend einstufen.

Eine allgemeine Empfehlung, wie die unterschiedlichen Diagnostikergebnisse zu gewichten sind, besteht nicht. Dennoch spricht für eine höhere Gewichtung der Selbstbeurteilung, dass es sich bei den Traumafolgestörungen meist um internalisierende Störungen handelt und die mit dem Trauma verbundenen Kognitionen und Gefühle nicht selten vor den Bezugspersonen verborgen werden oder schlichtweg von außen nicht wahrnehmbar sind. Sollte ein Kind oder ein*e Jugendliche*r demnach von Symptomen einer Traumafolgestörung berichten, ist dies als deutlicher Hinweis auf das tatsächliche Vorliegen einer Traumafolgestörung zu werten.

Sollte im Gegensatz dazu ein Kind oder ein*e Jugendliche*r in der Selbstbeurteilung kein Vorliegen eines Traumas oder keine Symptome einer Traumafolgestörung beschreiben, bedeutet dies im Umkehrschluss nicht zwangsläufig, dass keine Traumafolgestörung vorliegt. Vor allem bei jüngeren Kindern ist mit einzubeziehen, dass diese ihre Gedanken und Gefühle nur eingeschränkt wahrnehmen, artikulieren und reflektieren können. Auch Vermeidungsverhalten kann als ein solches nur schwer identifiziert werden. Zu berücksichtigen sind auch teilweise oder vollständige Amnesien für die traumatischen Erlebnisse. Insbesondere ab dem Jugendalter sollte eine Dissimulation (»so tun, als sei alles in Ordnung«) in Erwägung gezogen werden, insbesondere wenn diese generell eher kritisch oder ängstlich gegenüber einer psychotherapeutischen Behandlung eingestellt sind oder versuchen, das traumatische Ereignis ungeschehen zu machen (Hausmann, 2003). Im Rahmen der Dissimulation zeigt sich häufig eine allgemeine Verneinung aller Symptombereiche, auch über die Symptome der Traumafolgestörung hinaus. Bei der Vermutung, dass eine Dissimulation vorliegt, kann es hilfreich sein, dies transparent und direkt anzusprechen und ihnen erklären, was eine psychotherapeutische Behandlung ist und wie diese abläuft. Da einige Traumatisierungen mit Scham und Schuld (aufgrund des traumatischen Ereignisses, aber auch aufgrund der Inanspruchnahme einer Behandlung und Ressourcen) behaftet sind, ist es auch hier wichtig, durch offene Gespräche den Kindern und Jugendlichen diese zu nehmen. Außerdem sollte den Kindern und Jugendlichen immer wieder vermittelt werden, dass ihre Symptomatik eine ganz normale Reaktion auf ein unnormales Ereignis ist.

4.4 Problemanalyse auf Makro- und Mikroebene

Neben einem individuellen Störungsmodell – der Makroanalyse – sollte am Ende der Diagnostik und vor Behandlungsbeginn eine Mikroanalyse aufgestellt werden. In Verhaltensmodellen konnte gezeigt werden, dass man ein bestimmtes Problemverhalten nicht isoliert betrachten kann, sondern die dem Verhalten vorausgehende Situation sowie die nachfolgende Konsequenz mit in die Analyse einbeziehen muss. Erst durch die holistische Betrachtung des Problemverhaltens kann man seine Funktion und die aufrechterhaltenden Faktoren verstehen. Hierzu wird auf Mikroebene ein von Kanfer und Saslow (1976) entwickeltes Konzept der horizontalen Verhaltensanalyse (»SORKC-Modell«) angewandt. Das Akronym »SORKC« steht dabei für die sich bedingenden Faktoren, die zu einem bestimmten Verhalten führen: Stimulus (S), Organismus (O), Reaktion (R), Kontingenz (K) und Konsequenz (C). Das Modell beschreibt die fünf Grundlagen von Lernvorgängen und wird zur Identifikation von auslösenden und aufrechterhaltenden Einflüssen auf das betrachtete Verhalten genutzt (Bedingungsanalyse). Damit ist das SORKC-Modell von der vertikalen Verhaltensanalyse abzugrenzen, bei der übergeordnete Pläne und Ziele identifiziert werden, die in vielen Situationen das Verhalten des Individuums beeinflussen.

> **Exemplarisches SORKC-Modell für eine 10-jährige Patientin mit PTBS**
>
> **Situation (S):** Die 10-jährige Maike wird von ihrer besten Freundin zum Geburtstag eingeladen.
> **Organismusvariablen (O):** Traumatische Erfahrungen in der Vergangenheit, ungenügende Strategien zur Emotionsregulation, geringe Selbstwirksamkeitserwartung aufgrund eines überprotektiven Erziehungsstils der Eltern
> **Reaktion (R):**
> Kognitionen: »Ich würde so gerne hingehen, aber ich kann nicht. Was, wenn wieder etwas Schlimmes passiert? Ich weiß gar nicht, wer dort ist«.
> Emotionen: Angst, Trauer
> Physiologie: Anspannung, Herzklopfen, Schwitzen, traumatische Intrusionen
> Verhalten: Einladung ablehnen, Verlassen der Situation, ohne ihrer besten Freundin eine Erklärung für die Absage zu geben und sozialer Rückzug
> **Kontingenz (K):** Die Konsequenzen auf das Problemverhalten (R) treten fast immer auf.
> **Konsequenzen (C):**
> Kurzfristig:

4 Diagnostik

> C-/: Angstabfall
> C+: Kontrollerleben
> Langfristig:
> C-: Konflikt mit bester Freundin
> C+/: Keine Aktivität mit Gleichaltrigen
> C-: Generalisierung der Ängste, Verlust von Freundschaften, fehlende soziale Kompetenzen im Umgang mit Gleichaltrigen, Verpassen von Entwicklungsaufgaben, Chronifizierung der Traumafolgestörung
> C+/: Ausbleiben von korrigierenden Erfahrungen in Freizeitgruppen

Ein großer Unterschied in der Erstellung eines SORKC-Modells mit Kindern und Jugendlichen im Gegensatz zu Erwachsenen ist die Erfragung der benötigten Informationen für die verschiedenen Ebenen des Modells. Kleinere Kinder verfügen über eine eingeschränkte Reflexionsfähigkeit und einen geringeren Wortschatz. Folglich fällt es ihnen häufig schwer, physiologische Reaktionen und auch ihre Kognitionen zu reflektieren und benennen. In diesem Fall sollten unterschiedliche Beispiele (z. B. »Denkst du dann: »Ich kann doch echt gar nichts« oder »Ich schaffe das schon«?«) angeboten werden, um den Kindern die Beantwortung zu erleichtern. Außerdem empfiehlt sich die Befragung von Bezugspersonen, da Kinder möglicherweise gegenüber ihren Eltern ihre Gedanken in den Problemsituationen formulieren oder physiologische Reaktionen beobachtet wurden. Dennoch ist die Rolle der Bezugspersonen nicht außer Acht zu lassen. Denn auch diese unterscheidet sich bei der Erstellung der Situationsanalyse bei Kindern und Jugendlichen im Vergleich zu Erwachsenen. Zum einen sind es die Bezugspersonen, die Teil der auslösenden Situationen sein können, beispielsweise durch eine Aufforderung oder eine Interaktion. Andererseits spielen Bezugspersonen aber auch eine wichtige Rolle was positive und negative Konsequenzen von Problemverhalten betrifft. Nicht selten verstärken Bezugspersonen Vermeidungsverhalten durch Zuwendung oder Positivzeit, wodurch unbewusst eine Aufrechterhaltung des Problemverhaltens erfolgt. Dies ist auch im Hinblick auf die spätere Psychotherapie wichtig, da solche aufrechterhaltenden Verhaltensweisen von Bezugspersonen ebenfalls thematisiert und verändert werden müssen.

4.5 Indikation und Behandlungssetting

Traumafolgestörungen können ambulant psychotherapeutisch behandelt werden. Kinder und Jugendliche mit diagnostizierten Traumafolgestörungen können häufig bei adäquater Therapie im ambulanten Rahmen ausreichende Hilfe erhalten. Einige Kinder und Jugendliche bedürfen einer zusätzlichen (teil-)stationären Behandlung. Der Vorteil des ambulanten Settings gegenüber teil- oder vollstationären Behandlungen ist, dass die Kinder und Jugendliche in ihrem aktuellen sozialen Umfeld bleiben, die Behandlung idealerweise im Alltag umgesetzt und unmittelbar angewandt werden kann und ein weiterer wahrgenommener Kontrollverlust durch einen Settingwechsel vermieden werden kann. Bei traumatischen Erfahrungen im häuslichen Setting, zeigt sich eine ambulante Behandlung als deutlicher Nachteil. Durch das Verbleiben in den traumaassoziierten Örtlichkeiten kann ein Gefühl der Sicherheit während der Behandlung ausbleiben. Eine vollstationäre Behandlung ist für viele Kinder und Jugendliche oft aversiv, da sie mit der Symptomatik anderer konfrontiert werden. Zudem besteht bei einer vollstationären Behandlung immer die Gefahr einer Hospitalisierung. Wenn möglich sollte daher eine ambulante psychotherapeutische Behandlung einer stationären Therapie vorgezogen werden. Unter bestimmten Umständen muss jedoch eine stationäre Therapie in Betracht gezogen werden. Studien zeigen, dass Traumatisierungen mit Suizidgedanken und -plänen verbunden sein können (Starostzik, 2020). Insbesondere bei akuter Suizidalität muss unter Hinzuziehung des Rettungsdienstes sofort eine geschlossene stationäre Behandlung initiiert werden (vergl. § 1906 Bürgerliches Gesetzbuch). Grundsätzlich lässt sich sagen, dass eine tendenziell leichtere Krankheitsausprägung eher ambulant und eine schwere Ausprägung eher stationäre oder sequenziell ambulant-stationäre-ambulant behandelt werden sollte.

Mögliche Indikationen für eine ambulante Behandlung von Traumafolgestörungen

- keine aktiv und deutlich ausgeprägte körperlichen Erkrankungen oder Psychosen
- stabiles und sicheres äußeres Umfeld
- ausreichende bis gute Ressourcenlage
- gute Compliance und stabile therapeutische Beziehung

Mögliche Indikationen für eine teil- oder vollstationäre Behandlung

- Akute Suizidalität mit sich aufdrängenden Suizidgedanken und -plänen; Kind oder Jugendlicher kann sich von Suizidgedanken nicht glaubhaft distanzieren.
- Auftreten von durchgängig latenter Suizidalität
- Starke Beeinträchtigung im Alltag des Kindes oder Jugendlichen, sodass altersentsprechende Aktivitäten nicht mehr wahrgenommen werden können (z. B. kein Schulbesuch über mehrere Wochen).
- starke psychopathologische Belastung mit zahlreichen komorbiden Störungen, wie schweren affektiven Störungen, dissoziativen Störungen, Essstörungen, Substanzmissbrauch und Depression
- starke Symptomatik und ausbleibender Behandlungsfortschritt über einen längeren Zeitraum in ambulanter Behandlung
- Einstellung oder Umstellung einer Medikation
- Wenn Ängste, Depressionen, Intrusionen oder Vermeidungsverhalten so stark sind, dass keine ambulanten Hilfsangebote mehr aufgesucht werden können.

- Notwendigkeit und ambulant nicht vorhandene multimodale hochfrequente Therapie
- Auftreten von heftigen somatoformen Beschwerden
- bei nicht vorhandenem sozialem Netz und sozialer Unterstützung durch Familie oder Freunde
- re-traumatisierende oder instabile, risikoreichen Lebensumstände oder weiterhin bestehender Täterkontakt in diesem Umfeld (weitere Maßnahmen als nur vollstationäre Aufnahme erforderlich!)
- deutliches Vermeidungsverhalten mit ausgeprägtem sozialem Rückzug
- temporäre Überlastung des ambulanten Helfendensystems
- keine Verfügbarkeit einer traumafokussierten ambulanten Therapie
- Betroffene im Zeugenschutzprogramm
- zur ausführlichen Diagnostik und Begutachtung

4.6 Rückmeldung der Diagnostik

Im Anschluss an den diagnostischen Prozess und die Auswertung der Ergebnisse erfolgt das Rückmeldegespräch mit dem Kind oder Jugendlichen und seinen Bezugspersonen, in dem alle einen detaillierten Einblick in die Ergebnisse der diagnostischen Phase erhalten. Die Rückmeldung und Überprüfung der Ergebnisse sind wichtig, da sie die Möglichkeit bieten, die Erfahrungen der Kinder und Jugendlichen zu validieren und zentrale weitere Informationen zu erfragen, die für die Therapie und Genesung relevant sind, wie z. B. die Identifikation von »Triggern« innerhalb des Trauma-Gedächtnisses, Erinnerungen an das Trauma und Kognitionen der Kinder und Jugendlichen über das Trauma und seine Folgen. Die Auswertung und Interpretation der Testbefunde, der klinischen Interviews und der Verhaltensbeobachtungen werden den Kindern und Jugendlichen und ihren Bezugspersonen verständlich dargelegt, so dass diese befähigt sind, eine verantwortliche Entscheidung über weitere Behandlungen zu treffen. Ist eine Behandlung indiziert, wird das Behandlungsangebot vorgestellt und erläutert. Motivation und Compliance aller Beteiligten werden abgeklärt und besprochen, warum diese im Rahmen einer hilfreichen Behandlung unerlässlich sind. Kommt eine Arbeitsallianz zustande, erfolgt die Einleitung der Folgebehandlungen und Terminabsprachen.

Wichtig

Mit dem Kind oder dem*der Jugendlichen und seinen/ihren Sorgeberechtigten sollte im Vorfeld der Behandlung ebenfalls die Schweigepflicht thematisiert werden. Im Regelfall sind Minderjährige ab 14 Jahren einwilligungsfähig. Grundsätzlich gilt: Wird ein*e einwilligungsfähige*r Minderjährige*r behandelt, unterliegt der*die Psychotherapeut*in der Schweigepflichtb auch gegenüber den

4.6 Rückmeldung der Diagnostik

> Eltern – er*sie darf Informationen nur dann an die Eltern weitergeben, wenn der*die Minderjährige zustimmt.

4.6.1 Rückmeldung der Diagnostik an Kinder

»Du warst ja nun ein paar Mal bei mir und du und deine Mama haben ganz schön viele Fragen beantworten müssen. Die habe ich mir alle angeschaut, um herauszufinden, wie ich dir helfen kann, damit es dir wieder besser geht. Du hast erzählt, dass du vor einem halben Jahr im Ferienlager warst und der Betreuer dich geschlagen und getreten hat. Dass du das deiner Mama und danach mir erzählt hast, war sehr mutig, und ich weiß, dass das gar nicht so leicht war, darüber zu sprechen. In den Fragebögen hast du auch nochmal angekreuzt, dass dir etwas Schlimmes passiert ist und dass du immer noch viel darüber nachdenken musst und dich das traurig macht. Manchmal willst du auch gar nicht darüber nachdenken, aber dann kommen die Gedanken und Bilder von dem Ereignis im Ferienlager trotzdem. Und du hast berichtet, dass du seitdem nicht mehr gut schlafen kannst und nicht gerne alleine bist. Deine Mama hat erzählt, dass du nicht mehr mit den anderen Kindern nach draußen zum Spielen gehst und auch nicht mehr auf Geburtstage von deinen Freundinnen gehen wolltest. Und das ist ganz normal, wenn einem etwas Schlimmes passiert ist. Andere Kinder, die etwas Schlimmes erlebt haben, sind auch häufiger angespannt und nervös, sehen plötzlich Bilder des Ereignisses und können auch nicht mehr gut schlafen. Das nennen wir eine posttraumatische Belastungsstörung – ein ganz schön schwieriger Begriff, der eigentlich aussagen will, dass man durch ein Ereignis belastet ist und es einem gar nicht gut geht. Und wenn du einverstanden bist, helfe ich dir, dass es dir wieder besser geht. Dafür kommst du regelmäßig zu mir und wir arbeiten gemeinsam daran, dass du wieder mit anderen Kindern rausgehen und auf alle Geburtstage von deinen Freundinnen gehen kannst. Könntest du dir das vorstellen?«

4.6.2 Rückmeldung der Diagnostik an Jugendliche

»Wie schon bereits besprochen, schauen wir uns heute gemeinsam die Ergebnisse der Diagnostik an. Du und deine Eltern haben einige Fragebögen ausgefüllt und Fragen im Gespräch und während des Interviews beantwortet. Diese habe ich mir alle angeschaut und würde dir nun berichten, was zusammenfassend herausgekommen ist. Du hast erzählt, dass du immer wieder an die gewaltvollen Übergriffe im Ferienlager denken musst und sich die Gedanken häufig unkontrolliert aufdrängen. Außerdem kommen die Bilder von diesem Ereignis immer wieder in deinen Alpträumen vor. Du hast auch von Vermeidungsverhalten berichtet, also dass du größere Gruppen, Ausflüge und Partys vermeidest, da diese negative Gefühle in dir auslösen. Dies haben auch deine Eltern geäußert. Und du hast auch erzählt, dass es dir insgesamt schlechter geht, du niedergeschlagen bist und dich in der Schule nicht mehr gut konzentrieren kannst. Das ist eine ganz normale Reaktion auf ein unnormales Ereignis. Andere Jugendliche, die etwas Schlimmes erlebt haben, sind auch häufiger angespannt und nervös, sehen plötzlich Bilder des Ereignisses und können nicht mehr gut schlafen. Diese anhaltende Stressreaktion auf ein traumatisches Erlebnis hast du ebenfalls in den Fragebögen angegeben. Wir nennen das posttraumatische Belastungsstörung oder *kurz PTBS. Eine PTBS lässt sich gut durch eine Psychotherapie behandeln. Durch die Therapie können wir das Erlebnis zwar nicht ungeschehen machen, aber du kannst lernen damit umzugehen, damit der Gedanke an die Übergriffe keine übermäßigen Emotionen mehr in dir auslöst.«*

4.7 Überprüfung der Lernziele

- Welche diagnostischen Verfahren sollten bei Traumafolgestörungen im Kindes- und Jugendalter eingesetzt werden?
- Worauf sollte bei der Exploration des Traumas geachtet werden?
- Wie sollte mit Unterschieden in diagnostischen Angaben zwischen Kindern und Eltern umgegangen werden?
- Was sind Indikationen für eine ambulante bzw. (teil-)stationäre Behandlung?
- Wie sollten diagnostische Ergebnisse an Kinder, Jugendliche und Eltern zurückgemeldet werden?

5 Störungstheorien und -modelle

Fallbeispiel

Die Eltern der 12;8-jährigen Madeleine berichten, dass diese schon immer zurückhaltend war und Probleme mit sich selbst ausgemacht hat. Madeleine habe ihrer Mutter vor einigen Monaten erzählt, dass sie von einem Lehrer mehrfach an den Brüsten und am Gesäß angefasst worden sei. Ihre Mutter habe ihr zunächst nicht geglaubt. Erst als eine Mutter einer Klassenkameradin Madeleines Mutter auf derartige Gerüchte angesprochen habe, habe sie ihrer Tochter geglaubt und habe direkt das Gespräch mit der Schulleitung gesucht. Der Lehrer sei suspendiert worden, woraufhin Madeleines Klasse von den Übergriffen erfahren habe. Madeleine habe sich daraufhin immer wieder Kommentare von einigen Gleichaltrigen anhören müssen und habe letztendlich die Schule nicht mehr besucht. Jeden Gedanken an die Übergriffe und ihren Lehrer versuche Madeleine zu unterdrücken. Auch wenn sie die Schule nicht besuche, bleibe sie zu Hause. Sie sei der Überzeugung, anderen Menschen nicht mehr trauen zu können, weshalb sie sich meistens in ihrem Zimmer zurückziehe. Außerdem verbringe sie viel Zeit damit, über das »warum?« zu grübeln. Sie frage sich: »Warum ist das ausgerechnet mir passiert und nicht anderen?«

Lernziele

- Sie können die Faktoren des Rahmenmodells der Ätiologie von Traumafolgen nennen und beschreiben.
- Sie können das kognitive Störungsmodell nach Ehlers und Clark (2000) beschreiben.
- Sie können ein Modell als Erklärungsmodell heranziehen.

Zu Beginn einer jeden psychotherapeutischen Behandlung sollte gemeinsam mit den Kindern oder Jugendlichen sowie deren Bezugspersonen ein individuelles Störungsmodell aufgestellt werden. Ein solches dient dem Verständnis der Entwicklung und Aufrechterhaltung der aktuell vorliegenden Symptomatik. Denn die meisten Verhaltensweisen, auch solche, die sich als dysfunktional erweisen, haben sich aufgrund von biografischen Erfahrungen entwickelt und waren in früheren Lebenssituationen einmal angemessen und hilfreich. Mithilfe des Störungsmodells können die ursprünglichen Funktionen und die heutigen ungünstigen Auswirkungen der erworbenen Denk- und Verhaltensgewohnheiten offengelegt werden. Dieses Störungsmodell bietet den Ausgangspunkt für die Auswahl geeigneter Verfahren zur Veränderung des heutigen hinderlichen Verhaltens. Ebenso dient es als ein sehr wichtiges psychoedukatives Element, das zur Entlastung führen kann und helfen kann, dysfunktionale Kognitionen abzulegen. Durch die Erarbeitung eines Störungsmodells kann es zur Normalisierung dessen, was an Symptomatik entsteht, beitragen.

5.1 Bedingende Faktoren für Entstehung und Aufrechterhaltung

Die Erarbeitung eines möglichst validen, individuellen Entstehungs- und Aufrechterhaltungsmodells ist ein wichtiges Element im Rahmen einer individuellen Fallkonzeption, welche die Basis für die Therapieplanung darstellt. Die Frage der Ätiologie ist grundlegend für die Beschreibung der Störung, aber auch für die Behandlung, da eine Behandlung auf die individuellen Entstehungsbedingungen zugeschnitten sein sollte. Auslösende und aufrechterhaltende Faktoren können Ansatzpunkte für Veränderungen im Rahmen der Therapie sein.

Bei Traumafolgestörungen gehört die Störungsursache – das erlebte Trauma – als Diagnosekriterium mit zur Definition. Verantwortlich für die Entwicklung und Aufrechterhaltung einer Traumafolgestörung sind neben dem erlebten Trauma allerdings eine Vielzahl weiterer Risikofaktoren, denn nicht alle Betroffenen entwickeln eine Traumafolgestörung nach einem traumatischen Ereignis. Diese verschiedenen Faktoren lassen sich in prätraumatische, peritraumatische (während des Traumas) sowie posttraumatische Faktoren einteilen, die anhand verschiedener Methoden (beispielsweise epidemiologisch, psychometrisch oder neurobiologisch) untersucht wurden. Den Kenntnisstand zu diesen Faktoren hat Maercker (2013) in einem Rahmenmodell der Ätiologie von Traumafolgen zusammengefasst. Dieses Modell wird neben weiteren therapierelevanten Störungsmodellen, zu denen das Zwei-Faktoren-Modell (z. B. Rothbaum & Davis, 2003), das Furchtstrukturmodell (nach Foa & Kozak, 1986), das kognitive Störungsmodell (nach Ehlers & Clark, 2000) sowie das Social-Facilitation-Modell der Traumafolgen gehören, im Folgenden beschrieben. Die verschiedenen Modelle lassen sich bei der Erstellung eines individuellen Störungsmodells integrieren und ergänzen sich gegenseitig.

5.2 Rahmenmodell der Ätiologie von Traumafolgen

In diesem umfassenden ätiologischen Rahmenmodell (Maercker, 2013) werden die folgenden Faktoren unterschieden:

- Risiko- und Schutzfaktoren,
- Ereignisfaktoren,
- Aufrechterhaltungsfaktoren,
- gesundheitsfördernde Faktoren/Ressourcen,
- posttraumatische Prozesse und Resultate

5.2.1 Risiko- und Schutzfaktoren

Die Metaanalyse von Brewin et al. (2000) ergab, dass folgende Faktoren ein erhöhtes Risiko für die Entwicklung einer Traumafolgestörung im Erwachsenenalter darstellen: vorausgegangene Traumatisierungen, geringe Intelligenz bzw. Bildung, weibliches Geschlecht sowie jüngeres Alter zum Zeitpunkt der Traumatisierung. Allerdings stellten sich diese Risikofaktoren als viel geringer prädiktiv für die Entwicklung einer Traumafolgestörung heraus als Ereignis- und Aufrechterhaltungsfaktoren. Dieses Ergebnismuster konnte in einer folgenden Metaanalyse von Trickey et al. (2012) repliziert und auf das Kindes- und Jugendalter erweitert werden.

In Bezug auf neurobiologische Risikofaktoren wird angenommen, dass strukturelle Auffälligkeiten von Amygdala und dACC (»dorsal anterior cingulate cortex«) prädisponierende Faktoren für die Entwicklung einer Traumafolgestörung darstellen, da sie mit einer erhöhten Reaktivität für aversive Stimuli in Verbindung gebracht werden (Admon et al., 2013).

Bestimmte Persönlichkeitseigenschaften dahingegen scheinen nach heutigem Wissensstand eine untergeordnete Rolle zu spielen. In Längsschnittstudien waren nicht allgemein psychopathologische Merkmale (beispielsweise Neurotizismus), sondern der Ausprägungsgrad an Bewältigungsstrategien (u. a. mehr Neuinterpretations-, weniger externalisierendes Coping) positive bzw. negative Vorhersagevariablen einer späteren Traumafolgestörung (Maercker, 2013).

Als Schutzfaktoren konnten positive Ressourcen wie Resilienz und das Kohärenzempfinden definiert werden (Streb et al., 2014). Auch gesellschaftliche Wertschätzung und Anerkennung, die den betroffenen Kindern und Jugendlichen nach traumatischen Erlebnissen entgegengebracht wird, kann als protektiver Faktor angesehen werden. Fehlende Empathie und Ausgrenzung des Umfeldes kann dahingegen zu einer Retraumatisierung beitragen (Maercker & Müller, 2004).

5.2.2 Ereignisfaktoren

Bei den peritraumatischen Faktoren ist weniger die objektiv messbare Schwere des traumatischen Ereignisses von Bedeutung als vielmehr die innerpsychische Wahrnehmung und Interpretation des traumatischen Ereignisses. Nichtsdestotrotz steht die Traumaschwere bzw. Traumadosis, also die durch objektivierbare Parameter messbare Schwere des Traumas (z. B. Dauer, Frequenz, Verletzungsgrad) mit dem Ausmaß der Folgen in einem systematischen, aber geringen Zusammenhang, die sogenannte Dosis-Wirkungs-Beziehung (Maercker, 2013). Sind beispielsweise die Betroffenen in der Lage, für sich einen – wie gering auch immer – Handlungsspielraum zu sehen und ein Mindestmaß an subjektivem Kontrollempfinden zu spüren, zeigt sich meist eine geringere Ausprägung der posttraumatischen Folgen.

Weitere Ereignisfaktoren wie das akute Belastungsniveau, das Auftreten von Dissoziationsreaktionen (peritraumatische Dissoziation) und der kognitive Verarbeitungsmodus erweisen sich ebenfalls als Prädiktoren für die nachfolgende Entwicklung der posttraumatischen Symptomatik (Breh et al., 2007).

5.2.3 Aufrechterhaltende Faktoren

Nach Maercker (2013) gehören ein vermeidender Bewältigungsstil sowie kognitiv-emotionale Veränderungen zu den störungsaufrechterhaltenden Faktoren. Juen und Kolleg*innen (2009) unterstreichen, dass es bei der Bewertung dieser Bewältigungsstile wichtig ist, diese nicht aus grundsätzlich negativ einzustufen, denn wichtiger als die Bewertung von unterschiedlichen Strategien scheint die Flexibilität, diese an die gegebene Situation anzupassen (Bonanno, Papa, Lalande, Westphal, & Coifman, 2004). In einer Studie von Mayer (2007) zeigte sich, dass es schwierig ist, im Voraus festzulegen, welche Bewältigungsstrategie sich als positive bzw. negative herausstellt. Vielmehr zeigte sich die Wichtigkeit einer Balance von problemorientierten und emotionsregulierenden Bewältigungsstrategien. Deutlich wurde, dass das Anwenden nur einer Copingstrategie (problemorientierend vs. emotionsregulierend) die Aufarbeitung des traumatischen Erlebens erschweren kann.

Maercker (2013) unterscheidet zwischen direkten und indirekten Formen des vermeidenden Bewältigungsstils, zu denen u. a. Unterdrückung und Vermeidung von Gedanken und Gefühlen, Verleugnung oder dysfunktionales Sicherheitsverhalten gehören. In einer Metaanalyse von Trickey et al. (2012) wurde die Unterdrückung von Gedanken als hoher Prädiktor für die Entstehung einer Traumafolgestörung nachgewiesen. Um eine hohe emotionale Belastung in Folge eines traumatischen Ereignisses zu verhindern, setzen betroffene Kinder und Jugendliche häufig vermeidende Bewältigungsstrategien im Sinne von Kontroll- und Abwehrprozessen ein. Kann die Kontrolle nicht erreicht werden, kommt es zu intrusivem Wiedererleben und damit einhergehender Belastung, was zu weiteren vermeidenden Strategien zur Rückgewinnung der Kontrolle führt (Maercker, 2013). Dieser Teufelskreislauf zwischen Intrusionen ohne funktionale Auseinandersetzung und Vermeidung ist schädlich und behindert langfristig eine erfolgreiche Integration des traumatischen Erlebens in den räumlich-zeitlichen Kontext der Autobiografie.

Neben den vermeidenden Bewältigungsstrategien sind typische kognitiv-emotionale Veränderungen bei Kindern und Jugendlichen mit traumatischen Erfahrungen zu finden, die aus dysfunktionalen Erklärungs- und Bewältigungsversuchen resultieren (z. B. Ehlers & Clark, 2000). Beispiele für häufige dysfunktionale Kognitionen sind, dass man anderen Menschen nicht mehr vertrauen kann, die Welt schlecht und ungerecht ist oder man anderen Menschen grundsätzlich unterlegen ist. Veränderungen in der Einstellung gegenüber der Welt und dem Selbst nach traumatischen Erfahrungen wurden in verschiedensten Modellen und Theorien untersucht mit besonderer Beachtung der Angst vor Wiederholung, Scham bezüglich der eigenen Verwundbarkeit, Wut und Schuldgefühlen. In einer Metaanalyse von Ozer et al. (2003) wurden Zusammenhänge zwischen emotionalen Veränderungen (u. a. Schuld, Scham, Hilflosigkeit) und Symptomen einer Traumafolgestörung gezeigt. Unangemessene Schuldgefühle dienen laut Maercker (2013) unterbewusst als Re-Attribuierungsversuche, um sich selbst eine Kontrollierbarkeit der Ursache der Traumatisierung zu schaffen. Unterschiedliche Schuldkognitionen täuschen eine solche Kontrollierbarkeit vor, auch wenn sie nicht der Realität entsprechen. Laut Fischer und Riedesser (2009) dient die auf sich selbst attribuierte Schuld als Schutzfunktion, die ein minimal kontrollierbares Handlungsfeld darstellen kann. Diese Form der Verantwortungsübernahme ist jedoch lediglich eine Illusion der Kontrollierbarkeit, ist dysfunktional und führt nicht zu Erleichterung, sondern zur Verstärkung des Leidensdrucks (Maercker, 2013).

Ebenfalls zu den kognitiven Veränderungen gehört das Grübeln. Kinder und Jugendliche mit Traumafolgestörungen verbringen viel Zeit mit belastendem Grübeln über die Traumatisierung an sich oder die Konsequenzen des traumatischen Ereignisses. Eine Vielzahl an Studien konnte zeigen, dass Grübeln einer der stärksten Prädiktoren für eine spätere Traumafolgestörung ist (z. B. Murray et al., 2002). Michael et al. (2006) untersuchten verschiedene Facetten von Grübeln und fanden insbesondere für die folgenden Formen von Grübeln eine signifikante Vorhersagekraft eine Traumafolgestörung nach einer Traumatisierung zu entwickeln:

- Vorhandensein von »Warum- und Was-wäre-wenn-« Fragen (z. B. »Warum ist ausgerechnet mir das passiert?«, »Wie wäre mein Leben verlaufen, wenn es nicht geschehen wäre?«)
- hoher Anteil von unproduktiven Gedanken (z. B. die Gedanken rasen oder drehen sich im Kreis)
- starke negative Begleitemotionen (z. B. Angst, Trauer, Scham)
- Aktivierung von intrusiven Gedächtnisinhalten
- innerlicher Grübelzwang

Durch das Grübeln wird das Trauma ungünstig und dysfunktional aktiviert und negative Prozesse und Gefühle (z. B. Vermeidung und Schamgefühle) werden folglich verstärkt. Allerdings kommt es zu keiner produktiven Auseinandersetzung mit den traumatischen Inhalten und dient in den meisten Fällen als vermeidende Bewältigungsstrategie.

5.2.4 Gesundheitsfördernde Faktoren und Ressourcen

Zu den gesundheitsfördernden Faktoren und Ressourcen zählen Faktoren, die zu einer Genesung der traumatisierten Betroffenen nach einer vorübergehend symptomatischen akuten Phase beitragen. Sie können demnach als Selbstheilungskräfte angesehen werden und als Ressource dabei helfen, traumatische Erlebnisse besser zu integrieren.

Ein essenzieller Wirkmechanismus ist die Offenlegung der Traumaerfahrung. Es konnte gezeigt werden, dass vor allem die Bewältigungsformen einen schützenden Einfluss haben, die mit persönlicher Offenheit und der Offenlegung der traumatischen Erinnerungen in Relation stehen (Pennebaker et al., 1989). Damit einhergehende Schutzfaktoren sind soziale Wertschätzung und soziale Ressourcen im Sinne von Unterstützung durch das eigene Umfeld. Im Rahmen des sozialen Netzwerkes können sich Betroffene öffnen und über das Erlebte austauschen, was zentral ist für die Verarbeitung von traumatischen Erfahrungen (Fegert, 2015).

Die soziale Unterstützung nach einem traumatischen Erlebnis ist laut Maercker (2017) einer der stärksten Schutzfaktoren. Zu den größten Risikofaktoren gehört im Umkehrschluss eine fehlende oder geringe soziale Unterstützung. Kinder und Jugendliche, die in einem gut ausgebildeten sozialen Netzwerk aufwachsen, haben demnach gute Chancen, nach einer Traumatisierung keine Traumafolgestörung zu entwickeln (Maercker, 2017).

Auch persönliche Ressourcen, wie beispielsweise Selbstfürsorge, können zur Gesundheitsförderung beitragen. Selbstfürsorge kann als aktive und bewusste Bewältigungsstrategie definiert werden, die zur Reduktion der psychischen Belastung und zur Wiederherstellung des Wohlbefindens führt (Splevins et al., 2010).

5.2.5 Posttraumatische Prozesse und Resultate

Zu den posttraumatischen Prozessen gehören unter anderem neurologische Veränderungen. Traumatischer Stress führt allgemein zu einer Aktivierung der Hypothalamus-Hypophysen Nebennierenrinden-Achse (HHNA). Im Vergleich zur gesunden Kontrollgruppe weisen Betroffene nach Traumatisierungen charakteristische Abweichungen in der Freisetzung der HHNA-Hormone sowie der dazugehörigen Rezeptoren auf. So zeigt sich bei Betroffenen ein niedriger Kortisolspiegel (Hypokortisolismus). Im Vergleich dazu besteht bei einer Depression nach Belastungen ein erhöhter Kortisolspiegel (Hyperkortisolismus). Hypokortisolismus tritt überproportional häufig bei Personen nach Polyviktimisierungen auf und steht im Zusammenhang mit einer ausgeprägten Intrusionssymptomatik (Steudte et al., 2013). Ebenfalls können einige traumaspezifische Symptome, z. B. Numbing (Affektarmut) und Hyperarousal (u. a. Konzentrationsschwierigkeiten), durch ein niedriges Kortisollevel erklärt werden.

Auch eine eingeschränkte Konnektivität zwischen Hippocampus und ventromedialem präfrontalen Kortex (vmPFC) zeigt sich in Folge von traumabedingten neurobiologischen Veränderungen. Eine Reduktion der Konnektivität deutet auf eine reduzierte Inhibition der Furchtreaktionen, was wiederum zu einer stärker ausgeprägten Reaktion auf angstauslösende Reize führt (Admon et al., 2013).

Intrusive Erinnerungen wiederum scheinen bedingt durch die Art der Enkodierung, der Organisation und des Abrufs der traumaspezifischen Erinnerungen (Brewin 2011; Ehlers und Clark 2000). Als Intrusionen werden fragmentarische

Traumagedächtnisinhalte beschrieben (Michael et al., 2018), die unkontrolliert auftreten und sich vor allem durch ihre sensorisch, stark visuelle Ausprägung charakterisieren lassen. Dementsprechend werden diese Intrusionen als ein Wiedererleben des Traumas wahrgenommen. Dabei stehen weniger die Häufigkeit, in der Intrusionen auftreten, als bestimmte qualitative Merkmale der Intrusionen mit der Entstehung und Aufrechterhaltung einer Traumafolgestörung in Verbindung. Mit der Entstehung und Aufrechterhaltung sind beispielsweise eine starke Hier-und-Jetzt-Qualität (d. h., die Betroffenen haben während der Intrusion den Eindruck, sich in der traumatischen Situation zu befinden), eine schlechte Verknüpfung mit anderen Gedächtnisinhalten und eine leichte Auslösung durch perzeptuell ähnliche Stimuli assoziiert (Michael et al., 2005). Diese Intrusionsmerkmale lassen sich u. a. durch erhöhtes perzeptuelles Priming (implizites Gedächtnis) für Traumagedächtnisinhalte erklären (Michael et al., 2005), welches durch bestimmte peritraumatische Prozesse wie z. B. Dissoziation verstärkt wird und das sich durch die Konfrontation mit den traumatischen Inhalten reduzieren lässt (Michael & Ehlers, 2007). Auf neurophysiologischer Ebene nimmt die funktionelle Konnektivität zwischen Hippocampus, Amygdala und Teilen des orbitofrontalen Kortex bei wiederholter Exposition zu, was eine Reintegration der fragmentierten Erinnerungen widerspiegeln könnte (Cisler et al., 2014).

Ebenfalls vermutet wird, dass Konditionierungsprozesse eine relevante Rolle bei der Entstehung von Intrusionen spielen, da Intrusionen häufig durch perzeptuelle Reize ausgelöst werden, die mit dem Trauma assoziiert sind (z. B. ähnliche Gerüche, Geräusche, Farben). Klinische Daten zeigen, dass Traumafolgestörungen durch eine verringerte Löschung von Furchtreaktionen gekennzeichnet sind (Lommen et al., 2013). Auch die veränderten Kortisolspiegel von Betroffenen stehen mit intrusiven Erinnerungen im Zusammenhang, da Cortisol gedächtnismodulierend wirkt (Roozendaal et al., 2006). Einerseits führt Cortisol zur Stärkung neuer Gedächtnisinhalte, was dazu führt, dass Traumata besonders gut gespeichert werden, da es bei einem Trauma zu einer hohen Cortisolausschüttung kommt. Andererseits verhindert es das Abrufen alter Erinnerungsinhalte (Roozendaal et al., 2006). Folglich könnten die im Anschluss an das Trauma chronisch erniedrigten Kortisolspiegel ein Faktor sein, der zur Entstehung und Aufrechterhaltung von Intrusionen beiträgt (Holz et al. 2014). Zusätzliche zu den allgemeinen neurophysiologischen Veränderungen in der Informationsverarbeitung im Wachzustand können Betroffene ebenfalls auffällige EEG-Muster während des Schlafens aufweisen, die ebenfalls auf tiefergreifende Veränderungen in endogenen Verarbeitungsprozessen hinweisen (Maercker, 2013).

Alle vorangegangenen Aspekte wirken auf die posttraumatischen Prozesse, die aus neurobiologischen Veränderungen und Gedächtnisveränderungen bestehen und besonders relevant für Traumafolgen sind (Maercker, 2013).

5.3 Zwei-Faktoren-Modell

Die Symptomatik der PTBS kann auf Basis des lerntheoretischen Zwei-Faktoren-Modells der Angstentwicklung nach Mowrer (1951) lerntheoretisch verstanden werden. Das Modell besagt, dass einer klassischen Konditionierung von Angst eine operante Verstärkung durch Vermeidung folgt. Ein traumatisches Erlebnis (beispielsweise sexueller Übergriff) führt demnach zunächst zu einer Kopplung von neutralen Reizen (z. B. dunkle Straße, nach Alkohol riechender Mann) an dieses Ereignis. Diese Kopplung führt dann wiederum zu einer Aktivierung einer intensiven emotional-physiologischen Furchtreaktion, sobald konditionierte Stimuli (z. B. Straße bei Nacht) vorhanden sind. Im Verlauf lernen die Betroffenen, die konditionierte Furchtreaktion dadurch zu verringern, dass sie konditionierte Schlüsselreize (z. B. nach Alkohol riechender Mann) vermeiden bzw. bei spontan auftretenden Situationen diesen zu entfliehen. Dieses Vermeidungsverhalten führt kurzfristig zur Angstreduktion und hat somit langfristig einen aufrechterhaltenden Effekt (Maercker & Michael, 2009).

5.4 Furchtstrukturmodell

Das Furchtstrukturmodell nach Foa und Kozak (1986) beschreibt durch das Trauma veränderte Gedächtnisstrukturen. Diese Strukturen zeichnen sich dadurch aus, dass die traumabedingte Aktivierung in Form intensiver Furcht verschiedene Elemente miteinander kombiniert: 1. Kognitive Fakten (u. a. Situationsmerkmale der traumatischen Erlebnisse), 2. emotionale Bedeutungen und 3. physiologische Reaktionen. Posttraumatische Furchtstrukturen entstehen dann, wenn ein emotional extrem relevanter Stimulus (z. B. Bett bei einer Vergewaltigung) mit einem oder mehreren kognitiven Elementen (z. B. Gefahr) und mit physiologischen Reaktionen (z. B. Herzrasen, Schweißbildung) verbunden wird. Diese Koppelung äußert sich anschließend in einer andauernden Aktivierung einer umfassenden Gedächtnisstruktur.

Nach ihrer Ausbildung lässt sich die Furchtstruktur leicht durch unterschiedliche Schlüsselreize (Gefühle, Gedanken, Gerüche) aktivieren. Die Aktivierung eines einzelnen enthaltenen Reizes führt so zur Aktivierung der gesamten Struktur. Je mehr Komponenten die Furchtstruktur enthält, desto häufiger und leichter wird sie durch die verschiedensten Schlüsselreize aktiviert und desto stärker ist die posttraumatische Symptomatik ausgeprägt (Foa & Kozak, 1986).

Durch vermeidende Verhaltensweisen bleibt kurzfristig die Aktivierung der Furchtstruktur und somit die Angstreaktion aus. Langfristig bleiben allerdings ebenso korrigierende Erfahrungen aus und die Furchtstruktur wird weiter aufrechterhalten.

5.5 Kognitives Störungsmodell

Ausgangspunkt des kognitiven Störungsmodells nach Ehlers und Clark (2000) ist die Beobachtung, dass Personen mit einer posttraumatischen Belastungsstörung eine aktuelle Bedrohung erleben, obwohl die eigentliche Bedrohung (die Traumatisierung) bereits abgeschlossen ist und in der Vergangenheit liegt. Dies bedeutet, dass Betroffene selbst in sicheren Situationen häufig das Gefühl haben oder sich so verhalten, als wäre die Bedrohung aktuell noch gegenwärtig. Dies geschieht vor allem dann, wenn sie sich an das Trauma erinnern oder erinnert werden. Die Schwierigkeit, das Trauma als ein abgeschlossenes und in der Vergangenheit liegendes Erlebnis zu betrachten, stellt nach diesem Modell eines der Kernmerkmale dar, in dem sich Betroffene mit einer posttraumatischen Belastungsstörung von Betroffenen ohne eine solche Störung unterscheiden (Ehlers & Clark, 2000).

Das Modell besteht aus mehreren Kernaussagen:

5.5.1 Negative Interpretation

Die negative Interpretation des traumatischen Ereignisses und der damit einhergehenden Folgen kann zur anhaltenden Wahrnehmung der Gefahr und Bedrohung führen: Dazu gehören nicht nur Interpretationen des erneuten Beginns des traumatischen Ereignisses (z. B. »Ich bin nirgendwo wirklich sicher«), sondern auch die eigene Wahrnehmung und das eigene Handeln während der traumatischen Erfahrung (z. B. »Ich verdiene es, dass mir Schlimmes passiert«). Des Weiteren werden die anfänglichen Krankheitszeichen negativ interpretiert (z. B. »Ich bin innerlich tot«) sowie die Reaktionen des Umfeldes nach dem traumatischen Ereignis (z. B. »Niemand kümmert sich um mich«) (Ehlers & Clark, 2000).

5.5.2 Spezifika des Traumagedächtnisses

Die Spezifika des Traumagedächtnisses und seiner Einbettung in andere autobiografische Erinnerungen können ebenfalls ein anhaltendes Bedrohungsgefühl hervorrufen. Das Traumagedächtnis ist durch folgende Eigenschaften charakterisiert: Das intrusive Wiedererleben ereignet sich meist in Form von sensorischen Eindrücken, die eine Hier-und-Jetzt-Qualität haben und kein Vergangenheitsgefühl hervorrufen, was normalerweise mit autobiografischen Erinnerungen einhergeht.

Dadurch, dass Betroffene mit PTBS körperliche Reaktionen oder Gefühle der traumatischen Ereignisse wiedererleben, ohne dass sie dabei eine bewusste Erinnerung an das traumatische Ereignis haben, entstehen Emotionen ohne Erinnerungen (z. B. Ekelreaktionen nach sexualisierter Gewalt).

Das autobiografische Gedächtnis ist bei Betroffenen mit PTBS für Erinnerungen an das traumatische Erlebnis unzureichend ausgebildet. Normalerweise werden autobiografische Erinnerungen im Gedächtnis in einer geordneten und abstrahierten Form gespeichert und beispielsweise nach persönlich relevanten Themen und Zeitepisoden geordnet, die extrem lebhaftes und emotionales Wiedererleben verhindert. Diese ungenügende Elaboration und Integration der Traumaerinnerungen warden mit einer erleichterten Abrufbarkeit von sensorischen Eindrücken des traumatischen Ereignisses und damit verbundenen Gefühlen.

5.5.3 Anhaltend wahrgenommene Bedrohung

Durch die anhaltend wahrgenommene Bedrohung kommt es zu kognitiven Veränderungen und Verhaltensweisen, welche die wahrgenommene Bedrohung reduzieren sollen, jedoch die PTBS aufrechterhalten. Ein Beispiel für eine dysfunktionale kognitive Strategie, die die PTBS Symptome verschlimmert, ist die Gedankenunterdrückung. Wenn Betroffene versuchen, ihre ungewollten Gedanken an das traumatische Ereignis zu unterdrücken, hat dies den paradoxen Effekt, dass die Frequenz der Intrusionen steigt. Des Weiteren treten häufig Sicherheitsverhalten und andere übertriebene Vorsichtsmaßnahmen auf, die zu erwartendes Unheil verhindern oder abmildern sollen (z.B. schlafen mit einem Messer am Bett). Dadurch machen die Betroffenen allerdings nicht die Erfahrungen, dass keine Katastrophe eintritt, wenn das Sicherheitsverhalten nicht ausagiert wird (Ehlers & Clark, 2000).

Die Wahrnehmung einer aktuellen Bedrohung ist abhängig von der Art und Weise, in der das Trauma im Gedächtnis repräsentiert ist und abgerufen wird und von der Bewertung des Traumas und/oder seiner Konsequenzen durch die Betroffenen.

Das Ziel einer Behandlung ist demnach, dass das Trauma so verarbeitet werden kann, dass es als ein abgeschlossenes, in der Vergangenheit liegendes Ereignis wahrgenommen werden kann und somit das Gefühl einer gegenwärtigen Bedrohung reduziert werden kann.

5.6 Social-Facilitation-Modell der Traumafolgen

Der Begriff »social facilitation« (soziale Erleichterung) bezieht sich auf bestimmte soziale Interaktionen, die die posttraumatische Symptomatik reduzieren können. Hiermit gemeint sind beispielsweise eine positive soziale Unterstützung insbesondere in Form von emotionaler Unterstützung (Guay et al., 2006), gesellschaftliche Anerkennung als Betroffene*r (Maercker & Müller, 2004), die Option über die Traumatisierung zu sprechen (»disclosure«; Mehl & Pennebaker, 2003) sowie das Ausbleiben negativer Reaktionen des Umfeldes (Ullman, 2003). Positive Reaktionen der Umwelt können u.a. Empathie, Verständnis und Rücksichtnahme sein, negative Reaktionen hingegen Schuldzuweisungen, Missachtung und sozialer Ausschluss. Es wird angenommen, dass durch eine durch das Umfeld gegebene soziale Erleichterung die Normalisierung (De-Aktualisierung) der Furchtstruktur bzw. des Traumagedächtnisses begünstigt wird.

5.7 Anwendung eines Störungsmodells auf ein Fallbeispiel

Störungsmodelle sollten im Sinne des geleiteten Entdeckens gemeinsam erarbeitet werden. Im Folgenden wird daher beispielhaft und verkürzt die Zusammenfassung des Störungsmodells im Rahmen der Psychoedukation dargestellt.

5.7.1 Psychoedukation mit Kind (Madeleine, 12 Jahre, siehe Fallbeispiel)

»*Wir haben ja bereits darüber gesprochen, dass es vielen Kindern so geht wie dir, wenn ihnen etwas Schlimmes passiert ist. Und das kann viele verschiedene Ursachen haben. Deine Eltern haben erzählt, dass du schon immer bei Schwierigkeiten diese eher mit dir selbst ausgemacht hast* [Risikofaktor: internalisierende Bewältigungsstrategie]. *Da war es bestimmt ziemlich schwer für dich, dich deiner Mama anzuvertrauen. Und als du dann aber deiner Mama von den vielen Übergriffen durch deinen Lehrer* [Ereignisfaktor: Dauer, Frequenz] *erzählt hast, hat sie das erst einmal nicht glauben können* [Risikofaktor: fehlende Unterstützung des Umfeldes]. *Als dann deine Klasse davon erfahren hat, waren einige Kinder ganz schön gemein zu dir* [Risikofaktor: Ausgrenzung]. *Das hat dann dafür gesorgt, dass es dir mit dem schlimmen Ereignis noch schlechter ging. Seitdem versuchst du jeden Gedanken an die Übergriffe zu unterdrücken* [Aufrechterhaltungsfaktor: Gedankenunterdrückung]. *Das ist ganz normal und viele Kinder versuchen nicht mehr daran zu denken, was passiert ist. Je mehr man allerdings versucht, nicht daran zu denken und mit niemandem darüber zu sprechen, desto schlechter geht es einem. Du hast auch gesagt, dass du lieber zu Hause bist, weil du anderen Menschen nicht mehr vertraust, da diese etwas Ähnliches mit dir machen könnten* [Aufrechterhaltungsfaktoren: Sicherheitsverhalten, dysfunktionale Kognitionen]. *Wenn du so einen Gedanken hast, ist es gut verständlich, dass du dich eher zurückziehst* [Aufrechterhaltungsfaktoren: Sicherheitsverhalten]. *Gleichzeitig macht das aber auch die Angst schlimmer. Wie es einem nach einem schlimmen Ereignis geht, liegt also nicht nur daran, was passiert ist, sondern auch daran, was danach noch so passiert. Wichtig ist, dass wir uns gemeinsam mit deinem traumatischen Erlebnis beschäftigen, sodass du darüber nachdenken und sprechen kannst, ohne dass es dir Angst macht.*«

5.7.2 Psychoedukation mit Eltern (Madeleine, 12 Jahre, siehe Fallbeispiel)

»*Wir haben gemeinsam erarbeitet, dass es nicht nur eine, sondern immer viele Ursachen dafür gibt, dass eine Traumafolgestörung entsteht und bestehen bleibt. Ein wichtiger Faktor sind immer Risiko- und Schutzfaktoren. Zu den Risikofaktoren zählt zum einen das weibliche Geschlecht und auch das junge Alter von Madeleine. Außerdem haben Sie berichtet, dass Madeleine immer schon Schwierigkeiten eher mit sich selbst ausgemacht hat* [Risikofaktor: internalisierende Bewältigungsstrategie]. *Nach den sexuellen Übergrif-*

fen durch ihren Lehrer hat Madeleine das Gespräch mit Ihnen, Frau P. gesucht. Sie konnten Madeleines Erzählungen zunächst gar nicht glauben, weshalb Madeleine vorerst keine Unterstützung erhalten hat [Risikofaktor: fehlende Unterstützung des Umfeldes]. *Auch dies ist ein Risikofaktor zur Entstehung einer Traumafolgestörung. Da Madeleine sich daraufhin nicht weiter anvertraut hat, gingen die sexuellen Übergriffe durch den Lehrer über mehrere Wochen weiter* [Ereignisfaktor: Dauer, Frequenz]. *Als die Klasse dann nach der Suspendierung des Lehrers von den Vorfällen erfahren hat, hat diese mit Ausgrenzung und Mobbing auf die Traumatisierung reagiert* [Risikofaktor: Ausgrenzung]. *Aktuell gibt es einige aufrechterhaltende Faktoren, die dafür sorgen, dass die Traumafolgestörung bestehen bleibt. Zum einen können wir bei Madeleine einen vermeidenden Bewältigungsstil sehen, d. h., sie versucht das Erlebte durch Vermeidung und Unterdrückung zu bewältigen. Dies funktioniert kurzfristig, langfristig bleibt allerdings die Symptomatik bestehen bzw. verschlechtert sich* [Aufrechterhaltungsfaktor: vermeidender Bewältigungsstil]. *Zum anderen zieht sich Madeleine aktuell viel zurück und vermeidet die Schule und soziale Kontakte* [Aufrechterhaltungsfaktoren: dysfunktionales Sicherheitsverhalten] *aus der Überzeugung heraus, dass sie anderen Menschen nicht mehr vertrauen kann* [Aufrechterhaltungsfaktoren: dysfunktionale Kognitionen]. *Madeleine grübelt viel darüber, warum ihr das Ganze passiert ist* [Aufrechterhaltungsfaktoren: kognitive Veränderungen]. *Es gibt somit sehr viele Gründe für die posttraumatische Symptomatik. Wichtig ist, dass wir uns diese für Madeleine ganz spezifisch angeschaut haben und nun gemeinsam überlegen können, welche Punkte eventuell veränderbar sind, sodass die posttraumatische Symptomatik weniger wird.«*

5.8 Überprüfung der Lernziele

- Welche Faktoren sind für die Erklärung einer Traumafolgestörung im Kindesalter insbesondere relevant?
- Leiten Sie basierend auf den Modellen beispielhaft ein Erklärungsmodell für eine*n Patient*in ab.

6 Psychotherapie

> **Fallbeispiel**
>
> Die 13;4 Jahre alte Leonie wird nach einer Vergewaltigung von ihrer Mutter für eine ambulante Psychotherapie vorgestellt. Sie berichtet, dass sie die Vergewaltigung auf Wunsch ihrer Mutter zur Anzeige gebracht habe. Sie habe die Untersuchung im Krankenhaus und die Befragung durch die Polizei als sehr belastend erlebt. Auch völlig aus dem Nichts erlebe sie seither starke panikähnliche Symptome (u. a. Herzklopfen, Zittern, Schwitzen, beklemmendes Gefühl in der Brust). Die Patientin gab an, dass ihr manchmal beunruhigende Bilder oder Gedanken an die Vergewaltigung in den Kopf kommen würden. Um sich abzulenken, spiele sie viele Stunden am Tag Computerspiele und schlafe deutlich mehr als acht Stunden täglich. Sie vermeide es, alleine in die Stadt zu gehen, da sie befürchte, erneut angegriffen zu werden. Auch der Schulbesuch falle ihr schwer, sie fühle sich »überall unsicher«. In den vergangenen Wochen habe sie daher einige Fehltage in der Schule gehabt. Der Kontakt zu ihren Freundinnen sei deutlich eingeschränkt. Sie fühle sich kraftlos und erschöpft. Sie leide unter selbstabwertenden Gedanken. Seltener habe sie auch Suizidgedanken, könne sich von diesen jedoch gut abgrenzen.
>
> Die Mutter berichtet, dass sie von der Situation völlig überwältigt sei und ihre Tochter am liebsten nicht mehr alleine zu ihren Freundinnen lassen würde. Um Leonie nicht zu belasten, vermeide sie es, ihre Tochter auf die Vergewaltigung oder das laufende Gerichtsverfahren anzusprechen.

> **Lernziele**
>
> - Sie wissen, wie ein Psychotherapieantrag für ein Kind mit einer Traumafolgestörung gestaltet sein kann.
> - Sie können das therapeutische Vorgehen beschreiben (Psychoedukation, Emotionsregulation, kognitive Arbeit, Exposition, multidisziplinäres Vorgehen).
> - Sie können wichtige Behandlungsmanuale nennen.
> - Sie kennen schwierige Therapiesituationen und wissen, wie man mit diesen umgehen kann.

6.1 Beispiel für einen Therapieantrag

Im Folgenden soll ein beispielhafter Antrag an den*die Gutachter*in im Rahmen der Bewilligung der Psychotherapie für eine jugendliche Patientin mit PTBS (siehe Fallbeispiel) dargestellt werden.

Angaben zur spontan berichteten und erfragten Symptomatik

Die 13;4 Jahre alte Patientin kommt mit ihrer Mutter zum Erstgespräch. Die Patientin berichtet, dass sie im vergangenen Herbst auf ihrem Heimweg angegriffen und vergewaltigt worden sei. Nachdem sie ihrer Mutter davon berichtet habe, seien sie ins Krankenhaus gefahren, wo die Patientin eingehend untersucht worden sei. Es sei ein Gerichtsverfahren eingeleitet worden und sie sei dabei von der Polizei befragt worden. Sie habe die Untersuchung im Krankenhaus und die Befragung durch die Polizei als sehr belastend erlebt.

Seit dem traumatischen Ereignis, das mittlerweile 7 Monate zurückliege, erlebe die Patientin starke panikähnliche Symptome (u. a. Herzklopfen, Zittern, Schwitzen, beklemmendes Gefühl in der Brust) und intrusive Erinnerungen. Um sich abzulenken, spiele sie viele Stunden am Tag Computerspiele und schlafe deutlich mehr als acht Stunden täglich. Sie vermeide es, alleine in die Stadt zu gehen, da sie befürchte, erneut angegriffen zu werden. Auch der Schulbesuch falle ihr schwer, sie fühle sich »überall unsicher«. In den vergangenen Wochen habe sie daher einige Fehltage in der Schule gehabt. Der Kontakt zu ihren Freundinnen sei deutlich eingeschränkt. Sie fühle sich kraftlos und erschöpft. Sie leide unter selbstabwertenden Gedanken. Seltener habe sie auch Suizidgedanken, könne sich von diesen jedoch gut abgrenzen.

Die Mutter berichtet, dass sie von der Situation völlig überwältigt sei und ihre Tochter am liebsten nicht mehr alleine zu ihren Freundinnen lassen würde. Um Leonie nicht zu belasten, vermeide sie es, ihre Tochter auf die Vergewaltigung oder das laufende Gerichtsverfahren anzusprechen.

Lebensgeschichtliche Entwicklung des Patienten/der Patientin

Eigenanamnese

Erste, unauffällige Schwangerschaft der Kindsmutter. Komplikationslose und spontane Geburt einige Tage nach errechnetem Geburtstermin. GL: 51 cm, GG: 3800gr. Die motorische und sprachliche Entwicklung in den ersten Lebensjahren sei unauffällig gewesen. Die Meilensteine der frühkindlichen Entwicklung seien zeitgerecht erreicht worden. Mit etwa eineinhalb Jahren sei die Patientin in eine Krabbelgruppe gekommen, vom 3. bis 6. Lebensjahr habe sie einen Kindergarten besucht. Hierbei habe es keine Auffälligkeiten gegeben. Mit sechs Jahren sei die Einschulung erfolgt. Sie habe sich in ihrer Klasse gut integrieren können und gute Schulleistungen gezeigt. Nach der 4. Klassenstufe sei die Patientin auf eine Gesamtschule gewechselt. Auch der Besuch dieser Schule sei bislang unauffällig verlaufen. In ihrer Freizeit treffe sich die Patientin gerne mit Freundinnen und gehe in der Stadt shoppen.

Familienanamnese

Die Kindsmutter (+27 J) habe Journalismus studiert. Sie arbeite gegenwärtig in Teilzeit bei einer regionalen Tageszeitung. Zu dem Kindsvater (+32 J) bestünde kein Kontakt mehr. Die Eltern hätten sich bereits vor der Geburt der Patientin getrennt. Die Mutter sei alleinerziehend und habe keine weiteren Kinder. Psychische Störungen der Eltern seien nicht bekannt. Väterlicherseits seien der Großvater und sein Bruder vermutlich depressiv erkrankt gewesen.

Psychopathologischer Befund zum Zeitpunkt der Antragsstellung

13;4-jährige Patientin, die wach, bewusstseinsklar und zu allen Qualitäten orientiert erscheint, altersentsprechend entwickelt und im gepflegten und altersentsprechenden Erscheinungsbild. Im Kontaktverhalten offen und mitteilsam. Blickkontakt adäquat. Die kognitiven und mnestischen Funktionen erscheinen in der Untersuchungssituation nicht beeinträchtigt. Konzentrationsfähigkeit und Impulsivität erscheinen unauffällig. Anamnestisch werden Konzentrationsprobleme berichtet. Keine übermäßige psychomotorische Unruhe. Anamnestisch bestehen Hinweise auf einen deutlich verringerten Antrieb. Die Stimmung erscheint etwas gedrückt bei uneingeschränkter affektiver Schwingungsfähigkeit. Keine inhaltlichen oder formalen Denkstörungen. Anamnestisch bestehen Hinweise auf intrusive Erinnerungen an die Vergewaltigung. Keine Wahrnehmungs- oder Ich-Störungen. Anamnestisch bestehen Hinweise auf traumabezogene Ängste vor der Begegnung mit dem Täter oder weiteren Übergriffen. Keine Hinweise auf Zwänge. Kein selbstverletzendes Verhalten. Die Patientin ist glaubhaft distanziert von akuter Suizidalität. Kein Anhalt für Fremdgefährdung.

Psychologische Diagnostik

Zur ausführlichen Überprüfung der kognitiven Leistungsfähigkeit bearbeitete die Patientin den Wechsler-Intelligenztest für Kinder (WISC-V). Hierbei erzielte sie ein durchschnittliches Gesamtergebnis bei einem homogenen Leistungsprofil. Im Inventar zur Erfassung der Lebensqualität bei Kindern und Jugendlichen (ILK) wiesen die Angaben der Patientin auf einen auffälligen Problemscore und eine unterdurchschnittliche Lebensqualität hin. Ihre Angaben im Fragebogen über das Verhalten von Kindern und Jugendlichen (YSR/11–18R) waren klinisch auffällig auf der Problemskala »Denkprobleme/repetitives Verhalten« sowie auf den übergeordneten Skalen »Internalisierend«, »Externalisierend« und »Gesamt«. Im Child and Adolescent Trauma Screening (CATS) lagen die Angaben der Patientin im auffälligen Bereich (Summenscore 37). Darüber hinaus wurde mit der Patientin das diagnostische Interview bei psychischen Störungen im Kindes- und Jugendalter (Kinder-DIPS) geführt. Hierbei ergaben ihre Schilderungen Hinweise auf das Vorliegen einer posttraumatischen Belastungsstörung sowie leichten depressiven Episode ohne somatisches Syndrom. Die Angaben der Mutter im ILK wiesen auf eine unterdurchschnittliche Lebensqualität sowie einen auffälligen Problemscore hin. Im Elternfragebogen über das Verhalten von Kindern und Jugendlichen (CBCL/6–18R) zeigten sich Auffälligkeiten auf der Problemskala »Körperliche Beschwerden« sowie auf den übergeordneten Skalen »Internalisierend« und »Gesamt«. Gegenüber der Therapeutin verhielt sich die Patientin mitteilsam und freundlich. Während der kognitiven Leistungsüberprüfung arbeitete sie gut motiviert mit.

Somatischer Befund und Konsiliarbericht

Es sind keine diagnoserelevanten körperlichen Erkrankungen bekannt. Der somatische Befund ist dem Konsiliarbericht zu entnehmen.

Verhaltensanalyse

Makroanalyse

Angesichts der familiären Häufung affektiver Störungen ist eine genetische Disposition für die Entwicklung psychischer Störungen im Sinne einer erhöhten Vulnerabilität denkbar. Die Patientin hat zudem früh gelernt, ihre alleinerziehende und berufstätige Mutter bestmöglich zu entlasten, indem sie ihre eigenen Emotionen meist zurückgehalten hat. Dieses Verhalten wurde von ihrer Mutter unbeabsichtigt verstärkt, indem sie ihre Tochter häufig lobte, wie »unkompliziert« und »selbstständig« sie sei. Die Patientin internalisierte hierdurch, dass sie keine Probleme machen dürfe, um geliebt zu werden. Sie erwarb in diesem Kontext keine ausreichenden Kompetenzen zur Wahrnehmung und zum Ausdruck ihrer Emotionen. Als auslösend für die Symptomatik ist die Vergewaltigung der Patientin zu nennen. Die Aufmerksamkeit und großen Sorgen ihrer Mutter, seit sie von der Vergewaltigung erfahren habe, stehen im Konflikt mit dem Bestreben der Patientin, ihre Mutter nicht zu belasten. Die Patientin entwickelte die Überzeugung, die Auseinandersetzung mit ihren Emotionen nicht ertragen zu können, weshalb sie Vermeidungsverhalten (Ablenkung durch Computerspielen oder Schlafen) zeigt. Durch dieses Vermeidungsverhalten geschieht keine Auseinandersetzung mit ihrem Trauma und die Überzeugung, ihre Emotionen nicht aushalten zu können, wird aufrechterhalten. Dies wird hierdurch verstärkt, dass die Mutter der Patientin das Vermeidungsverhalten und den sozialen Rückzug toleriert. Ein überbehütendes Erziehungsverhalten in Bezug auf das erlebte Trauma verhindert die Konfrontation und eine Verselbstständigung der Patientin, die für eine Bewältigung der traumatischen Erfahrung sowie weiterer Entwicklungsaufgaben relevant wäre.

Mikroanalyse

S:	Die Patientin soll sich am Morgen auf den Weg in die Schule machen.
O:	Traumabezogene Ängste und dysfunktionale Überzeugungen
R_{kog}:	»Ich kann da nicht hin.«, »Was ist, wenn ich ihn treffe?«
R_{physio}:	Herzklopfen, Anspannung, motorische Unruhe
R_{emo}:	Angst, »innerer Druck«
R_{mot}:	Die Patientin zieht sich in ihr Zimmer zurück und geht nicht zur Schule.
$C_{kurzfristig}$:	Reduktion von Anspannung und Angst (C;/⁻)
$C_{langfristig}$:	Verfestigung und Generalisierung der Überzeugung, außerhalb der Wohnung nicht sicher zu sein (C;/⁺); Kein Aufbau von Strategien zum Umgang mit traumabezogenen Ängsten (C;/⁺); Einschränkung des Kontakts zu Freundinnen (C;/⁺); Verstärkerverlust durch fehlende positive und selbstwertförderliche Aktivitäten (C;/⁺)

Diagnose zum Zeitpunkt der Antragstellung entsprechend MAS-Klassifikation

1. Achse: Posttraumatische Belastungsstörung (ICD-10: F43.1)
2. Achse: Keine umschriebene Entwicklungsstörung bekannt
3. Achse: Durchschnittliche Intelligenz
4. Achse: Keine körperlichen Erkrankungen bekannt
5. Achse: Abweichende Elternsituation (5.1), Sexueller Missbrauch außerhalb der Familie (6.4)
6. Achse: Ernsthafte soziale Beeinträchtigung (4) in den Bereichen Familie, Freunde, Schule

Therapieziele und Prognose

Patientin

- Aufbau einer vertrauensvollen therapeutischen Beziehung
- Reduktion der posttraumatischen Symptomatik durch
- Aufbau von störungsspezifischem Wissen,
- Aufbau von Strategien im Umgang mit traumabezogenen Ängsten,
- Auseinandersetzung mit dem traumatischen Erlebnis,
- Anpassung dysfunktionaler Überzeugungen,
- Abbau von Vermeidungsverhalten
- Förderung zukünftiger Sicherheit durch die Stärkung von Kompetenzen zur Wahrnehmung und zum Ausdruck von Emotionen

6 Psychotherapie

Mutter

- Identifikation von Möglichkeiten zur Entlastung
- Anpassung dysfunktionaler Überzeugungen in Bezug auf das Trauma
- Abbau von überbehütendem Verhalten
- Unterstützung einer offenen Kommunikation mit der Tochter

Erhält die Patientin keine ambulante psychotherapeutische Behandlung könnte sich ihre Symptomatik weiter verschlechtern. Es ist wahrscheinlich, dass die Patientin ohne psychotherapeutische Unterstützung wichtige Entwicklungsaufgaben (z. B. Schulabschluss, Ablösung von der Mutter, Entwicklung von Selbstsicherheit) nicht ausreichend bewältigen kann. Zugleich hat sich die Patientin in der Probatorik als reflektiert und therapiemotiviert gezeigt. Die guten intellektuellen Voraussetzungen und die vertrauensvolle Beziehung der Patientin zu ihrer Mutter geben Anlass zur Annahme, dass durch eine Psychotherapie eine weitgehende und dauerhafte Beschwerdefreiheit erreicht werden kann. Die Prognose für einen Therapieerfolg wird vor diesem Hintergrund als gut eingeschätzt.

Behandlungsplan (in Anlehnung an das Tf-KVT Manual)

Nach dem Aufbau einer vertrauensvollen Beziehung erfolgt zu Beginn der Therapie erfolgt eine Psychoedukation zur Vermittlung von Wissen über sexuelle Gewalt und posttraumatische Belastungsstörungen. Gemeinsam mit der Patientin soll ein individuelles Störungsmodell entwickelt werden, in dem auch persönliche Risikofaktoren (z. B. begrenzte Kompetenzen zur Wahrnehmung und zum Ausdruck der eigenen Belastung aufgrund von Lernerfahrungen) berücksichtigt werden. Die Patientin soll darin angeleitet werden, ihre eigenen Emotionen wahrzunehmen, zu differenzieren und zu verbalisieren. Der Patientin und ihrer Mutter sollen der Zusammenhang zwischen Gedanken, Gefühlen und Verhalten sowie die Auswirkungen von Vermeidungsverhalten hinsichtlich der Aufrechterhaltung der Symptomatik vermittelt werden. Beide sollen Strategien zur Entlastung und zum Umgang mit traumabezogenen Ängsten erlernen. Die Patientin soll daraufhin ein »Traumanarrativ« verfassen und sich durch wiederholtes Vorlesen mit dem traumatischen Erlebnis konfrontieren. Dysfunktionale Kognitionen der Patientin und der Mutter sollen in getrennt stattfindenden Sitzungen identifiziert und hinterfragt werden. Anschließend ist eine gemeinsame Sitzung zur Förderung einer offenen Kommunikation über das Trauma geplant, in welcher die Patientin ihr Traumanarrativ vorliest. Sie soll hierdurch die Möglichkeit erhalten, Befürchtungen im Hinblick auf eine übermäßige Belastung der Mutter abzubauen. Die Mutter soll ihre Tochter dabei unterstützen, ihr Vermeidungsverhalten schrittweise abzubauen. Dabei soll die Mutter sich darin üben, kein übermäßig behütendes Erziehungsverhalten zu zeigen. Die Patientin soll ihr Computerspielverhalten begrenzen und wieder täglich die Schule besuchen. Ein gemeinsamer Sicherheitsplan soll zur Förderung der zukünftigen Sicherheit erstellt werden. Abschießend soll eine Rückfallprophylaxe erfolgen.

6.2 Behandlungsplanung

Die Behandlungsplanung kann unterteilt werden in (1) die Prüfung und ggf. Etablierung von Voraussetzungen für die psychotherapeutische Behandlung, (2) die Festlegung von Rahmenbedingungen, (3) die Identifikation von zentralen Therapiezielen und (4) die Auswahl von Methoden und Behandlungsbausteinen sowie konkreten Vorgehensweisen.

6.2.1 Voraussetzungen

Für die Aufnahme einer psychotherapeutischen Behandlung lassen sich neben dem Vorliegen einer psychischen Störung, die nach der aktuell gültigen ICD Version diagnostiziert wurde, weitere Voraussetzungen feststellen. Einige davon bestehen allgemein, beispielsweise sollten die Therapiemotivation und die (u. a. zeitlichen) Ressourcen der Kinder/Jugendlichen und der Bezugspersonen ausreichen (In-Albon et al., 2020). Als Gründe für eine unzureichende Therapiemotivation sind im Hinblick auf Traumafolgestörungen Scham- und Schuldgefühle zu nennen, die sowohl auf Seiten der Kinder und Jugendlichen als auch auf Seiten der Bezugspersonen (z. B. »Ich hätte verhindern müssen, dass meinem Kind etwas zustößt.«) bestehen können. Auch Befürchtungen einer Stigmatisierung und die sogenannte Selbst-Stigmatisierung können die Inanspruchnahme von Psychotherapie verhindern (Villagrana et al., 2018).

In einer Interviewstudie wurden Erwachsene, die als Kind interpersonelle Gewalt erlebt haben, nach Barrieren einer Inanspruchnahme von psychotherapeutischer Unterstützung gefragt (Kantor et al., 2022). Diese stimmten mit den Hindernissen, die in einer systematischen Übersichtsarbeit identifiziert wurden, überein (Kantor et al., 2017). Neben traumaunspezifischen Hindernissen wie beispielsweise fehlendem Wissen über und Zweifeln gegenüber Psychotherapie, nannten sie auch traumaspezifische Barrieren. So sorgten sie sich vor einer Verschlechterung ihrer Symptomatik durch eine Behandlung und vor einer Konfrontation mit traumatischen Erinnerungen (Kantor et al., 2022). In einer Untersuchung von Kirsch et al. (2018) zeigte die therapeutische Beziehung zwischen der Bezugsperson und der behandelnden Person Auswirkungen auf den Behandlungserfolg. Entsprechend sollten auch die Bezugspersonen bei dem Aufbau der Therapiemotivation und eines guten Arbeitsbündnisses berücksichtigt werden.

Möglichkeiten zur Erhöhung der Therapiemotivation

- Aufbau einer tragfähigen und vertrauensvollen therapeutischen Beziehung
- Vermittlung von Informationen über Psychotherapie, z. B. über die Schweigepflicht
- Freiwilligkeit und Mitbestimmung, z. B. bei der Entscheidung für eine Traumakonfrontation

- motivierende Gesprächsführung
- gemeinsame Festlegung attraktiver, lebensnaher Therapieziele (s. weiter unten)
- Erstellung eines Therapievertrags
- Festlegung der Rahmenbedingungen, z. B. Sitzungsfrequenz und -anzahl (▶ Kap. 6.2.2)

Darüber hinaus wird häufig von einer »ausreichenden Stabilität« als Voraussetzung für eine traumaspezifische Behandlung gesprochen, ohne dass diese näher operationalisiert wird. Hierunter können sowohl psychosoziale als auch individuelle Bedingungen verstanden werden. In den in 2019 überarbeiteten Leitlinien zur Behandlung der PTBS von 2011 werden beispielsweise »mangelnde Affekttoleranz, anhaltende schwere Dissoziationsneigung, unkontrolliert aggressives Verhalten, mangelnde Distanzierungsfähigkeit zum traumatischen Ereignis, hohe akute psychosoziale und körperliche Belastung« (S. 206) als relative Kontraindikationen und »akutes psychotisches Erleben, akute Suizidalität, Täterkontakt mit Traumatisierungsrisiko« (S. 208) als absolute Kontraindikationen einer Traumabearbeitung beschrieben (Flatten et al., 2011). Da die beste empirische Evidenz jedoch für die sogenannten traumafokussierten Interventionen vorliegt, die eine unmittelbare Konfrontation vorsehen, wird im deutschsprachigen Raum seit vielen Jahren eine Kontroverse um die Frage der Stabilisierung vor der Traumakonfrontation geführt (Herzog, Kaiser & de Jongh, 2023). Zur Schaffung der Voraussetzung einer Psychotherapie sollte zum einen die äußere Sicherheit des Kindes oder Jugendlichen (z. B. Kindeswohl, Täter*inkontakt) überprüft werden (▶ Kap. 4.1, ▶ Kap. 8.3), zum anderen die Sicherheit im Umgang mit möglichen inneren Notlagen (z. B. Suizidalität) durch die Erstellung eines individuellen Krisenplans mit günstigen Verhaltensweisen, Kontaktadressen und Anlaufstellen erhöht werden.

Die Studienlage zu relativen Kontraindikationen für (zumindest traumafokussierte) Behandlungen ist unzureichend, insbesondere hinsichtlich Kinder und Jugendlicher. Die Empfehlungen der aktuellen Behandlungsleitlinien (Rosner, Gutermann et al., 2019) beruhen auf einem klinischen Konsens der beteiligten Mitglieder der Leitliniengruppe. Sie empfehlen, dass bei anhaltender Gefährdung von Kindern und Jugendlichen zunächst Maßnahmen zur Sicherung des Kindeswohls ergriffen werden sollen. Zudem wird festgehalten (Rosner, Gutermann et al., 2019):

»Bei akuter Psychose, akuten manischen Symptomen, schwerwiegenden Störungen der Verhaltenskontrolle (aktuelle schwere Selbstverletzung, aktuelles Hochrisikoverhalten, aktuelle hohe Fremdaggressivität) und akuter Suizidalität können vor dem Einsatz traumafokussierter Interventionen geeignete Interventionen zur Reduktion dieser Symptome eingesetzt werden (wie z. B. Verbesserung der Emotionsregulation, Fertigkeiten-Training etc.).« (S. 69 f)

Vor Beginn einer traumazentrierten Psychotherapie sollte zudem der Schutz vor fortbestehender oder erneuter Traumatisierung und eine Unterstützung durch das soziale Umfeld sichergestellt werden. Die aktuellen Lebensumstände sollten sich in solcher Weise verändert haben, dass es den Kindern oder Jugendlichen möglich ist, das traumatische Ereignis oder die Ereignisse als in der Vergangenheit liegend wahrzunehmen.

> **Merke: Voraussetzungen einer Psychotherapie prüfen**
>
> Verfügen Kind oder Jugendliche*r und Bezugspersonen über
>
> - ausreichende Ressourcen (z. B. Zeit),
> - eine ausreichende Therapiemotivation?
>
> Liegen Hindernisse einer Traumabehandlung vor, wie beispielsweise
>
> - Befürchtungen gegenüber einer Psychotherapie,
> - unzureichendes Wissen über Traumafolgestörungen,
> - fortbestehende Gefährdung, z. B. durch Kontakt zu tatbeteiligten Personen, psychosoziale Instabilität, z. B. anstehende Wohnortwechsel, akute Psychose, akute manische Symptome, schweres selbstverletzendes Verhalten, aktuelles Hochrisikoverhalten, akute Suizidalität?

6.2.2 Rahmenbedingungen

Im Hinblick auf die Rahmenbedingungen der Behandlung sind das Setting (ambulant, teilstationär, vollstationär) und Format (Einzel- oder Gruppensitzungen), die Sitzungsfrequenz, flankierende Maßnahmen (z. B. der Jugendhilfe) und die Priorisierung der Therapieziele zu berücksichtigen.

Hinsichtlich Gruppeninterventionen können Kinder und Jugendliche und ihre Bezugspersonen von der positiven Verstärkung durch die Gruppe und von der Normalisierung und Entstigmatisierung ihrer Erlebnisse profitieren. Einzelsitzungen erlauben dagegen eine stärkere Individualisierung und Anpassung an die zu behandelnden Kinder und Jugendlichen. Sie bieten zudem den Vorteil eines geschützten Raums, der für einige Betroffene eine Öffnung erleichtern kann und eignen sich daher besonders zur Anfertigung eines Traumaberichts.

Auch die Planung der Sitzungsfrequenz, die sich vor allem im ambulanten Setting ergibt, sollte sich an den Bedürfnissen der Kinder und Jugendlichen orientieren. Durch eine hohe Frequenz (2–3 Sitzungen pro Woche) oder durch Doppelsitzungen (100 Minuten) verkürzt sich die geplante Therapiedauer und einige Kinder und Jugendliche entscheiden sich erst angesichts des absehbaren und vergleichsweise nahen Therapieendes für eine Behandlung. Auch können durch eine hohe Sitzungsfrequenz schnell erste Verbesserungen erzielt werden, die sich wiederum positiv auf die weitere Therapiemotivation auswirken. Traumakonfrontative Behandlungsbausteine, etwa das Anfertigen eines Traumaberichts oder die Durchführung anderer Expositionen, können von einigen Kindern und Jugendlichen bevorzugt in einem kurzen und somit absehbaren Zeitabschnitt geplant werden. Diese Sitzungen sollten außerdem als Doppelsitzungen geplant werden bzw. mit ausreichend Puffer zu Folgeterminen. Die Frequenz bzw. das Verhältnis der Sitzungen mit Bezugspersonen orientiert sich an dem individuellen Bedarf (Symptomatik, Alter der Kinder und Jugendlichen, Belastung der Bezugspersonen, Einbindung in die Symptomatik) und den Möglichkeiten der Bezugspersonen. Es kann sich außerdem günstig erweisen, die Anfertigung des Traumaberichts oder die Durchführung von Expositionsübungen in die Ferien zu legen, wenn während dieser die Allgemeinbelastung geringer ist. Zu berücksichtigen ist hierbei, dass möglichst keine Unterbrechung durch einen Urlaub erfolgt.

Zur Etablierung eines multimodalen Behandlungsplans können im Hinblick auf komorbide Symptome und Störungen flankierende Maßnahmen berücksichtigt werden. Adjuvante Verfahren stellen beispielsweise Ergotherapie, Physiotherapie, Sprachheiltherapie, Kunst- oder Musiktherapie, Körper- und Bewegungstherapie, Pharmakotherapie oder Achtsamkeitsverfahren dar. Die Empfehlung dieser unterstützenden Maßnahmen zusätzlich zu einer Psychotherapie beruht auf einem klinischen Konsens, da die Studienlage bislang unzureichend ist. Maßnahmen der Jugendhilfe sind bei von interpersoneller Gewalt betroffenen Kindern und Jugendlichen häufig indiziert und sollten gegebenenfalls etabliert werden. Im Hinblick auf den zusätzlichen Einsatz von Psychopharmaka während einer psychotherapeutischen Behandlung der PTBS liegt für das Kindes- und Jugendalter bislang keine ausreichende Evidenz vor (▶ Kap. 7).

> **Good to know: Kostenträger einer ambulanten Psychotherapie nach interpersoneller Gewalt**
>
> Ambulante psychotherapeutische Behandlungen nach interpersonellen traumatischen Erlebnissen können in Deutschland stattfinden als Leistungen
>
> - der gesetzlichen Krankenversicherung:
>   Die Behandlung erfolgt durch approbierte Kinder- und Jugendlichenpsychotherapeut*innen, Fachärzt*innen für Kinder- und Jugendlichenpsychotherapie, oder Psychologische Psychotherapeut*innen mit Zusatzqualifikation zur Behandlung von Kindern und Jugendlichen, die in (Gemeinschafts-)Praxen arbeiten. Es gibt telefonische Sprechzeiten, bis zu 6 Gespräche á 25 Minuten Sprechstunde, und anschließend bei Bedarf die Möglichkeit zur Anzeige bzw. Beantragung von
>   – Akutbehandlungen (24 Sitzungen á 25 Minuten oder 12 Sitzungen á 50 Minuten)
>   – Kurzzeitbehandlungen (12/24 Sitzungen á 50 Minuten mit den Kindern/Jugendlichen und 3/6 Sitzungen á 50 Minuten mit Bezugspersonen)
>   – Langzeitbehandlungen (60/80 Sitzungen á 50 Minuten mit den Kindern/Jugendlichen und 15/20 Sitzungen á 50 Minuten mit Bezugspersonen)
> - der privaten Krankenversicherung:
>   Hierbei gelten zum Teil gesonderte Bestimmungen.
> - in psychiatrischen Institutsambulanzen (PIA):
>   Falls eine Behandlung in der ambulanten Regelversorgung aufgrund der Schwere und Persistenz der psychischen Störung nicht ausreichend gewähr-

leistet ist, können auch psychiatrische Institutsambulanzen ambulante Behandlungen anbieten.
- nach dem Opferentschädigungsgesetz (OEG):
In speziellen Traumaambulanzen nach dem OEG können nach akuten oder biografischen Gewalttaten vergleichsweise unbürokratisch 5 Sitzungen Akutbehandlung und bei Bedarf 10 weitere Sitzungen bei psychotraumatologisch qualifizierten Psychotherapeut*innen oder Fachärzt*innen stattfinden. Voraussetzung für die Inanspruchnahme ist ein gesundheitlicher Schaden durch einen rechtswidrigen, vorsätzlichen und tätlichen Angriff.
- nach dem Asylbewerberleistungsgesetz:
Bei Vorliegen eines ungesicherten Aufenthaltsstatus haben Geflüchtete in Deutschland nach dem § 4 Asylbewerberleistungsgesetz Anspruch auf die Behandlung akuter Erkrankungen, worunter auch Psychotherapie fallen kann, etwa bei unbegleiteten Minderjährigen oder nach schweren interpersonellen Gewalterfahrungen. Durch einen gesonderten Leistungsantrag können auch Kosten für die Fahrt und für Dolmetscher*innen für die Behandlung vom Sozialamt übernommen werden.
Im Fall eines positiven Asylbescheids tritt die Krankenkasse als Kostenträger ein, wodurch eine Übernahme der Kosten für Dolmetscher*innen häufig nicht mehr möglich ist. Gegebenenfalls kann das Sozialamt diese Kosten weiterhin tragen.
- durch den Fonds sexueller Missbrauch:
Für den Fall, dass von den Kostenträgern keine Leistungen (mehr) bewilligt werden, können Betroffene von sexualisierter Gewalt im familiären oder institutionellen Kontext eine Fortführung der Psychotherapie beantragen (https://www.fonds-missbrauch.de). Eine kostenfreie und vertrauliche Beratung zu dem Antragsverfahren ist möglich.

6.2.3 Therapieziele

Die individuelle Identifikation und Priorisierung von Therapiezielen und Festlegung von Teilzielen zur Erreichung dieser Ziele spielt bei der gemeinsamen Behandlungsplanung eine wichtige Rolle. Die Sichtweisen aller Beteiligten sollten daher frühzeitig exploriert werden und realistische Therapieziele definiert werden. Beispiele für unrealistische Ziele wären der Wunsch, das traumatische Erlebnis ungeschehen zu machen oder in Bezug auf die Erfahrungen keine emotionale Reaktion mehr zu verspüren. Es sollte darauf geachtet werden, dass sich die Ziele der Kinder und Jugendlichen, ihrer Bezugspersonen und weiterer Personen z. B. von Lehrkräften, sozialpädagogischen Familienhilfen nicht widersprechen.

Exploration von individuellen Therapiezielen

Bei der Identifikation von individuellen Zielen für die Behandlung kann beispielsweise gefragt werden, welche Veränderungen sich die Beteiligten in der aktuellen Lebensführung konkret wünschen, welche Aktivitäten bezüglich welcher Lebensbereiche (Schule, Freundschaften, Familienbeziehungen) beispielsweise wieder möglich sein sollen.

> **Beispiel für die Identifikation von Behandlungszielen**
>
> (Am Fallbeispiel Christine, ▶ Kap. 2)
> T: Christine, du bist nun diesen großen Schritt gegangen und hast dich für eine stationäre Behandlung entschieden. Kannst du mir erzählen, welche Ziele du für die Behandlung hast?
> P: Ja erstmal klarkommen, irgendwie. Ein bisschen Abstand auch zu den Leuten, die eigentlich nicht so gut für mich sind, das wäre gut.
> T: Ich verstehe, dass du hier auch erst einmal ankommen musst. Hier läuft alles ganz schön anders als zu Hause, oder?
> P: Komplett!
> T: Richtig großartig, dass du dich darauf einlässt, auch auf die ganzen Regeln, die es hier so gibt. Umso wichtiger ist mir ja, dass du am Ende sagst »Ja, das hat sich echt gelohnt.« Was muss denn am Ende anders sein, damit du das so siehst?
> P: Ich möchte auf jeden Fall nicht mehr so oft Stress haben mit anderen, also mit Freunden aber auch mit meinen Eltern. Nicht mehr so schnell explodieren und so. Und mich nicht mehr selbstverletzen.
> T: Klasse. Ich schreib erst einmal alles mit und wir sortieren gleich zusammen, ja? Was gibt es noch?
> P: Eigentlich würde ich voll gerne meinen Schulabschluss machen. Keine Ahnung, ob das realistisch ist. In den letzten neun Monaten ging es mir einfach viel zu schlecht.
> T: Weniger Streit, keine Selbstschädigungen und Schulbesuch, ist notiert.
> P: Nicht nur Schulbesuch. Ich war ja schon manchmal da, aber das hätte ich mir auch sparen können. Ich konnte mich gar nicht konzentrieren, stand total neben mir.
> T: Also ist dein Ziel eher, dass du am Unterricht auch aktiv teilnimmst?
> P: Ja, schon. Damit das auch was wird.
> T: Okay. Gibt es noch etwas, das dir wichtig ist?
> P: Das ist so das Wichtigste.
> T: Alles klar. Danke dir. So, jetzt brauchen wir ein bisschen Ordnung. Wollen wir mit dem Thema Streit starten, das hast du als erstes genannt?
> P: Meinetwegen.
> T: Wie können wir hier daran arbeiten, dass du dich weniger streitest?
> P: Also ich gehe schon echt schnell an die Decke. Ich habe mich da manchmal nicht unter Kontrolle. Irgendwas nervt mich oder so und ich schreie alle an, auch wenn die gar nichts damit zu tun haben.
> T: Wäre es dann wichtig, dass du lernst, mit starken Emotionen und Frustration umzugehen?
> P: Schon, ja.

T: Ist notiert. Das ist auch wichtig für dein Ziel, dich nicht mehr selbst zu verletzen, oder? Das machst du ja gerade häufig, wenn du zu angespannt bist. Für mich zählt zu selbstschädigendem Verhalten ja auch der Drogenkonsum. Braucht es dazu noch mehr als nur Strategien zur Emotionsregulation?
P: Das ist schon wichtig. Aber ich glaube, dass es auch schwierig für mich wird, damit aufzuhören, wenn ich noch mit den gleichen Leuten zusammen bin.
T: Das kann ich mir gut vorstellen, ja. Du hattest ja auch gesagt, dass dir da einige Personen gar nicht guttun. Was wäre diesbezüglich denn dein Ziel, denn du bist ja nicht für immer hier, wo du keinen Kontakt zu ihnen haben kannst.
P: Eigentlich will ich mit den meisten gar nichts mehr zu tun haben. Das sind gar keine Freunde, jeder fährt nur seinen eigenen Film. Aber wenn ich ihnen begegne, das wird halt komisch.
T: Möchtest du lernen, dich von Menschen abzugrenzen, die dir nicht guttun?
P: Und auch erstmal erkennen, wer mir guttut und wer nicht.
T: Wichtiger Punkt, oh ja. Schritt 1 und Schritt 2, okay? Passt das so von der Formulierung?
P: Ja, ist gut. Und dann noch der Schulunterricht.
T: Du hast gesagt, du konntest dich gar nicht konzentrieren im Unterricht. Was denkst du, woran lag das denn?
P: Ich war oft total müde. Und dann waren halt so viele Menschen in einem Raum, das macht mich immer richtig nervös.
T: Okay. Ich glaube wir brauchen hier auch mehrere Unterziele. Also ein Ziel könnte erholsamer Schlaf sein, damit du tagsüber nicht müde bist. Ein weiteres Ziel, dass du dich in der Gegenwart von mehreren Menschen in einem Raum entspannen kannst. Regelmäßiger Schulbesuch und die Teilnahme am Unterricht sind dann weitere Ziele. Passt das so für dich?
P: Finde ich super so.

Priorisierung von Therapiezielen

Die gemeinsam festgelegten Therapieziele für die psychotherapeutische Behandlung sollten priorisiert werden. Grundsätzlich steht die Reduktion der belastend erlebten Symptomatik im Vordergrund. Auch durch das Vorliegen komorbider Störungen können Einschränkungen in der Lebensqualität erlebt werden, die durch die Behandlung adressiert werden sollten. Es wird jedoch empfohlen, dass zunächst eine traumafokussierte Behandlung durchgeführt wird, da sich hierdurch auch Verbesserungen der komorbiden Symptomatiken erwarten lassen (Goldbeck et al., 2016; Sachser & Goldbeck, 2017).

Formulierung von SMARTen Teilzielen

Die Ausarbeitung spezifischer, individueller Teilziele ist empfehlenswert, um eine fortlaufende Therapiemotivation zu ermöglichen. Besonders hilfreich sind solche

Teilziele, wenn sie nach bestimmten Kriterien definiert werden, z. B. den SMART-Kriterien. Nach ihnen sollen Ziele spezifisch, messbar, attraktiv, realistisch und terminiert sein (Doran, 1981). In der folgenden Tabelle (▶ Tab. 6.1) werden orientiert an diesen Kriterien einige potenzielle Hürden bei der Zieldefinition von Kindern und Jugendlichen mit Traumafolgestörungen dargelegt.

Tab. 6.1: Potenzielle Hürden bei der Zieldefinition von Kindern und Jugendlichen mit Traumafolgestörungen

Geäußertes Anliegen	Schwierigkeit	Zielformulierung
Es soll einfach wieder wie früher sein.	Dieses Ziel ist u. a. nicht spezifisch. In einem ersten Schritt sollte erörtert werden, welche konkreten Veränderungen verglichen mit der Zeit vor dem Ereignis gesehen werden und welche eigenen Schritte zur Erreichung möglich sind.	Statt mich zurückzuziehen, möchte ich wieder Zeit mit meinen Freund*innen verbringen. Ich will sie häufiger fragen, ob sie Lust haben, mit mir Fußball zu spielen.
Mir soll es endlich wieder besser gehen.	Dieses Ziel ist u. a. nicht messbar. Auch zur Aufrechterhaltung der Motivation ist es wichtig, dass (Zwischen-)Ziele überprüft werden können.	In den nächsten zwei Wochen möchte ich es schaffen, jeden Morgen pünktlich aufzustehen und zur Schule zu gehen.
Ich soll hier in der Therapie lernen, nicht immer so auszurasten.	Dieses Ziel ist u. a. nicht attraktiv. Für die Kinder und Jugendlichen selbst muss der Nutzen und der Bezug auf eine Minderung der eigenen Belastung deutlich werden. Fremdbestimmte Aufträge sollten daher auf eine eigene Motivation hin untersucht werden. Auch eine positive Formulierung kann die Motivation zur Zielerreichung erhöhen.	Damit es zwischen mir und meinen Eltern wieder weniger Streit gibt, möchte ich lernen, besser mit meiner Wut umzugehen, mich zum Beispiel erst zu beruhigen bevor ich auf etwas reagiere.
Ich möchte das traumatische Ereignis vergessen.	Dieses Ziel ist u. a. nicht realistisch. Ziele sollten tatsächlich erreichbar und im Einflussbereich der eigenen Person liegen. Bei dem Wunsch nach Vergessen bietet es sich an, zu erfragen, was genau anders wäre, wenn die Kinder oder Jugendlichen das Ereignis vergessen hätten. Würden sie vielleicht wieder besser schlafen? Mehr Freund*innen treffen? Darüber hinaus könnte auf eine Integration in die Lebensgeschichte abgezielt werden, im Sinne eines posttraumatischen Wachstums.	Ich möchte lernen, dass mich das traumatische Ereignis nicht für immer einschränkt und definiert, sondern ich daran auch wachsen kann.
Ich will keine Angst mehr haben.	Dieses Ziel ist u. a. nicht terminiert. Zwischenschritte sind hier besonders wichtig, um bereits kurzfristig erzielbare Erfolge zu verdeutlichen. Welche beängstigenden Situationen, Orte o. ä. sollen wann wieder aufgesucht werden?	In der nächsten Woche möchte ich in mindestens vier Nächten in meinem eigenen Bett schlafen.

Alle dargelegten Äußerungen erfüllen mehr als nur ein SMART-Kriterium nicht. Zur Veranschaulichung wurde jeweils eine Schwierigkeit herausgegriffen. Zusammengenommen könnte ein Ziel, das allen SMART-Kriterien entspricht, beispielsweise wie folgt lauten:

»In der nächsten Woche (terminiert) möchte ich jeden Tag zur Schule gehen (spezifisch, messbar, realistisch), damit ich meine Freund*innen wieder regelmäßig sehe (attraktiv).«

Diese spezifische Formulierung soll ermöglichen, dass die Zielerreichung im Laufe der Behandlung, bestenfalls von allen Beteiligten, evaluiert und besprochen werden kann (In-Albon, Christiansen & Schwenck, 2020).

6.2.4 Methoden und Vorgehen

An die Festlegung der Therapieziele schließt sich die konkrete Planung des therapeutischen Vorgehens an. Dies umfasst eine Auswahl von passenden Therapiebausteinen und Methoden. Orientieren sollte sich die Auswahl an der Fallkonzeptualisierung sowie empirischen Wirksamkeitsbelegen. Innerhalb der verschiedenen therapeutischen Fachkunden bestehen unterschiedliche Schwerpunktsetzungen und Herangehensweisen. Zentrale Therapiebausteine für die verhaltenstherapeutische Behandlung werden im nachfolgenden Kapitel (▶ Kap. 6.3) vorgestellt.

Es lässt sich festhalten, dass das therapeutische Vorgehen an den Einzelfall, das Alter und die kognitiven Voraussetzungen angepasst werden sollte. Die Behandlung sollte außerdem die zentralen Wirkfaktoren nach Grawe (1995) fokussieren: Die Ressourcenaktivierung, Problemaktualisierung, motivationale Klärung und Problembewältigung. Hinzu kommen die therapeutische Allianz sowie für die Kinder- und Jugendlichenpsychotherapie die Einbindung von Eltern oder anderen Bezugspersonen. Angewandt auf die Behandlung von Traumafolgestörungen kann das bedeuten:

Therapeutische Allianz: Die therapeutische Beziehung und ein gelungenes Arbeitsbündnis sind unverzichtbar für eine erfolgreiche Behandlung, insbesondere bei Kindern und Jugendlichen, die nach traumatischen Erlebnissen ein großes Bedürfnis nach Trost und Schutz aufweisen. Korrigierende Beziehungserfahrungen können dysfunktionale Interaktionsmuster aufbrechen.

Ressourcenaktivierung: Zur Bearbeitung der traumatischen Ereignisse müssen sich betroffene Kinder und Jugendliche ausreichend sicher und selbstwirksam fühlen. Hierfür spielen eigene Fähigkeiten, Interessen und die Motivation eine große Rolle, aber auch die soziale Unterstützung und die reale Sicherheit im Umfeld. Vorhandene Ressourcen sollen aufgezeigt oder ausgebaut werden, hierzu zählen u.a. Stabilisierungsübungen und Sicherheitsstrategien.

Motivationale Klärung: Ein gemeinsames multifaktorielles Störungsmodell soll zum besseren Verständnis der Störungsentwicklung und -aufrechterhaltung beitragen. Eigene Ziele und Werte sollen erarbeitet werden, um hierdurch eine positive Perspektive zu kreieren und die Eigenverantwortung zu erhöhen. Beispielsweise können Kinder und Jugendliche aus ihrer »Opferrolle« schlüpfen und ihren Einfluss auf ihre weitere Lebensführung, die Erreichung persönlicher Lebensziele und die Bewältigung zentraler Entwicklungsaufgaben zurückgewinnen.

Problemaktualisierung: Die Problemaktualisierung als unmittelbares Erfahren der eigenen Probleme kann bei Traumafolgestörungen durch ausgeprägtes verhaltensbezogenes oder kognitives Vermeidungsverhalten sowie dissoziative Zustände eingeschränkt werden. Nicht nur die traumatischen Erfahrungen und damit assoziierten Einschränkungen müssen jedoch thematisiert werden, auch dysfunktionale Interaktionsmuster und aufrechterhaltende Bedingungen beispielsweise durch die Bezugspersonen stehen einer Genesung häufig im Weg.

Problembewältigung: Die Verarbeitung der traumatischen Erfahrungen ist essenziell für den Behandlungserfolg. Durch sie erlangen die Kinder und Jugendlichen ein Kontrollerleben über ihre Emotionen und ihr Verhalten zurück. Weiterhin sind die Interaktions- und Beziehungsfähigkeiten zu berücksichtigen und gegebenenfalls zu bearbeiten.

Einbindung von Bezugspersonen: Die soziale Unterstützung durch enge Bezugspersonen ist für die Genesung von traumatisierten Kindern und Jugendlichen wichtig und wird auch in den Leitlinien empfohlen (Rosner, Gutermann et al., 2019). Zu den traumaspezifischen Themen, die häufig zu bearbeiten sind, zählen Selbstanklage und Schuldgefühle von Eltern, überbehütendes oder stark konfrontierendes Verhalten sowie die ausgelöste Belastung der Bezugspersonen.

6.3 Therapiebausteine

Verfahrensübergreifend verlaufen die meisten Behandlungen von Traumafolgestörungen in drei Phasen ab: der Phase der Stabilisierung, in welcher das Kontrollerleben über das eigene Erleben und Verhalten zurückerlangt und das Empfinden einer Überwältigung durch die traumatischen Erinnerungen und verbundenen Emotionen reduziert werden soll, der Phase der Traumabearbeitung, in der das Vermeidungsverhalten abgebaut und die kognitive und emotionale Verarbeitung der traumatischen Ereignisse stattfinden kann und zuletzt der Phase der Integration der Erlebnisse in die Lebensgeschichte, das Selbstkonzept und die Zukunftsperspektiven. Die nachfolgend kurz dargelegten, ausgewählten Therapiebausteine lassen sich den drei Phasen zuordnen, werden aber auch in anderen Phasen aufgegriffen und ergänzt.

6.3.1 Phase der Stabilisierung

Therapiebaustein: Psychoedukation und Störungsmodell

Zentrale Ziele:

- Vermittlung von Wissen zu Traumafolgestörungen, eines individuellen Störungsmodells und des weiteren Behandlungsrationals, um so eine partizipative Behandlungsplanung zu ermöglichen
- Reduktion von Befürchtungen, der Selbststigmatisierung und des Vermeidungsverhaltens
- Vermittlung einer positiven Perspektive und Erhöhung der Therapiemotivation

Zu Beginn jeder Behandlung sollten den Kindern oder Jugendlichen und ihren Eltern oder anderen Bezugspersonen wichtige Informationen über das Störungsbild im Allgemeinen und den individuellen Fall im Speziellen vermittelt werden. Hierbei bietet es sich an, in einem ersten Schritt bereits bestehendes Wissen oder Vorannahmen zu erfassen, anschließend bestehende Fragen der Kinder oder Jugendlichen und ihrer Bezugspersonen zu sammeln und diese Themen ggf. zu ergänzen. Von zentralem Interesse sind störungsspezifische Kernsymptome, Auswirkungen auf die Lebensführung und Entwicklung, auslösende und aufrechterhaltende Faktoren (insbesondere auch Vermeidung als Teil der Kernsymptomatik), wissenschaftliche Erkenntnisse zum Verlauf und zur Behandlung. Zwischen der beschriebenen Symptomatik und den Situationen, in denen sie vermehrt auftritt, sollte wenn möglich ein Bezug hergestellt und Triggerreize in diesen Situationen identifiziert werden. Eine ausführliche Psychoedukation und Vermittlung des Störungsmodells kann in diesen Fällen bereits zur Entlastung und Entstigmatisierung beitragen.

Zu Beginn der Behandlung werden Begriffe wie z. B. »Trauma« erklärt. Es sollten Begriffe festgelegt werden, welche die Gewalterfahrungen als solche eindeutig einordnen, durch die Kinder und Jugendlichen selbst jedoch auch angenommen werden können. So erstreckt sich das Vermeidungsverhalten häufig auch auf die Kommunikation über die traumatischen Ereignisse, die daher z. B. als »der Vorfall«, »die Sache mit meinem Vater« sehr allgemein beschrieben werden. Eine konkrete Benennung der Erfahrungen, beispielsweise als sexuelle Gewalt, trägt zur Enttabuisierung und zur eindeutigen Schuldzuschreibung bei. So wird vermittelt, dass über die Erfahrung gesprochen werden darf und die behandelnde Person keine Hemmungen oder eigenen Befürchtungen hat, über sie zu sprechen.

> **Merke**
>
> Der verbreitete Begriff des sexuellen Missbrauchs wird ebenfalls kritisiert, da er suggerieren könnte, dass es einen legalen oder angemessenen sexuellen »Gebrauch« von Kindern und Jugendlichen gibt.

Die Symptome der Traumafolgestörung werden häufig als beschämend, beängstigend und unkontrollierbar erlebt. Nicht selten werden die traumatischen Erfahrungen verharmlost und die eigene Symptomatik als Schwäche erlebt. Aus diesem Grund ist es wichtig, die Funktionalität der körperlichen und psychischen Traumareaktion als »Überlebensreaktion« zu erklären. Ziel ist es, die Stressreaktion zu normalisieren, um Unsicherheit, Ängste und Scham bezogen auf die eigene Symptomatik zu reduzieren. Als Leitsatz sollte vermittelt werden, dass die Symptome eine normale Reaktion auf eine unnormale Erfahrung darstellen.

> **Die Schrankmetapher: Vermittlung eines Behandlungsrationals (nach Lühr, Zens & Müller-Engelmann, 2021)**
>
> « Stell dir mal einen großen Kleiderschrank vor. Welche Farbe hat er? Wie viele Türen gibt es? Super. Wir können uns unser Gedächtnis vorstellen wie einen solchen Kleiderschrank, in dem alle Erinnerungen einsortiert werden, die Erlebnisse selbst, aber auch die Gefühle, Gerüche, alle Eindrücke der Momente, die wir erleben. Diese Erinnerungen können wir aus dem Schrank herausholen und betrachten, wann immer wir möchten. Wenn wir ein traumatisches Erlebnis erfahren, ist es nicht möglich, die Erlebnisse richtig zu verarbeiten, also in unseren Erinnerungsschrank einzusortieren. Sie werden einfach in den Schrank geschmissen, ganz zerknittert und so, dass der Schrank sich kaum noch schließen lässt. Wird er geöffnet oder ist man bloß etwas unaufmerksam, fallen alle Erinnerungen der Erlebnisse wieder heraus, ohne dass man das verhindern mag. Manchmal kommen alle Eindrücke der traumatischen Erlebnisse auf einen hinab geprasselt, die Gefühle, die man in den Momenten hatte, Gerüche oder weitere Wahrnehmungen. Natürlich kann man alles wieder so schnell wie möglich zurück in den Schrank werfen und sich immerzu davorstellen, ihn zudrücken mit aller Kraft. Das wird ziemlich anstrengend auf lange Zeit. Es gibt noch einen anderen Weg. In der Traumatherapie kann man den Schrank öffnen, alle Erinnerungen herausholen und nacheinander in den Schrank einsortieren. Aufräumen ist mühsam und kostet viel Zeit, oder? Du kannst dir vorstellen, dass sich das vielleicht erst einmal unangenehm anfühlt, schließlich sind mit den Erinnerungen viele Gefühle wie Angst und Hilflosigkeit verbunden. Im Anschluss aber kann man den Schrank schließen, wann immer man möchte und hat alleine die Kontrolle darüber, wann und wie er geöffnet wird.«

Therapiebaustein: Aufbau von Fertigkeiten im Umgang mit traumassoziierten Symptomen und zur Herstellung von Sicherheit

Zentrale Ziele:

- Verbesserung der Identifikation und Verbalisierung von Emotionen
- Vermittlung eines funktionalen Umgangs mit Emotionen und Stress, Intrusionen und Flashbacks
- Vermittlung von Strategien zur Regulation starker Anspannungszustände

Die Verbesserung der emotionalen Fertigkeiten soll dazu führen, dass Kinder und Jugendliche mit Traumafolgestörungen ihre Gefühlszustände besser wahrnehmen, unterscheiden und beeinflussen können. Übergreifend soll ein Kontrollerleben gefördert werden, das die Kinder und Jugendlichen auch für die darauffolgenden Schritte der Traumabearbeitung vorbereitet.

Insbesondere bei jüngeren Kindern sollte eine Psychoedukation zu Gefühlen erfolgen, in der vermittelt werden sollte, dass alle Gefühle einen evolutionären Nutzen haben, wie man sie unterscheiden kann und wie sie genannt werden. Ein spielerischer Zugang, z. B. durch Gefühlsmemory, Gefühlspantomime u. Ä. bietet sich an. Gefühlszustände sollten normalisiert und entpathologisiert werden und ihr Zusammenhang zu auslösenden Situationen (inklusive deren Bewertungen) und Körperreaktionen dargestellt werden.

Auslöser für Stress im Alltag können gesammelt und gegebenenfalls verhindert oder verringert werden. Möglichkeiten zur Entspannung bzw. zum Anspannungsabbau im Alltag sollten gemeinsam identifiziert werden, beispielsweise Spaziergänge, sportliche Aktivitäten, Malen, Handarbeiten, entspannende Musik hören.

Beispiele für Stabilisierungsübungen

Die Baumübung (nach Reddemann, 2016): Im Sitzen und bei festem Kontakt der Füße zum Boden werden Kinder und Jugendliche angeleitet, sich eine angenehme landschaftliche Umgebung und darin einen weit verzweigten, tief verwurzelten Baum vorzustellen. Es wird imaginiert, mit diesem Baum eins zu werden oder seine Kraft in sich aufzunehmen. Im Hinblick auf die Wurzeln und die Krone des Baumes wird reflektiert, welche Energiequellen man selbst hat oder haben möchte.

Die Tresorübung (nach Krüger, 2018): Es wird ein Geldschrank oder Tresor imaginiert, der eine komplizierte Verschlusstechnik hat. Zur Vereinfachung kann der Tresor auch gemalt oder gebastelt werden. Beim Aufkommen intensiver Emotionen können diese vorerst weggeschlossen werden. Die Selbstinstruktion »Wut (o. Ä.), du störst jetzt. Ich kümmere mich später um dich. Ich packe dich in den Tresor und schließe ihn zu.« kann Kindern helfen, sich von den Emotionen zu distanzieren.

Der sichere Ort und der innere Wohlfühlort (nach Reddemann, 2016): Ein individueller Ort, an dem sich Personen wohl und sicher fühlen, wird imaginiert. Dieser Vorstellungsort soll aufgesucht werden, um Ruhe zu finden, unangenehme Empfindungen sollen von ihm ferngehalten werden. Die Anreise an diesen Ort kann durch einen fliegenden Teppich, eine Rakete, einen großen Vogel oder einen Wal stattfinden, einige Kinder und Jugendliche mögen sich vielleicht lieber selbst dorthin »zaubern«. Der sichere Ort wird anschließend getarnt und die »Grenzen« werden gesichert, um das Gefühl der Sicherheit zu verstärken.

Die 5–4–3–2–1 Übung (nach Dolan, 1991): Bei dieser Achtsamkeitsübung werden gezielt fünf Dinge aus der Umgebung, welche die Person gerade sehen kann, wahrgenommen und laut ausgesprochen oder leise im Kopf verbalisiert, anschließend fünf Dinge, welche die Person hören kann und fünf Dinge, die sie spüren kann. Diese drei Schritte werden dann mit vier, drei, zwei Dingen und schließlich einer Wahrnehmung wiederholt. Die Übung eignet sich besonders gut zur Unterbrechung von dissoziativen Zuständen. Zahlreiche Abwandlungen sind möglich, beispielsweise durch das Aufzählen von Gegenständen einer bestimmten Farbe in der Umgebung.

Zur Regulation besonders ausgeprägter Hochanspannungszustände kann die Vermittlung von sogenannten Stresstoleranzskills, ursprünglich bekannt aus der Dialektisch-behavioralen Therapie (DBT) (Linehan, 1987), nützlich sein. Nach einer Einschätzung des situativen Anspannungs- bzw. Belastungsniveaus wird ein entsprechend »intensiv« wirkender Stresstoleranzskill ausgewählt. Daraufhin werden weitere Skills in absteigender Intensität eingesetzt, bis die Anspannung auf einem angenehmen Niveau ist. Diese Aneinanderreihung von Skills (auch »Skillskette« oder »Chaining« genannt) sollte als feste Anordnung eingeübt werden und jederzeit umsetzbar sein.

Beispiele für Stresstoleranzskills bei hoher Anspannung und Dissoziation

- Brause oder Brausetabletten lutschen
- Saures Kaubonbon (z. B. Center Shocks) lutschen/kauen
- Ammoniak Riechstäbchen
- Wärmepflaster oder Coolpack/Eisbeutel
- Zitronensaftkonzentrat trinken oder eisgekühlt lutschen
- Tabasco/Wasabi Bonbons/Chilibonbons
- Liegestütz, Liegestützsprünge (Burpees) oder andere Sportübungen machen
- Kronkorken, Steine auf die Haut drücken, in den Schuh legen
- Akupressurringe
- Stress-/Knet- oder Massage-/Akupressurbälle
- Wechselduschen, Eistauchen

Ebenfalls aus der DBT stammend, können Tagebuchkarten zur täglichen Protokollierung des Befindens der Kinder und Jugendlichen nützlich sein. Hierin können Befindlichkeit, Belastungsgrad, die Ausprägung von Suizidalität und Dissoziation eingeschätzt und selbstschädigendes Verhalten, Aggressivität, Affektdurchbrüche, problematisches Essverhalten und Substanzkonsum festgehalten werden. Die im DBT-A Manual beschriebenen Verhaltensprotokolle (Merod, 2020) können zum Verständnis und zur Vorbeugung von dysfunktionalen Verhaltensweisen genutzt werden.

Exkurs: Dissoziative Symptome in der Traumabehandlung

Diese Skills können auch im Umgang mit Dissoziationen eingesetzt werden. Die Kinder und Jugendlichen sollten lernen, individuelle Frühwarnzeichen von dissoziativen Zuständen zu beobachten. Erste Hinweise auf dissoziative Symptome können Gefühle der Unwirklichkeit, Abwesenheit oder Veränderungen in der Zeitwahrnehmung sein. Bei zunehmender Intensität wird die Wahrnehmung und der Kontakt zum »Hier und Jetzt« verloren. Vereinzelt können Kinder und Jugendliche nicht mehr auf Ansprache reagieren.

Dissoziative Symptome zeigen in Erwachsenenstichproben negative Zusammenhänge zur Effektivität traumafokussierter Interventionen (Hagenaars, van Minnen & Hoogduin, 2010; Wolf et al., 2016). Daher wird im Hinblick auf die Behandlung einer PTBS mit dissoziativen Symptomen oder gar einer komorbiden dissoziativen Störung empfohlen, die Behandlung um spezifische Interventionen, die auf die Reduktion der dissoziativen Symptome abzielen, zu ergänzen (Augsburger et al., 2019; International Society for the Study of Trauma and Dissociation, 2011). Die Stabilisierungsphase und die Vermittlung von Strategien zum Umgang mit den Symptomen sollte besondere Bedeutung erfahren. Vorbeugend können betroffene Kinder und Jugendliche frühe Hinweise auf dissoziative Symptome wahrnehmen lernen, um entsprechend gegenzuwirken. Zudem können sie darauf achten, regelmäßig und ausreichend zu essen, zu trinken und zu schlafen, um die Wahrscheinlichkeit von Dissoziationen zu verringern. Möglichkeiten zum Umgang mit Dissoziationen während den Therapiesitzungen sind neben antidissoziativen Skills (s. o.) das Ansprechen mit dem Vornamen, lautes Sprechen und das Erzeugen lauter Geräusche bspw. durch Händeklatschen. Sie können die Kinder und Jugendlichen auffordern, ihre Aufmerksamkeit auf Sinneseindrücke in der Umgebung zu richten und/odersich im Raum zu bewegen (Ehring, 2013). Von zentraler Bedeutung sind zudem »erdende« Übungen, beispielsweise das Einnehmen einer fest mit dem Boden verbundenen Körperhaltung. Für viele Betroffene ist es hilfreich, ihre Schuhe dabei auszuziehen.

Eine große Belastung stellen zudem intrusive Gedanken und Erinnerungen sowie Flashbacks der traumatischen Ereignisse dar. Diese sind auch mit starken Emotionen wie beispielsweise Ekel, Scham, Schuld oder Selbsthass assoziiert. Im Alltag begegnen die Kinder und Jugendlichen häufig eigentlich ungefährlichen Hinweisreizen, welche sie an die traumatischen Erfahrungen erinnern. Diese Hinweisreize werden Trigger genannt, weil sie eine umfangreiche emotionale, kognitive und körperliche »Traumareaktion« auslösen können. Trigger können recht spezifisch sein, z. B. der Geruch eines bestimmten Rasierwassers, oder auch sehr unspezifisch, z. B. laut schreiende Kinder, Polizeisirenen. Hieran wird deutlich, dass es im Alltag nicht möglich ist, die Begegnung mit jeglichen Triggerreizen zu vermeiden. Ist es nicht möglich, den Triggerreizen aus dem Weg zu gehen (Stimuluskontrolle), kann ein Diskriminationstraining helfen: Hierbei werden Gemeinsamkeiten und Unterschiede zwischen den traumatisierenden Erlebnissen in der Vergangenheit und den gegenäwrtig erlebten Situationen identifiziert. Die Kinder und Jugendlichen können lernen, ihre Aufmerksamkeit bei Begegnung mit Triggerreizen auf die festgestellten Unterschiede zu lenken, um ein größeres Erleben von Sicherheit zu unterstützen.

6.3.2 Phase der Traumabearbeitung

Therapiebaustein: Kognitive Verarbeitung

Zentrale Ziele:

- Reduktion dysfunktionaler Kognitionen und Vermittlung hilfreicher Kognitionen
- Förderung günstiger Grundannahmen
- Entwicklung einer positiven Perspektive auf die Zukunft
- Aufbau eines positiven Selbstbilds

Ungünstige Überzeugungen, die sich als Reaktion auf das Erleben traumatischer Erfahrungen herausbilden, werden als dysfunktionale traumabezogene Kognitionen bezeichnet.

Häufige dysfunktionale Kognitionen der betroffenen Kinder und Jugendlichen können vereinfacht beschrieben werden als:

- Ich bin ohnmächtig, schwach und schutzlos.
- Ich kann nicht verhindern, dass mir Schreckliches passiert.
- Ich bin (mit) schuld an dem, was passiert ist.
- Ich bin beeinträchtigt und beschädigt für den Rest meines Lebens.
- Ich bin beschmutzt, habe meine Würde verloren.
- Die Welt ist/Menschen sind gefährlich, unvorhersehbar.
- Meine Zukunft ist zerstört oder verloren.
- Meine Kindheit wurde gestohlen oder zerstört.

Diese dysfunktionalen Kognitionen werden als ›fragile person in a scary world‹ und ›permanent and disturbing change‹ zusammengefasst (de Haan et al., 2016). Ähnliche Überzeugungen treten bei den Eltern und weiteren Bezugspersonen in Bezug auf die traumatischen Erlebnisse ihrer Kinder auf (Tutus & Goldbeck, 2016). Die Bearbeitung dieser Überzeugungen bei betroffenen Kindern und Jugendlichen und ihren Bezugspersonen stellt ein zentrales Ziel der kognitiv-verhaltenstherapeutischen Traumabehandlung dar, denn einige Studien zeigen, dass sie beeinflussen, ob Kinder und Jugendliche nach traumatischen Ereignissen längerfristige Beeinträchtigungen aufweisen und eine PTBS entwickeln (Meiser-Stedman et al., 2009).

Im Rahmen der Traumabehandlung können diese dysfunktionalen Kognitionen der Kinder und Jugendlichen sowie ihrer Bezugspersonen positiv beeinflusst (Tutus et al., 2021) und hierdurch Symptomreduktionen erreicht werden (Jensen et al., 2018).

Hierzu können verschiedene Techniken aus der kognitiven Verhaltenstherapie, metakognitiven Therapie oder Schematherapie eingesetzt werden. Der wechselseitige Einfluss von Kognitionen, Emotionen und Reaktionen in auslösenden Situationen (die sogenannte kognitive Triade) sollte zunächst vermittelt werden. Die Identifikation und Bearbeitung von sogenannten *stuck points* oder *Hängepunkten*, d. h. dysfunktionalen Überzeugungen, die eine Verarbeitung des traumatischen

Erlebnisses verhindern, ist ein Schwerpunkt der Cognitive Processing Therapy (König, Resick, Karl & Rosner, 2012). Hierzu werden *Impact Statements* verfasst, also Berichte über die Auswirkungen des traumatischen Erlebnisses auf ihre Überzeugungen in den Lebensbereichen Sicherheit, Vertrauen, Kontrolle, Selbstwert und Nähe/Intimität. Aus diesen Berichten werden dann die persönlichen Hängepunkte abgeleitet, die mit klassischen kognitiven Methoden bearbeitet werden.

Die Bearbeitung dysfunktionaler Kognitionen richtet sich auch danach, welche Überzeugungen bei den betroffenen Kindern und Jugendlichen zentral am Leidensdruck und der Aufrechterhaltung ihrer Symptomatik beteiligt sind:

- Negative Grundüberzeugungen über die eigene Person (z. B. »Ich bin schwach«): Erarbeiten von Stärken und persönlichen Ressourcen, bereits bewältigten Herausforderungen, Unterstützung in der Autonomieentwicklung durch den Aufbau selbstwertförderlicher Erfahrungen
- Dysfunktionale Annahmen über die Zukunft (z. B. ausgeprägtes Sorgen, Grübeln): Einführen einer begrenzten Sorgen- und Grübelzeit oder eines Sorgentagebuchs, das eine spätere Überprüfung katastophisierender Annahmen ermöglicht, Befürchtungen zu Ende denken
- Ungünstige Interpretationen der Auslöser traumatischer Situationen (z. B. »Ich bin schuld«, »Polizeibeamte sind gefährlich«): Erarbeiten von Alternativbewertungen z. B. durch Erfragen, wie andere Personen die Situation bewerten würden, Überprüfung dysfunktionaler Annahmen in aktuellen Situationen
- Befürchtungen im Hinblick auf die Symptomatik (z. B. »Ich kann die Erinnerungen nicht ertragen«, »Es wird mir nie besser gehen«: Körperliche und emotionale Reaktionen auf die Begegnung mit traumaassoziierten Hinweisreizen oder der Erinnerung an die traumatischen Erlebnisse können durch Kinder und Jugendliche und als gefährlich oder unerträglich bewertet werden. Die Überbewertung von einzelnen Symptomen und ihrer zeitlichen Dauer kann entscheidend zur Aufrechterhaltung beitragen, z. B., wenn der Schulbesuch vermieden wird, wenn morgens einzelne Hinweise auf eine ängstliche Symptomatik verspürt werden und daher angenommen wird, dass bei Schulbesuch eine Panikattacke entstehe. Psychoedukativ sollte vermittelt werden, welche Funktionalität die ausgelösten Angstreaktionen haben, dass sie selbst keine Gefahr darstellen, sondern eine überaktive Warnfunktion darstellen und dass sie ohne Beitun wieder abnehmen (Habituation). Die guten Aussichten einer Spontanremission der Symptomatik oder einer erfolgreichen Behandlung können besprochen werden. Durch das Durchführen der Traumakonfrontation können die Kinder und Jugendlichen erleben, dass sie die Exposition und das einhergehende unangenehme Erleben aushalten können.
- Dysfunktionale metakognitive Überzeugungen (z. B. Gedanken-Handlungsfusion wie »Das ist passiert, weil ich darüber nachgedacht habe« oder magisches Denken): Durch metakognitive Techniken kann eine Differenzierung und Distanzierung von Kognitionen erreicht werden, sodass diese möglichst bewertungsfrei wahrgenommen werden. Hier können auch Metaphern eingesetzt werden (▶ Kasten).

> **Hilfreiche Metaphern aus der Metakognitiven Therapie (nach Simons, 2018)**
>
> *Intelligente Krankheit:* Der Zusammenhang der Symptome mit den Befürchtungen und ggf. des Vermeidungsverhaltens wird verdeutlicht.
> »Woher weiß dein Bauch, dass du dich entschieden hast, nicht zur Schule zu gehen?«
> *Ball oder Quietscheente:* Es wird verdeutlicht, dass die Unterdrückung bestimmter Gedanken dazu beiträgt, dass diese häufiger vorkommen.
> »Was passiert mit einem Ball, einem Luftballon oder einer Quietscheente, die du unter die Wasseroberfläche drückst? Was geschieht, wenn du sie noch etwas stärker unter das Wasser drückst?«
> *Telefonklingeln:* Zur Einführung der losgelösten Achtsamkeit wird vermittelt, dass Kognitionen ohne Bewertung wahrgenommen und losgelassen werden können.
> »Ich kann nicht verhindern, dass jemand mich anruft und dann mein Telefon klingelt. Ich treffe allerdings die Entscheidung darüber, ob ich rangehe oder das Telefon klingeln lasse.«
> *Tiger:* Der Unterschied von beängstigenden/ traumatischen Erlebnissen und den Gedanken oder Erinnerungen an ebensolche soll verdeutlicht werden, um die Unterdrückung und Vermeidung letzterer zu reduzieren.
> »Könntest du schlafen, wenn nachts ein hungriger Tiger in deinem Zimmer sitzen würde? Könntest du schlafen, wenn an deiner Zimmerwand ein Bild von einem Tiger hinge?«
> *Alarmanlage:* Die Traumareaktionen werden psychoedukativ vermittelt und normalisiert.
> »Es gibt einen Bereich in deinem Gehirn, der eine innere Alarmanlage darstellt. Er reagiert auf Gefahren schneller als wir denken können. Vielleicht hast du schon mal versehentlich auf eine Herdplatte gefasst? Unsere Hand zuckt schneller zurück als wir überhaupt wahrnehmen, dass wir uns verbrannt haben. Diese Alarmanlage ist seit deinem traumatischen Ereignis so eingestellt, dass du sofort Angst bekommst, wenn dich etwas daran erinnert, obwohl gar keine Gefahr besteht. Dein ganzer Körper reagiert so, als müsstest du schnell fliehen oder dich wehren.«
> *Wundheilung:* Die aufrechterhaltende Funktion des Vermeidungsverhaltens wird verdeutlicht.
> »Wenn du eine kleine Wunde hast, zum Beispiel am Knie, hast du zwei Möglichkeiten. Du kannst sie einfach so lassen und hoffen, dass sie von alleine heilt, aber vermutlich sind Bakterien reingekommen und sie wird anfangen, sich zu entzünden. Du kannst sie aber auch säubern. Du weißt vielleicht, dass das etwas unangenehm ist. Das Gute daran ist aber, dass sie danach heilt.«

Therapiebaustein: Konfrontation

Zentrale Ziele:

- Reduktion des Vermeidungsverhaltens
- Emotionale Verarbeitung der traumatischen Erlebnisse
- Reduktion von Angst und Ohnmachtserleben, Schamempfinden

Eine Konfrontation mit den traumatischen Erlebnissen ist für den Erfolg der Behandlung von zentraler Bedeutung. Diese Konfrontation beginnt bereits bei der Traumaanamnese und Diagnostik der Traumafolgestörung und wird bei der Psychoedukation fortgesetzt. Ebenfalls stellt die Erarbeitung eines individuellen Störungsmodells eine Konfrontation mit dem Erlebten und der daraus entstandenen Symptomatik dar (▶ Kap. 5.5). Die explizite kognitiv-verhaltenstherapeutische Traumakonfrontation umfasst eine emotionale Verarbeitung und eine kognitive Umstrukturierung dysfunktionaler traumabezogener Kognitionen während der Konfrontation. Traumakonfrontative Techniken reichen von der Bearbeitung traumabezogener Überzeugungen über die imaginative Exposition, die Exposition in sensu oder schließlich die Exposition in vivo (Rosner, Gutermann et al., 2019).

Dysfunktionale oder unerwünschte Kognitionen (z.B. »Ich bin hilflos«), Emotionen (z.B. Schuldgefühl) und Körperreaktionen (z.B. Herzrasen), die bei der Traumatisierung »erlernt« wurden und bei Konfrontation mit traumaassoziierten Hinweisreizen wieder erlebt werden, können korrigiert und modifiziert werden. Für dieses »Verlernen« ist ein wiederholtes Erleben und Abspeichern von funktionalen Gedächtnisinhalten notwendig (z.B. der Erfahrung von Bewältigbarkeit und Selbstbestimmung, der Habituation und körperlichen Regulation, sowie funktionaler Kognitionen).

Die Konfrontation mit den traumatischen Erfahrungen im Rahmen der Traumatherapie kann bei betroffenen Kindern und Jugendlichen starke negative Gefühle auslösen und zunächst abgelehnt oder vermieden werden. Die Interventionen müssen daher gut vorbereitet und vorbesprochen werden.

Bei der Durchführung von Expositionen in sensu ist zu beachten, dass auch auf kognitiver oder emotionaler Ebene eine Auseinandersetzung mit dem Trauma vermieden werden kann, während von den Erlebnissen berichtet oder von ihnen gehört oder gelesen wird. Eine Reflexion des emotionalen Erlebens und kognitiver Prozesse während der traumatischen Ereignisse sollte erfolgen. In einem zweiten Schritt sollte ein Vergleich mit der aktuellen Wahrnehmung und den heutigen Bewertungen erfolgen und Unterschiede herausgestellt werden.

Beispiel für die Einführung der Reflexion von kognitiven und emotionalen Prozessen

(Am Fallbeispiel Leonie, s.o.)
T: Leonie, in der letzten Sitzung hast du angefangen, deine Traumageschichte aufzuschreiben. Ich finde es total klasse, dass du dazu bereit bist. Wie du dich bestimmt erinnerst, habe ich dich beim Schreiben gebeten darauf zu achten, dass du die Vergewaltigung in allen Einzelheiten, an die du dich erinnerst, aufschreibst. Also das, was du gesehen, gehört, gerochen hast.
P: Ja, das war gar nicht so einfach.

> T: Das glaube ich dir. Wir haben ja schon viel darüber gesprochen, dass du dich an die Vergewaltigung am liebsten gar nicht so genau erinnern möchtest. Weißt du noch, warum es wichtig ist, dass du das so detailliert aufschreibst und erzählst?
> P: Sie haben mir erklärt, dass das wie bei einem Luftballon ist, den man unter Wasser drückt. Also dass es nicht klappt, wenn man versucht, bestimmte Sachen zu vermeiden, oder eben etwas woran man sich erinnert.
> T: Das hast du toll zusammengefasst. Super. Heute wollen wir versuchen, auch noch die Gedanken und Gefühle, die du während der Vergewaltigung hattest, in deine Geschichte aufzunehmen. Ich helfe dir gerne dabei. Wenn du einverstanden bist, liest du das, was du bisher aufgeschrieben hast, Satz für Satz vor. Ich bitte dich dann jedes Mal, zu überlegen, ob du in diesem Moment damals etwas gedacht hast und wie du dich gefühlt hast. Okay?
> P: In Ordnung.

Bei der Vorbereitung von Expositionsübungen in vivo sollte die Differenzierung von gefährlichen und ungefährlichen Situationen erarbeitet werden, um zukünftig keine Wiederholung traumatisierender Erfahrungen durch das Aufsuchen tatsächlich gefährlicher Situationen zu riskieren. Bei der Auswahl der aufzusuchenden Situationen sollte nach Erstellen einer Angsthierarchie zunächst eine alltagsnahe, umsetzbare Situation im mittleren Angstniveau ausgewählt werden.

6.3.3 Phase der Integration

Therapiebaustein: Elternzentrierte Interventionen

Zentrale Ziele:

- Verbesserung der Eltern-Kind-Beziehung
- Vermittlung von Erziehungs- und Problemlösefertigkeiten für Eltern/Bezugspersonen
- Vermittlung, dass eine Kommunikation über die traumatischen Erfahrungen möglich ist
- Reduktion von dysfunktionalen traumabezogenen Kognitionen und Belastungen bei den Eltern/Bezugspersonen

Die Symptomatik von betroffenen Kindern und Jugendlichen ist mit der Belastung ihrer Eltern oder anderen nahen Bezugspersonen assoziiert. Häufig haben Eltern die gleichen traumatischen Erfahrungen wie ihre Kinder erlebt oder zusätzliche eigene potenziell traumatisierenden Erlebnisse (Tutus & Goldbeck, 2016). Es gibt Hinweise darauf, dass eine ausgeprägte Symptomatik der Eltern sich ungünstig auf die Genesung der Kinder auswirken kann (de Roos et al., 2021). Auch können die Erziehungsfertigkeiten von stark belasteten Eltern eingeschränkt sein (Cobham & McDermott, 2014).

Es empfiehlt sich, dass Eltern (oder andere wichtige Bezugspersonen) in alle Therapiephasen und Behandlungsbausteine miteinbezogen werden, sodass sie die Kinder und Jugendlichen im Anschluss an die Therapiesitzungen und die Gesamtbehandlung bei der Durchführung und Aufrechterhaltung der erworbenen Strategien unterstützen können und gegebenenfalls Maßnahmen zur Rückfallprophylaxe einleiten.

Therapiebaustein: Aufbau sozialer und weiterer spezifischer Fertigkeiten

Zentrale Ziele:

- Aufbau von Problemlösungs- und sozialen Fertigkeiten
- Training kommunikativer Kompetenzen
- Reduktion dysfunktionaler Interaktionsmuster
- Vermittlung von Strategien zur Verbesserung der eigenen Sicherheit zur Erhöhung der Selbstwirksamkeit

Ein ausgeprägtes Vermeidungsverhalten, das auch soziale Aktivitäten verhindert oder einschränkt, kann den Erwerb von sozialen Kompetenzen im Kindes- und Jugendalter langfristig behindern. Aus diesem Grund kann die Förderung sozialer Fertigkeiten die Anpassungsfähigkeiten und somit auch die Lebensqualität von Kindern und Jugendlichen mit Traumafolgestörungen verbessern. Soziale Kompetenzen können beispielsweise in Rollenspielen praktisch eingeübt werden.

Eine besondere Herausforderung stellt die Verbesserung des eigenen Sicherheitserlebens dar. Das Empfinden von Selbstwirksamkeit und Kontrolle kann durch traumatische Erfahrungen gestört werden. Daher kann besprochen werden, welche Maßnahmen ergriffen werden können, um auch in schwierigen oder riskanten Situationen, beispielsweise bei Grenzüberschreitungen durch andere Menschen, handlungsfähig zu bleiben und zur eigenen Sicherheit beizutragen. Selbstverteidigungstechniken können eingeübt und Strategielisten und Notfallpläne für spezifische Situationen oder Kontakte können gemeinsam zusammengestellt werden. Hierauf können beispielsweise die Kontaktadressen der Polizei und weiterer Notfallkontakte stehen, inklusive klar definierter Kriterien für deren Kontaktierung, Möglichkeiten zur Schaffung von äußerer Sicherheit und Aktivierung von Unterstützung durch unbeteiligte Personen. Da bei vielen Kindern Hemmungen bestehen, tatsächlich beispielsweise die Polizei anzurufen, kann das konkrete Vorgehen in Rollenspielen eingeübt oder tatsächlich ausprobiert werden. Es sollte hierbei darauf geachtet werden, den Kindern und Jugendlichen oder ihren Bezugspersonen nicht zu suggerieren, das Erleben der traumatischen Erfahrungen in der Vergangenheit hätte durch sie verhindert werden können oder sollen.

6.4 Umgang mit schwierigen Therapiesituationen

In der psychotherapeutischen Behandlung von Traumafolgestörungen können sich einige herausfordernde Situationen ergeben. Im Folgenden sollen häufig vorkommende schwierige Therapiesituationen dargestellt werden und Möglichkeiten zum Umgang mit diesen angeführt werden.

6.4.1 Amnesie: Die Kinder oder Jugendlichen haben unvollständige Erinnerungen

Es kann vorkommen, dass Kinder und Jugendliche keine oder unvollständige Erinnerungen an das traumatische Erlebnis angeben. Die Möglichkeit, dass es sich auch um eine Vermeidung der Auseinandersetzung mit dem Erlebten oder die Unfähigkeit, Worte für das Erlebte zu finden, handeln könnte, sollte dabei berücksichtigt werden. Im Fall einer tatsächlichen Amnesie können Kinder und Jugendliche durch eine Psychoedukation entlastet werden, da die Amnesie für sie möglicherweise mit Befürchtungen einhergeht. Hinsichtlich der Behandlung kann bei dem vorhandenen Wissen der Kinder und Jugendlichen angesetzt werden. Dabei kann es sich auch um Berichte von anderen Personen, Zeitungsartikeln oder Ermittlungsakten handeln, die durch die Behandlung in ein kohärentes Geschehen zusammengefasst und in die Lebensgeschichte der Kinder und Jugendlichen integriert werden (Fornaro, Szesny-Mahlau & Unterhitzenberger, 2023). Um mögliche implizite Erinnerungen zu explorieren, können zum einen die Ränder der Erinnerungslücke erkundet werden (z. B. »Was ist das Letzte/Erste, was du vor/nach der Erinnerungslücke noch weißt?«) und zum anderen Wahrnehmungen aus anderen Sinneskanälen (z. B. Gerüche, einzelne Erinnerungsbilder) berücksichtigt werden (Fornaro et al., 2023). Es ist hierbei darauf zu achten, Kinder nicht auf eine konkrete Rekonstruktion zu drängen oder suggestive Fragen zu stellen.

6.4.2 Vermeidung: Die Kinder oder Jugendlichen vermeiden die Konfrontation

Ausgeprägtes Vermeidungsverhalten zählt zur sogenannten Symptomtrias der PTBS und ist gut nachvollziehbar in Anbetracht des häufig durch Hinweisreize oder Erinnerungen ausgelösten unangenehmen Erlebens. Vermeidung kann sich sehr unterschiedlich darstellen und ist nicht immer sofort als solche zu erkennen oder selbst bewusst intendiert: Kinder und Jugendliche können Therapiesitzungen verpassen, sich während der Therapiesitzung ablenken, Redebedarf über aktuelle Erlebnisse ohne Traumabezug in den Vordergrund stellen oder ein Gespräch über die traumatischen Erlebnisse aktiv ablehnen. So verständlich dieses Vermeidungsverhalten sein mag, stellt es doch auch einen zentralen Einflussfaktor auf die funktionelle Beeinträchtigung durch Traumafolgestörungen und die Aufrechterhaltung der

Symptomatik dar. Zudem verhindert es eine adaptive Verarbeitung und Integration der traumatischen Erinnerungen.

Das Auftreten solcher Vermeidungsstrategien kann offen und transparent angesprochen werden. Es besteht die Möglichkeit, dass es den Kindern und Jugendlichen selbst bis dahin nicht aufgefallen ist. In jedem Fall sollte Verständnis für das Bedürfnis, die Konfrontation zu vermeiden, vermittelt werden. Das Behandlungsrational kann anschließend erneut besprochen und verständlich gemacht werden, die Veränderungsmotivation durch eine entsprechende Gesprächsführung und Zielklärung erhöht werden. Im Falle aktiver Ablehnung der Konfrontation kann es hilfreich sein, den Kindern und Jugendlichen die Kontrolle über die schrittweise Bewältigung zukommen zu lassen, um nicht gegen ihre Widerstände arbeiten zu müssen und die Selbstbestimmung zu stärken. Die Kinder und Jugendlichen können z. B. festlegen, dass sie sich in den Therapiesitzungen für eine festgelegte Zeitdauer mit den traumatischen Erlebnissen auseinandersetzen, im Anschluss jedoch noch allgemeine Themen besprochen werden und eine gemeinsame Spielzeit stattfindet. Auch mit den Bezugspersonen kann vereinbart werden, dass die Kinder und Jugendlichen nicht auf die Inhalte der Therapiesitzungen oder auf die traumatischen Erlebnisse angesprochen werden, sondern von sich aus das Gespräch suchen können oder die Thematik zunächst nur in der Therapie zu besprechen. Bei unbewusst stattfindenden Vermeidungsprozessen kann mit den Kindern und Jugendlichen vereinbart werden, dass man sie darin unterstützt, indem man sie in den jeweiligen Situationen auf die Vermeidung aufmerksam macht und entsprechend gegensteuert. Bei Abschweifungen im Gespräch könnte gemeinsam ein kleines Handzeichen vereinbart werden als Hinweis, dass zurück zur Traumakonfrontation gefunden werden sollte.

Eine besondere Herausforderung stellt eine Vermeidung dar, die primär auf der emotionalen Ebene stattfindet. Die Kinder und Jugendlichen berichten von den traumatischen Erlebnissen möglicherweise ähnlich wie in einem Nachrichtenbericht, oder wie sie es bereits für eine Zeugenaussage gemacht haben, ohne Berücksichtigung der eigenen Gefühlszustände oder mit unpassendem affektivem Ausdruck. Auch hier kann es sein, dass die begrenzte Emotionalität von den Kindern und Jugendlichen selbst nicht wahrgenommen wird. Der Zugang zu dem eigenen emotionalen Erleben ist möglicherweise bereits seit längerem eingeschränkt. Diese Beobachtungen und der gewonnene Eindruck können mit den Betroffenen geteilt werden. Die Wahrnehmung von Gefühlen kann sowohl in regulären Alltagssituationen als auch in den Therapiesitzungen gefördert und intensiviert werden, indem Achtsamkeit für die körperlichen Signale für spezifische Emotionen geschaffen wird. Die Verbalisierung der bestehenden Gefühle schafft eine Möglichkeit, das eigene Empfinden zu reflektieren und es als zu bewältigend zu erleben. Hierdurch kann auch das Sicherheitserleben der Kinder und Jugendlichen gestärkt werden. Während der konkreten Traumakonfrontation kann die emotionale Verarbeitung unterstützt werden, indem...

- nach Gedanken, Gefühlen und Körperempfindungen während dem Erlebnis gefragt wird,
- aufgefordert wird, die Gefühle im Körper zu verorten und nachzuspüren,

- das Kind selbst den Taumabericht vorliest,
- den Traumabericht in der Muttersprache verfasst und vorgelesen wird.
- den Traumabericht in der Gegenwartsform wiedergegeben wird.
- den Traumabericht in der Ich-Form verfasst wird (Fornaro et al., 2023).

6.4.3 Belastung und Dissoziation: Es kommt zu ausgeprägter Belastung oder dissoziativem Erleben während oder nach der Therapiesitzung

Die Belastung unterschiedlicher traumafokussierter Therapieformen und eine Symptomverschlechterung während der Behandlung wurde von Larsen et al. (2016) untersucht. In dieser Studie zeigten zwischen 15 und 30 % der Kinder und Jugendlichen vorübergehend höhere Symptomausprägungen. Es kann demnach sein, dass insbesondere zu Beginn der Behandlung und unmittelbar vor oder während der Traumakonfrontation verstärkte Symptome berichtet werden. Es ist ratsam, diese Möglichkeit vor Beginn der Behandlung transparent anzusprechen und zu normalisieren, dass es hierdurch auch zu einem verstärkten Wunsch, die Konfrontation (und somit die Therapiesitzungen) zu vermeiden, kommen kann. Individuelle Hinweise und Anzeichen auf eine Belastung sollten vorab besprochen werden. Den Kindern und Jugendlichen sollten Strategien zur Anspannungsregulation und zur Beendigung dissoziativer Zustände (s. o.) vermittelt werden, die sie während der Therapiesitzungen, aber auch außerhalb des Therapiesettings einsetzen können. Sie sollten hierdurch in ihrer Selbstwirksamkeit zum Umgang mit einer möglicherweise eintretenden Belastung gestärkt werden.

Bei auftretenden Indikationen für eine Anpassung des Therapiesettings (z. B. eine stationäre Behandlung) können entsprechende Empfehlungen besprochen werden. Dies gilt auch für den Fall, dass sich trotz hochfrequent ambulant stattfindender traumafokussierter Therapie keine Symptomreduktion oder gar eine Verstärkung der Symptomatik zeigt.

6.4.4 Fehlen einer Bezugsperson: Es findet sich keine Bezugsperson, die an der Therapie teilnehmen kann

Die Einbindung von Bezugspersonen in die Therapie von Traumafolgestörungen bietet verschiedene Vorteile, darunter die nachhaltige Möglichkeit einer offenen Kommunikation über das Erlebte, und die Unterstützung bei der Umsetzung von in der Therapie besprochenen Strategien (z. B. zur Anspannungsregulation, Entspannung, Problemlösung).

Leider steht nicht allen Kindern und Jugendlichen, die nach interpersonellen Gewalterfahrungen oder Vernachlässigung Traumafolgestörungen entwickelt haben, mindestens eine vertrauensvolle und unterstützende Bezugsperson zur Seite. Gegebenenfalls lassen sich solche jedoch im weiteren sozialen Netzwerk rekrutieren, beispielsweise durch den Einbezug von Großeltern oder anderen Verwandten, pädagogische Fachkräfte der stationären Kinder- und Jugendhilfe o. Ä. Die Therapie kann auch ohne Einbindung von Bezugspersonen umgesetzt werden und zur Symptomreduktion und Belastung führen. Eine konsistent verfügbare Bezugsperson ist jedoch auch über die unmittelbare Therapie hinaus für Kinder und Jugendliche unerlässlich.

Eine besondere Fragestellung ergibt sich im Hinblick auf die Einbindung von Bezugspersonen, welche selbst an den Gewalt- oder Vernachlässigungserfahrungen beteiligt oder involviert waren. Die Entscheidung für oder gegen deren Therapiebeteiligung ist nur für den Einzelfall und unter Berücksichtigung der Wünsche des Kindes oder Jugendlichen zu treffen. Grundlegende Voraussetzung stellt hierbei die Sicherheit der Kinder dar.

6.4.5 Belastete Bezugspersonen: Die Eltern oder engen Bezugspersonen sind selbst stark belastet oder zeigen ungünstige Reaktionen gegenüber den Kindern

Häufig sind die Eltern oder Bezugspersonen selbst stark belastet. In diesen Fällen ist es günstig, wenn eine umfassende Unterstützung für das Familiensystem installiert wird. Eine eigene psychotherapeutische oder psychiatrische Therapie für die Bezugspersonen empfiehlt sich und kann sich günstig auf die Symptomatik der Kinder auswirken.

6.4.6 Sprachbarriere: Die Behandlung erfolgt mit Unterstützung einer Sprachmittlung

Verfügen die Kinder und Jugendlichen oder ihre Bezugspersonen noch nicht über ausreichende Deutschkenntnisse, um die Therapie auf Deutsch durchzuführen, können Sprachmittler*innen zu Hilfe gezogen werden. Leider stellen die Organisation und Finanzierung von professioneller Sprachmittlung eine Herausforderung dar.

> **Folgende Optionen bestehen zur Finanzierung der Sprachmittlung bei Geflüchteten:**
>
> - Innerhalb der ersten 18 Monate des Aufenthalts in Deutschland können die Leistungen für Sprachmittlung bei der zuständigen Sozialbehörde beantragt werden. Die Voraussetzung ist, dass ein Anspruch auf Psychotherapie besteht.
> - Nach 18 Monaten Aufenthalt werden im Regelfall Leistungen entsprechend jenen der gesetzlichen Krankenkassen nach dem Asylbewerberleistungsgesetz bezogen. Mit Verweis auf § 73 S. 1 SGB XII kann die Übernahme der Kosten für Sprachmittlung bei dem zuständigen Sozialamt beantragt werden.
> - Im Fall eines positiven Ausgangs des Asylverfahrens und fortbestehendem Bezug von Sozialleistungen können in Einzelfällen die Kosten vom Jobcenter übernommen werden.

Darüber hinaus kann auch die Durchführung der Psychotherapie unter Zuhilfenahme der Sprachmittlung herausfordernd sein. Aus diesem Grund wurden von der Bundesweiten Arbeitsgemeinschaft der Psychosozialen Zentren für Flüchtlinge und Folteropfer e.V. (BAfF) Leitlinien mit Mindestanforderungen und Empfehlungen zur Umsetzung der dolmetschergestützten Therapie erstellt (BAfF, 2022). Relevant sind nach Hausmann (2020) u. a. eine gute Vorbesprechung zwischen Sprachmittler*innen und Therapeut*innen, eine klare Rollenaufteilung und Supervision und Intervision für beide Fachgruppen. Während der Therapie sollten Behandelnde Blickkontakt zu den Kindern und Jugendlichen bzw. Bezugspersonen halten und diese direkt ansprechen. Die Sprachmittlung sollte in direkter Rede und in kurzen Abschnitten erfolgen und alles Gesprochene übersetzen. Zudem sollte außerhalb der Therapie möglichst kein privater Kontakt zwischen Sprachmittler*innen und den Familien bestehen (Hausmann, 2020, zitiert nach BAfF, 2021).

6.5 Verhaltenstherapeutische Behandlungsmanuale

Es liegen mehrere Manuale zur Behandlung von Traumafolgestörungen im Kindes- und Jugendalter vor, die nachfolgend kurz dargestellt werden sollen. Zwei der Manuale wurden spezifisch für Kinder und Jugendliche verfasst (Tf-KVT, ResonaT), während alle anderen Interventionen für erwachsene Zielgruppen entwickelt und für eine Anwendung bei Kindern und Jugendlichen angepasst wurden.

6.5.1 Spezifisch für Kinder und Jugendliche entwickelte Interventionen

Tf-KVT – Traumafokussierte kognitive Verhaltenstherapie bei Kindern und Jugendlichen (Cohen, Mannarino & Deblinger, 2009)

Altersgruppe:	Vorschul- bis Jugendalter, 3 bis 18 Jahre
Umfang:	12 bis 16 Sitzungen
Sitzungsfrequenz:	Eine Sitzung/Woche
Bezugspersonen:	Eine umfangreiche Einbindung in die Behandlung ist vorgesehen
Studienlage:	Mindestens dreizehn randomisierte kontrollierte Studien (vgl. Sachser, Rassenhofer & Goldbeck, 2016) belegen konsistent die Wirksamkeit

Die Tf-KVT umfasst acht Komponenten: (1) Psychoedukation und Erziehungsfähigkeiten, (2) Einüben von Entspannungsfertigkeiten, (3) Affektive Modulation, (4) Kognitive Verarbeitung und Bewältigung, (5) Erstellen eines Traumaberichts, (6) In-vivo-Exposition traumatischer Schlüsselreize und vermiedener Stimuli, (7) gemeinsame Eltern-Kind-Sitzungen und (8) Erleichtern künftiger Sicherheit und Entwicklung. Eine Bezugsperson wird eng in die Behandlung einbezogen, bei Kindern wird ein 1:1 Verhältnis von Kind- zu Elternsitzungen vorgeschlagen. Im Zentrum der Behandlung steht die Anfertigung eines Traumaberichts, das anschließend mit einer Bezugsperson geteilt wird.

ResonaT – Ressourcenorientierte narrative Traumatherapie: Kindern und Jugendlichen mit komplexen Traumafolgestörungen helfen (Hiller & Hensel, 2019)

Altersgruppe:	Vorschul- bis frühes Jugendalter
Umfang:	3 bis 7 Sitzungen
Sitzungsfrequenz:	Eine Sitzung/Woche
Bezugspersonen:	Einbindung möglich, z. B. während des Vorlesens der Narrative
Studienlage:	Wirksamkeit in einer kontrollierten klinischen Studie mit 37 Kindern zwischen 7 und 13 Jahren nachgewiesen (Hiller, 2012)

Das Manual von Hiller und Hensel sieht eine schonende Aktualisierung der traumatischen Erfahrungen bei gleichzeitiger Ressourcenaktivierung vor, die sich speziell für »komplextraumatisierte« Kinder und Jugendliche mit interpersonellen Gewalterfahrungen eignen soll. Kinder und Jugendliche erfahren eine narrative Exposition mit traumatischen Erlebnissen durch die Rezeption von altersgerechten Geschichten und die Identifikation mit den Tier-Protagonisten. Ziel ist eine Gedächtnisrekonsolidierung. Die Behandelnden konstruieren das Narrativ. Dies kann ggf. gemeinsam mit einer nicht an der Traumatisierung beteiligten Bezugsperson geschehen.

6.5.2 Für das Kindes- und Jugendalter angepasste Interventionen

---

E-KVT – Entwicklungsangepasste kognitive Verhaltenstherapie (Matulis, Resick, Rosner & Steil, 2014)

Altersgruppe:	Jugend- und junges Erwachsenenalter, 14 bis 21 Jahre
Umfang:	30 Sitzungen
Sitzungsfrequenz:	Eine bis vier Sitzungen/Woche, 16 bis 20 Wochen sind vorgesehen
Bezugspersonen:	Einbindung möglich
Studienlage:	Eine randomisierte kontrollierte Studie liegt vor (Rosner, Rimane et al., 2019)

Die E-KVT beruht auf dem Therapieansatz der Cognitive Processing Therapy (CPT), der für das Erwachsenenalter konzipiert und dessen Wirksamkeit in dieser Altersgruppe häufig nachgewiesen wurde. Die Neukonzeption für Jugendliche und junge

Erwachsene integriert ein Training zum Aufbau des Emotions- und Verhaltensmanagement in das bewährte Konzept und die Thematisierung von typischen Entwicklungsaufgaben. Die Behandlung beginnt mit einer Commitment-Phase, in der u. a. die Anamnese, Zielsetzung und Psychoedukation vorgesehen ist, gefolgt von einem Emotionsregulationstraining und einer intensiven CPT-Phase, einschließlich des Verfassens eines sogenannten Impact Statements (einem Bericht über die Auswirkungen von traumatischen Erlebnissen auf das Leben) und einem Traumabericht. Die sogenannten »Stuck Points« werden anschließend identifiziert und bearbeitet, dysfunktionale Kognitionen werden umstrukturiert.

KIDNET – Narrative Expositionstherapie für Kinder (Ruf et al., 2007)

Altersgruppe:	Schul- bis Jugendalter, 7 bis 18 Jahre
Umfang:	6 bis 10 Sitzungen
Sitzungsfrequenz:	N/A
Bezugspersonen:	Eine gemeinsame Eltern-Kind-Sitzung (Psychoedukation)
Studienlage:	Mehrere randomisierte kontrollierte Studien liegen vor, welche die Wirksamkeit belegen (Ruf et al., 2010), während inkonsistente Ergebnisse zur Überlegenheit gegenüber anderen Therapiemethoden vorliegen (vgl. Siehl, Robjant & Crombach, 2021)

Als KIDNET wird die Adaption der Narrativen Expositionstherapie (NET, Schauer, Neuner & Elbert, 2005) für Kinder und Jugendliche bezeichnet. Aus dem vermittelten Störungsmodell wird das Behandlungsrational der narrativen Aufarbeitung der Biografie abgeleitet. Ein Seil wird auf den Boden gelegt, um den Lebensverlauf zu symbolisieren, die sogenannte Lebenslinie. Bedeutende Lebensereignisse werden darauf markiert, wobei üblicherweise Blumen für positive und Steine für negative Ereignisse verwendet werden. Die Lebensgeschichte wird in mehreren Sitzungen dialogisch erarbeitet, chronologisch eingeordnet und aufgeschrieben. Traumatische Ereignisse werden möglichst detailliert erfasst, wobei emotionale, kognitive, sensorische und physiologische Prozesse identifiziert werden.

Verlängerte Konfrontationstherapie für Jugendliche mit einer Posttraumatischen Belastungsstörung (Foa, Chrestman & Gilboa-Schechtman, 2016)

Altersgruppe:	Jugendalter, 13 bis 18 Jahre
Umfang:	Bis zu 14 Sitzungen
Sitzungsfrequenz:	Eine Sitzung/Woche
Bezugspersonen:	Keine Einbindung vorgesehen

Studienlage:	Wirksamkeit in mehreren (z. T. randomisierten) kontrollierten Studien nachgewiesen (Foa, McLean, Capaldi & Rosenfield, 2013; Gilboa-Schechtman et al., 2010; Zandberg et al., 2016)

Das Manual von Foa, Chrestman und Gilboa-Schechtman beschreibt die Adaption der prolongierten Konfrontationstherapie für die Zielgruppe von Jugendlichen zwischen 13 und 18 Jahren. Nach einem Aufbau von Therapiemotivation und einer Psychoedukation stehen Konfrontationsübungen im Fokus der Behandlung, durch die eine emotionale Verarbeitung und ein Abbau von Vermeidungsverhalten erreicht werden soll. Die Konfrontation erfolgt durch imaginative Exposition, d. h. wiederholtes Erzählen der Erinnerungen und Anhören von Tonbandaufnahmen dieser Erzählungen, und durch In-vivo Exposition, d. h. Begegnung mit vermiedenen Situationen, Orten oder Aktivitäten. Die Behandlung schließt mit einer Rückfallprävention.

DBT-PTSD-EA – Dialektisch behaviorale Therapie der PTBS Emerging Adulthood (Cornelisse, Biermann, Enning, Schmahl & Kleindienst, 2021)

Altersgruppe:	Adoleszenz, 15 bis 25 Jahre
Umfang:	12 Wochen im (teil-)stationären Setting
Sitzungsfrequenz:	Zwei Einzelsitzungen/Woche, zusätzlich wöchentliche Gruppensitzungen
Bezugspersonen:	Eine Einbindung in die Behandlung ist vorgesehen, u. a. werden Strategien zum Umgang mit affektiver Dysregulation, PTBS-Symptomatik und Bindungsverhalten im häuslichen Kontext erarbeitet
Studienlage:	Eine Pilotstudie wurde durchgeführt (Cornelisse et al., 2021)

Das Behandlungskonzept der DBT wurde zur Behandlung von erwachsenen Betroffenen sexueller Gewalt in der Kindheit und Jugend angepasst (DBT-PTSD, Steil et al., 2011). Kinder und Jugendliche erlernen Fertigkeiten (Skills) zur Verhaltenskontrolle bei ausgeprägter affektiver Dysregulation (Stresstoleranz, Emotions- und Dissoziationsregulation), den Aufbau einer akzeptierenden und mitgefühlsbasierten Haltung und durchlaufen eine Phase der traumfokussierten Exposition. In einer abschließenden Phase wird an dem Aufbau eines werte- und bedürfnisorientierten Lebens gearbeitet.

EMDR – Eye Movement Desensitization and Reprocessing bei Kindern und Jugendlichen (Hensel, 2006)

Altersgruppe:	Ab dem Kleinkindalter, laut Hensel (2006) »ab Geburt« (S. 22)
Umfang:	I. d. R. 3 bis 8 Sitzungen
Sitzungsfrequenz:	Keine Angaben

Bezugspersonen:	Eine Einbindung in die Behandlung ist möglich, aber nicht explizit vorgesehen
Studienlage:	Acht randomisierte kontrollierte Studien (Moreno-Alcázar et al., 2017)

Das Behandlungskonzept der EMDR wurde zunächst für Erwachsene entwickelt und beruht auf der Annahme, dass durch eine bilaterale Stimulierung (z. B. durch Augenbewegungen) und hierdurch ausgelöste parasympathische Orientierungsreaktionen und spezifische Hirnstammpotenziale eine Nachverarbeitung traumatischer Erfahrungen ermöglicht wird. Es werden acht aufeinander aufbauende Behandlungsphasen beschrieben: (1) Anamnese und Behandlungsplanung, (2) Vorbereitung und Stabilisierung, (3) Aktualisierung und Einschätzung, (4) Prozessierung, (5) Verankerung, (6) Körpertest, (7) Abschluss und (8) Überprüfung. Der wissenschaftliche Beirat Psychotherapie verabschiedete am 01.12.2014 ein Gutachten zur Behandlung der PTBS bei Kindern und Jugendlichen mit EMDR und stellte hierbei fest, dass EMDR »nicht als wissenschaftlich anerkannt gelten kann« (Gutachten zu finden unter http://www.wbpsychotherapie.de). Die bislang vorliegenden randomisiert-kontrollierten Studien weisen zum Teil eine geringe methodische Qualität auf, die Ergebnisse werden dennoch als vielversprechend bezeichnet (Moreno-Alcazár et al., 2017).

6.6 Überprüfung der Lernziele

- Welche Rahmenbedingungen und Voraussetzungen sind für die Psychotherapie von Traumafolgestörungen zu berücksichtigen?
- Welche Phasen und wichtigen Behandlungsbausteine umfasst die Behandlung?
- Wie kann das Sicherheitserleben der Kinder erhöht werden?
- Wie kann mit Vermeidungsverhalten umgegangen werden?

7 Psychotherapieforschung

> **Fallbeispiel**
>
> Marlon sei bereits seit circa vier Monaten durch oppositionelles und aggressives Verhalten insbesondere gegenüber Gleichaltrigen aufgefallen. Aufgrund eines hinzukommenden Schulabsentismus soll nun eine tagesklinische Behandlung erfolgen. Bei der Vorstellung berichten die Eltern, dass vor etwa einem halben Jahr ein verbaler und körperlicher Angriff durch Mitschüler auf dem Heimweg von der Schule stattgefunden habe. Erst nachdem Marlons Eltern, beunruhigt durch das Entdecken von blauen Flecken, ihn mehrfach danach befragten, beschrieb Marlon diesen Angriff als Höhepunkt eines bereits länger andauernden Mobbings durch eine Gruppe von Gleichaltrigen. Die Kinder- und Jugendlichenpsychotherapeutin beschließt, sich zur Behandlungsplanung über die aktuelle wissenschaftliche Evidenz von Behandlungsmethoden und -bausteinen zu informieren.

> **Lernziele**
>
> - Sie können einschätzen, welche psychotherapeutischen Therapieverfahren und Interventionen für die Behandlung von Traumafolgestörungen im Kindes- und Jugendalter eine ausreichende empirische Evidenz aufweisen.
> - Sie können die empirische Evidenz der Richtlinienverfahren und ausgewählter Therapiemethoden und -techniken (z. B. Traumaexposition) einschätzen.

7.1 Empirische Evidenz zur Behandlung der PTBS

Nachfolgend soll die empirische Evidenz zur Behandlung von Kindern und Jugendlichen mit PTBS zusammengefasst werden (▶ Tab. 7.1).

7.1.1 Therapieverfahren

Die kognitive Verhaltenstherapie (KVT) stellt das am besten empirisch untersuchte Therapieverfahren zur Behandlung der PTBS dar. Die Meta-Analyse von Gutermann et al. (2016) berücksichtigte 135 kontrollierte sowie unkontrollierte Studien. Dabei untersuchten 56% der eingebundenen Studien kognitiv-verhaltenstherapeutische Interventionen, während 3% als psychodynamisch gruppiert wurden. Die KVT zeigte große Effektstärken in unkontrollierten sowie randomisierten, kontrollierten Studien. Die Meta-Analyse von Morina et al. (2016) schloss insgesamt 39 randomisiert-kontrollierte Studien zu psychologischen Interventionen ein. Die Auswertung resultierte in großen Effektstärken der KVT verglichen mit Wartelistenkontrollgruppen und mittleren bis großen verglichen mit aktiven Kontrollgruppen. Diese Ergebnisse stimmen mit einer aktuelleren Meta-Analyse überein (Xiang et al., 2021).

Psychodynamische Interventionen zur Behandlung von Kindern und Jugendlichen mit PTBS wurden bisher kaum untersucht. Wenige RCTs mit kleinen Stichprobengrößen liegen vor, können jedoch keine Überlegenheit gegenüber den Kontrollbedingungen belegen (Gilboa-Schechtman et al., 2010).

7.1.2 Therapiemethoden und -techniken

Das Ziel der Psychotherapieforschung, Aussagen und Empfehlungen zu spezifischen Therapiemethoden und -techniken bei zu behandelnden Personen mit individuellen Eigenschaften und Symptomkonstellationen zu ermöglichen, ist längst nicht erreicht. Im Folgenden sollen dennoch beispielhaft die Studienlage zur Traumakonfrontation und zur Einbindung von Eltern oder anderen Bezugspersonen in die Therapie in Kürze dargestellt werden.

Traumakonfrontation

Interventionen werden als »traumafokussiert« bezeichnet, wenn sie eine Traumakonfrontation vorsehen. Die Methode der Traumakonfrontation zielt auf eine Verarbeitung auf kognitiver und emotionaler Ebene sowie Veränderungen auf behavioraler Ebene. Es sollen dysfunktionale Überzeugungen, Gefühle wie Ohnmacht und Hilflosigkeit, Vermeidungsverhalten oder schädliche Copingstrategien reduziert werden. Hierzu wurden verschiedene Techniken entwickelt, darunter »imaginative Exposition in Bezug auf die Traumaerinnerung, narrative Exposition, Exposition in vivo oder kognitive Umstrukturierung in Bezug auf traumabezogene Überzeugungen« (Rosner et al., 2019, S. 61).

Die Ergebnisse der Meta-Analysen von Gutermann et al. (2016) sowie Morina et al. (2016) zeigen mittlere bis hohe Effektstärken für die Reduktion der PTBS-Symptomatik durch traumafokussierte kognitive Verhaltenstherapien. Auch gegenüber aktiven Kontrollbedingungen, sprich anderen Interventionen, zeigen sich die traumafokussierten Interventionen überlegen. Interventionen, die sich auf Bewältigungsstrategien und -fertigkeiten fokussierten, zeigten geringere Effektstärken (Gutermann et al., 2016). In einer Analyse (Gutermann et al., 2016) zeigten sich insbesondere die zwei traumafokussierten Interventionen nach Cohen, Mannarino und Deblinger (2009) (Tf-KVT) und nach Deblinger und Heflin (1996) als häufig untersucht und besonders wirksam.

Unklar bleibt bislang, welche Technik der Traumakonfrontation die größte Wirksamkeit aufweist und wie explizit die Konfrontation sein sollte. In drei randomisierten Dismantlingstudien erhielten Kinder entweder Interventionen mit imaginative/in-vivo Expositionen oder ohne solche, jedoch dennoch mit den übrigen Behandlungsbausteinen, die ebenfalls eine gewisse Traumakonfrontation beinhalten (z. B. Psychoedukation, Umgang mit Triggern). Es zeigte sich keine eindeutige Überlegenheit der Behandlungen mit expliziten Expositionen (Deblinger et al., 2011). Zukünftig sollte daher näher untersucht werden, für welche Kinder und Jugendlichen ein Einsatz von Expositionstechniken besonders relevant ist (Dorsey et al., 2017).

Aktuelle Studien zeigen, dass traumafokussierte kognitive Verhaltenstherapien auch zur Behandlung von jungen Kindern angepasst werden kann (McGuire et al., 2021). Wenngleich die Studienlage insgesamt noch nicht annähernd befriedigend ist, sprechen bislang keine Studienergebnisse gegen einen Einsatz der Interventionen.

> **Good to know: Behandlung der kPTBS im Kindes- und Jugendalter**
>
> Erste Studien haben die Nützlichkeit von bereits existierenden Therapiemanualen zur Behandlung von Kindern und Jugendlichen mit komplexer posttraumatischen Belastungsstörung (kPTBS) untersucht: Hendriks et al. (2017) untersuchten die Nützlichkeit und Sicherheit einer hochfrequenten prolongierten Expositionstherapie an zehn Jugendlichen mit kPTBS nach interpersonellen Gewalterfahrungen. Die Symptomatik reduzierte sich und blieb nach drei und sechs Monaten reduziert, zudem zeigten sich keine unerwünschten Wirkungen. Es lag keine Kontrollgruppe vor.
>
> Die Sekundäranalyse von Sachser et al. (2017) stützt die Annahme, dass die Tf-KVT nach Cohen, Mannarino und Deblinger (2009) auch zur Behandlung der kPTBS eingesetzt werden kann. In einem RCT mit 61 Kindern und Jugendlichen zwischen 7 und 17 Jahren zeigte sich eine Reduktion der PTBS-Symptomatik durch die Tf-KVT sowohl für jene mit PTBS als auch für die Kinder mit kPTBS. Zudem wiesen diejenigen mit kPTBS eine gewisse Verbesserung in den SSO-Symptomen (Schwierigkeiten in der Selbstorganisation) auf (Sachser et al., 2017). Zwei weitere Studien stützen die Wirksamkeit der Tf-KVT zur Behandlung von Kindern und Jugendlichen mit kPTBS (Hébert & Amédée, 2020; Jensen et al., 2022).
>
> Die entwicklungsangepasste Kognitive Verhaltenstherapie (E-KVT) (Matulis, Resick, Rosner & Steil, 2014) adressiert auch SSO-Symptombereiche und zeigte in einer Sekundäranalyse eine Wirksamkeit für Jugendliche und junge Erwachsene zwischen 14 und 21 Jahren, die die Diagnosekriterien für die kPTBS erfüllen (Eilers et al., 2021).

> Spezifische Empfehlungen zur Behandlung von Kindern und Jugendlichen mit kPTBS, beispielsweise zu zusätzlich einzusetzenden Therapiebausteinen, können jedoch noch nicht aus der bestehenden Forschungsevidenz abgeleitet werden.

Einbezug von Eltern in die Behandlung

Verschiedene Interventionen unterscheiden sich dahingehend, ob, wie und in welchem Ausmaß sie Eltern oder andere Bezugspersonen in die Behandlung einbeziehen. In der Meta-Analyse von Gutermann et al. (2016), die wie oben erwähnt auch Studien ohne Kontrollgruppe berücksichtigte, zeigten die Interventionen mit Bezugspersonen größere Effektstärken als jene ohne. In anderen Meta-Analysen konnte der Einbezug von Eltern jedoch nicht als relevanter Einflussfaktor identifiziert werden (Morina et al., 2016; Yohannan, Carlson & Volker, 2022).

Dabei sprechen einige Punkte dafür, dass eine Adressierung der zentralen Bezugspersonen der Kinder und Jugendlichen positive Auswirkungen hat. Studienergebnisse weisen darauf hin, dass Eltern durch den Einbezug im Rahmen der Tf-KVT profitieren und nach der Intervention geringere PTBS-, Angst- und depressive Symptome, weniger dysfunktionale Überzeugungen bezüglich der traumatischen Erfahrungen ihrer Kinder und verbesserte Erziehungsfertigkeiten aufweisen (Tutus et al., 2021). Hierdurch könnten die Kinder und Jugendlichen während ihrer Behandlung besser unterstützt werden. Die Reaktionen der Eltern während der Behandlungen, etwa ob sie selbst Vermeidungsverhalten zeigen oder nicht, oder ob sie mit Kritik oder Verständnis reagieren, beeinflussen die Belastung der Kinder und Jugendlichen durch die Intervention sowie ihre Genesung (Canale et al., 2022).

In den Leitlinien wird dementsprechend eine positive Tendenz in Richtung einer Beteiligung der Eltern berichtet (Rosner et al., 2019). Ungeklärt ist jedoch bislang, wie der Einbezug von Bezugspersonen idealerweise gestaltet werden sollte, welches Ausmaß empfehlenswert ist und für welche Kinder und Jugendlichen er von besonderer Bedeutung sein könnte. Eine Meta-Analyse zu Moderatoren der Wirksamkeit von Interventionen mit Bezugspersonen weist darauf hin, dass bisher kaum Aussagen getroffen werden können – auch da nur wenige Studien die potenziellen Einflussfaktoren berichten (Szota et al., 2022). Kinder und Jugendliche weiblichen Geschlechts und mit erfüllten Diagnosekriterien einer PTBS wiesen größere Effektstärken auf, was jedoch auch allgemein für Interventionen mit und ohne Bezugspersonen gelten könnte.

Good to know: Bezugspersonensitzungen

In Deutschland ist bei der Abrechnung ambulanter Kinder- und Jugendlichenpsychotherapie mit den gesetzlichen Krankenkassen vorgesehen, dass jede vierte Sitzung mit den Bezugspersonen stattfindet. Dieser Standard kann jedoch individuell angepasst werden, indem im Therapieantrag eine andere Gestaltung vorgeschlagen wird. So kann darauf verwiesen werden, dass aufgrund des jungen

Alters oder des Störungsmodells oder zum Einsatz einer bestimmten Intervention eine höhere Frequenz wünschenswert wäre.

7.1.3 Behandlungssetting

Mit dem Setting der Behandlung ist einerseits gemeint, wo die Behandlung stattfindet (z. B. in Schulen, Gemeinschaftseinrichtungen, Kliniken, Praxen) und andererseits, ob es sich um Einzel- oder Gruppeninterventionen handelt. Es kann sich auch um eine Kombination handeln, wenn beispielsweise die Psychoedukation und das Training von Erziehungsfähigkeiten in Gruppen stattfindet, die übrige Behandlung jedoch im Einzelsetting. Zudem kann hinsichtlich der Einbindung von Bezugspersonen berücksichtigt werden, ob Termine mit Kindern und Bezugspersonen gemeinsam (als Familiengespräche), oder parallel in separaten Gesprächen bzw. in Form von Elterngruppentrainings erfolgen.

In einer Meta-Analyse zu KVT bei traumatisierten Kindern zeigte sich eine Reduktion der posttraumatischen, depressiven und ängstlichen Symptomatik in Gemeinde- und Schulsettings, für PTBS außerdem, wenn das Behandlungssetting in Universitäten lag (Yohannan et al., 2022). In der Meta-Analyse von Morina et al. (2016) zeigten dagegen Interventionen, die im Klassenkontext und demnach zugleich in Gruppen stattfinden, kleine Effektstärken verglichen mit Wartelistenbedingungen, während die Interventionen im Einzelsetting mittlere bis große Effektstärken erzielten. Dies wird darauf zurückgeführt, dass Interventionen für Gruppen weniger individuell angepasst werden können, um den Bedürfnissen des Einzelnen zu entsprechen.

Hinsichtlich der Einzel- oder Gruppeninterventionen zeigt sich jedoch insgesamt ein inkonsistentes Bild: In einigen Meta-Analysen fand sich kein Einfluss auf die Effektstärken (Yohannan et al., 2022). Die Ergebnisse von Gutermann et al. (2016) stützen die Annahme einer größeren Wirksamkeit von individuellen Behandlungen verglichen mit Gruppenbehandlungen. Bei Betrachtung spezifischer Interventionen, so beispielsweise der Tf-KVT nach Cohen, Mannarino und Deblinger (2009), zeigte sich jedoch auch gegenteilig Hinweise für eine größere Wirksamkeit von der Durchführung in Gruppen (Thielemann et al., 2022). Zur Gestaltung der Einbindung von Bezugspersonen in parallelen oder gemeinsamen Sitzungen und in Einzel- oder Gruppenformat lassen sich leider bislang keine Rückschlüsse und Empfehlungen aus der aktuellen Studienlage ziehen (Szota et al., 2022).

7.1.4 Behandlungsformat

Mit dem Format der Behandlung ist einerseits die Sitzungsanzahl und Dauer der Gesamtbehandlung gemeint, andererseits aber auch die Frequenz und Länge der einzelnen Therapiesitzungen. In zwei Meta-Analysen zeigte sich kein Einfluss der Gesamtanzahl von Therapiesitzungen auf die Wirksamkeit der Behandlung (Morina et al., 2016 Yohannan et al., 2022). In der Meta-Analyse von Xiang et al. (2021) waren weder die Sitzungsanzahl noch die Dauer der Behandlung signifikante Einflussfaktoren. Untersuchungen von kognitiven Verhaltenstherapien mit Einbezug von Bezugspersonen (Deblinger et al., 2011; Somers et al., 2022) weisen darauf hin, dass eine geringe Anzahl von Sitzungen mit höheren Behandlungseffekten assoziiert ist.

Studienergebnisse zur Behandlung von Erwachsenen mit traumafokussierten Interventionen weisen darauf hin, dass eine hohe Sitzungsfrequenz zu einer größeren Wirksamkeit (Sciarrino et al., 2020) sowie geringeren Raten von Therapieabbrüchen (Levinson et al., 2022) führen. Diese Ergebnisse lassen sich jedoch nicht einfach auf das Kindesalter übertragen, schließlich könnten Kinder von längeren Pausen zur Verarbeitung der Therapieinhalte profitieren. Umgekehrt könnte eine häufigere Wiederholung in kürzerer Zeit dem kindlichen Entwicklungsstand auch entgegenkommen. Die Ergebnisse der Meta-Analyse von Yohannan et al. (2022) deuten darauf hin, dass Interventionen mit wöchentlichen Sitzungen und mit drei Sitzungen pro Woche einen signifikanten Effekt auf die Reduktion der posttraumatischen Symptomatik aufweisen, während die Interventionen mit zweiwöchentlichen Sitzungen nur einen kleinen, nicht signifikanten Effekt zeigen.

Hinsichtlich der Sitzungsdauer bestehen inkonsistente Befunde: Während in der Analyse von Yohannan et al. (2022) die Sitzungsdauer keinen Einfluss auf die Effektstärken zeigt, weisen die Ergebnisse von Somers et al. (2022) zur KVT mit Bezugspersonen auf eine Assoziation von längeren Sitzungsdauern mit größeren Behandlungseffekten hin. Möglicherweise wird gerade bei gemeinsamen Sitzungen mit Kindern und Bezugspersonen mehr Zeit benötigt, um allen Beteiligten Zeit zu geben, ihre Anliegen zu thematisieren. Außerdem sollte berücksichtigt werden, dass einige Therapiemethoden, so beispielsweise die Erstellung eines Traumaberichts, mehr Zeit in Anspruch nimmt. Die Untersuchung des Einflusses der Sitzungsdauer könnte daher zukünftig separat für die verschiedenen Therapiephasen (Stabilisierung, Konfrontation, Integration) erfolgen.

7.1.5 Adjuvante Verfahren

Als adjuvante Therapieverfahren werden Verfahren bezeichnet, welche als Ergänzung oder Unterstützung einer Haupttherapie verstanden werden können und die durch den kombinierten Einsatz mit einer anderen Intervention den Therapieerfolg erhöht. Aus multiprofessionellen (teil-)stationären Behandlungen ergeben sich positive klinische Erfahrungen mit adjuvanten Verfahren. Hinsichtlich empirischer Studien liegen jedoch erst einige wenige Studien zur Behandlung von Erwachsenen vor, die den additiven Nutzen adjuvanter Verfahren untersuchen. Im Rahmen der systematischen Recherche wurden lediglich 13 Studien identifiziert, davon vier zu D-Cycloserin ohne konsistente positive Effekte, sowie jeweils ein RCT zu Ausdauersport, Biofeedback, Cortisol, Hypnose, Kunsttherapie, Methylenblau, Oxytocin und Yohimbin. Die Studienlage ist demnach unzureichend (Michael et al., 2019). Für das Kindes- und Jugendalter gilt dies umso stärker, sodass noch keine eindeutigen Empfehlungen abgeleitet werden können.

Exkurs: Psychopharmakotherapie

Während für die Behandlung von Erwachsenen bereits Wirksamkeitsnachweise für verschiedene Medikamentengruppen vorliegen, fehlen RCTs zur Behandlung von Kindern und Jugendlichen mit PTBS (Huemer, Greenberg & Steiner, 2017). Ein systematisches Review bietet eine Übersicht über die aktuelle Studienlage (Naveed et al., 2020). RCTs wurden bisher zu (1) Sertralin, (2) Fluoxetin, (3) Divalproex und (4) Propranolol durchgeführt.

Sertralin: Das SSRI Sertralin wurde bislang in drei RCTs untersucht. In der Studie von Cohen, Mannarino, Perel und Staron (2007) wurden 24 Mädchen (10–17 Jahre) mit sexuellen Gewalterfahrungen in zwei Gruppen eingeteilt: Eine Gruppe erhielt 12 Wochen lang Tf-KVT und Sertralin, die andere Gruppe erhielt 12 Wochen lang Tf-KVT und ein Placebo. In beiden Gruppen zeigte sich eine Verringerung der PTBS-Symptomatik und es zeigte sich kein Unterschied durch die Gruppenzugehörigkeit. Dies galt auch für depressive und ängstliche Symptome sowie Verhaltensauffälligkeiten. Lediglich auf einer Skala zur Erfassung der globalen Beeinträchtigung und des Funktionsniveaus zeigte sich ein Unterschied zwischen den Gruppen, der auf eine Überlegenheit der Tf-KVT +Sertralin-Gruppe hindeutete. Robb et al. (2010) untersuchten die Wirksamkeit von Sertralin an 131 Kindern und Jugendlichen zwischen 6 und 17 Jahren mit PTBS. Sie erhielten entweder eine 10-wöchige Behandlung mit Sertralin oder ein Placebo. Die Gruppenzugehörigkeit war doppelt verblindet. Es zeigte sich kein Unterschied zwischen den Gruppen hinsichtlich der Veränderung der PTBS-Symptomatik. Zuletzt wurde untersucht, ob Sertralin eine Entstehung von PTBS und depressiven Symptomen von Kinder nach Verbrennungen verhindern kann (Stoddard et al., 2011). In der doppelt verblindeten Studie wurden 26 Kinder und Jugendliche zwischen 6 und 20 Jahren 24 Wochen lang mit Sertralin oder einem Placebo behandelt. Eine stärkere Symptomabnahme zeigte sich in der Sertralin-Gruppe verglichen mit der Placebo-Gruppe nach den Angaben der Eltern, jedoch nicht nach den Angaben der Kinder und Jugendlichen.

Fluoxetin und Imipramin: Das SSRI Fluoxetin wurde in zwei RCTs, das trizyklische Antidepressivum Imipramin in einem RCT untersucht. Robert et al. (2008) verglichen in einer doppelt verblindeten Studie die Wirksamkeit von Imipramin, Fluoxetin und einem Placebo. Eine Stichprobe von 60 Kindern und Jugendlichen zwischen 4 und 18 Jahren mit Symptomen einer akuten Belastungsstörung nach Verbrennungen wurde eine Woche lang täglich behandelt. Es zeigte sich eine Symptomverbesserung in allen drei Gruppen, ohne Überlegenheit eines der Medikamente. Martsenkovskyi (2017) berichten von einer Pilotstudie, in der 116 Kinder entweder Tf-KVT, Fluoxetin oder eine kurze psychosoziale Intervention als Placebo erhielten und nach 12 Monaten erneut untersucht wurden. Fluoxetin und Tf-KVT erzielten vergleichbare Resultate und zeigten bessere Outcomes als die Placebo-Bedingung im Hinblick auf die PTBS- und depressive Symptomatik.

Divalproex: Das Antikonvulsiva Divalproex-Natrium wurde von einer randomisiert kontrollierten Pilotstudie ohne Placebokontrolle an 12 männlichen Jugendlichen mit PTBS und Störungen des Sozialverhaltens untersucht (Steiner et al., 2007). Die Jugendlichen erhielten eine niedrige oder eine hohe Dosis des Medikaments. Jene mit der höheren Dosis zeigten nach 7 Wochen eine größere Symptomverringerung.

Propranolol: In bislang einem RCT wurde der Betablocker Propranolol zur Prävention der Entstehung einer PTBS im Kindes- und Jugendalter untersucht (Nugent et al., 2010). 29 Kinder und Jugendliche (10–18 Jahre) erhielten 10 Tage lang entweder Propranolol oder ein Placebo, wobei die Zuteilung doppelt verblindet stattfand. Für Mädchen zeigte sich nach 6 Wochen eine geringere Symptomatik, wenn sie Propranolol anstelle eines Placebos erhalten hatten, während sich für Jungen kein signifikanter Unterschied zeigte.

Zusammenfassend lässt sich festhalten, dass die Evidenzlage zur psychopharmakologischen Behandlung der PTBS bislang unzureichend ist. Auch zur Kombinationsbehandlung fehlen Studien. Die S3-Leitlinien zur Behandlung der PTBS empfehlen daher keine Psychopharmakotherapie bei Kindern und Jugendlichen mit PTBS und warnen aufgrund des Abhängigkeitspotenzials vor dem Einsatz von Benzodiazepinen (Rosner et al., 2019).

7.2 Zusammenfassung der empirischen Evidenz

Tab. 7.1: Zusammenfassung empirischer Evidenz zur Behandlung von Kindern und Jugendlichen mit posttraumatischer Belastungsstörung

Forschungsaspekt	Forschungsstand
Behandlungsmethodik	
Traumakonfrontation	Meta-Analysen stützen die Überlegenheit von Behandlungen mit Traumakonfrontation. Unklar ist, welche Technik zu präferieren ist und wie explizit die Konfrontation sein sollte bzw. für welche Kinder welche Technik am besten geeignet ist.
Einbindung der Eltern	Es zeigt sich eine positive Tendenz in Richtung einer Einbindung von Eltern. Meta-Analysen können jedoch nicht konsistent eine Überlegenheit von Behandlungen mit Bezugspersonen zeigen, sodass zu klären ist, welche Kinder hiervon mehr, welche weniger profitieren. Auch die Gestaltung der Bezugspersonensitzungen ist noch zu untersuchen.
Behandlungssetting	
Ort	Meta-Analysen weisen darauf hin, dass die Behandlung auch in Gemeinde- und Schulsettings erfolgreich stattfinden kann, im Klassenkontext jedoch möglicherweise weniger erfolgreich ist als im Einzelkontext (s. u.).

Tab. 7.1: Zusammenfassung empirischer Evidenz zur Behandlung von Kindern und Jugendlichen mit posttraumatischer Belastungsstörung – Fortsetzung

Forschungsaspekt	Forschungsstand
Einzel- oder Gruppe	Meta-Analysen weisen darauf hin, dass eine Behandlung im Einzelsetting wirksamer sein könnte. Spezifische Interventionen lassen sich jedoch womöglich sogar besser in Gruppen durchführen. Zum Setting von Bezugspersonensitzungen lassen sich noch keine Aussagen treffen.
Behandlungsformat	
Sitzungsanzahl	Die Gesamtanzahl an Sitzungen scheint entweder keinen Einfluss auf die Wirksamkeit der Behandlung zu haben oder es zeigen sich für Interventionen mit Bezugspersonen bessere Effekte bei geringerer Sitzungsanzahl.
Sitzungsfrequenz	Die wenigen Studien, die bisher vorliegen, lassen annehmen, dass zweiwöchentlich stattfindende Sitzungen in geringeren Effekten resultieren als wöchentlich oder noch hochfrequenter stattfindende Termine.
Sitzungsdauer	Die Sitzungsdauer sollte im Hinblick auf die Therapiephase und die einbezogenen Personen näher untersucht werden. Bei gemeinsamen Terminen von Kind und Bezugsperson könnte eine längere Sitzungsdauer wichtig sein.
Adjuvante Verfahren	
	Es liegen keine ausreichenden empirischen Studien vor.
Psychopharmakologie	
	RCTs zum Einsatz von Sertralin, Fluoxetin, Divalproex und Propranolol zeigen keinen eindeutigen Vorteil durch die psychopharmakologische Behandlung bei PTBS. Zur Kombinationsbehandlung mit Psychotherapie und Psychopharmaka fehlen Studien.

7.3 Überprüfung der Lernziele

- Welches therapeutische Verfahren wird die Psychotherapeutin der Tagesklinik für Marlon (siehe Fallbeispiel) basierend auf der vorliegenden empirischen Evidenz vermutlich vorschlagen?
- Welche Behandlungsbausteine sind empfehlenswert? Welche nicht?

8 Rechtliche Aspekte

> **Lernziele**
>
> - Sie kennen die wichtigsten rechtlichen und berufsethischen Aspekte in der Behandlung von Kindern und Jugendlichen.
> - Sie können den Unterschied zwischen Offenbarungsbefugnis und Offenbarungspflicht nennen.
> - Sie wissen, was das »traumatherapeutische Dilemma« ist.

Die rechtlichen und berufsethischen Aspekte bei der psychotherapeutischen Behandlung von Kindern und Jugendlichen unterscheiden sich grundsätzlich nicht von jenen der Behandlung von Erwachsenen. Bei der Behandlung von Kindern und Jugendlichen gestaltet sich die Beurteilung von rechtlichen Belangen dennoch häufig schwieriger, da das soziale Umfeld von Kindern und Jugendlichen in die Behandlung mit einzubeziehen ist und die Kinder und Jugendlichen von diesem abhängig sind.

Das folgende Kapitel dient als Orientierungsrahmen, ersetzt aber nicht die rechtliche Abwägung im Einzelfall, die ggf. durch eine fachliche Rechtsberatung zu fundieren ist. Zu erwähnen ist, dass neben den im Folgenden beschriebenen rechtlichen Aspekten die gesetzlichen Bestimmungen und Ordnungen der Psychotherapeutenkammern und die Berufspflichten (§ 12 Abs. 2 der MBO) jederzeit einzuhalten sind.

8.1 Aufklärung und Einwilligung

Jede medizinische Behandlung – also auch eine psychotherapeutische – setzt die wirksame Einwilligung der zu Behandelnden voraus. Eine Einwilligung fordert allerdings eine vorherige Aufklärung (BGB § 630 e und d). Behandelnde unterliegen gegenüber den zu Behandelnden einer Aufklärungspflicht. Bevor Kinder und Jugendliche und ihre Sorgeberechtigten in eine traumatherapeutische Behandlung einwilligen, müssen sie ebenfalls über potenzielle Auswirkungen auf Erinnerungen sowie Beurteilungen ihrer Glaubhaftigkeit aufgeklärt werden (▶ Kap. 8.8 Vereinbarkeit von Therapie und Strafverfahren).

Ab dem 15. vollendeten Lebensjahr können Jugendliche selbst Leistungen aus den Sozialgesetzbüchern (SGB) beantragen und entgegennehmen (§ 36 SGB I). Hierunter fällt auch die Inanspruchnahme einer psychotherapeutischen Behandlung ohne die Einwilligung oder gar ohne das Wissen der Sorgeberechtigten. So kann ein Kind oder ein*e Jugendliche*r auf eine Behandlung bestehen, wenn die Sorgeberechtigten sogar ihre Zustimmung in die Behandlung verweigern. Dies kann insbesondere der Fall sein, wenn es sich bei den Sorgeberechtigten um tatbeteiligte Personen handelt.

8.2 Schweigepflicht

Behandelnde stehen unter Schweigepflicht (Bundespsychotherapeutenkammer, 2014). Bei Kindern und Jugendlichen bedeutet dies, dass die Behandelnden auch gegenüber den Sorgeberechtigten an die Schweigepflicht gebunden sind, solange keine schriftliche Schweigepflichtsentbindung vorliegt.

8.3 Kindeswohlgefährdung

Bei einem Verdacht auf eine Kindeswohlgefährdung ist das Bundeskinderschutzgesetz zu berücksichtigen. In § 4 des Gesetzes zur Kooperation und Information im Kinderschutz (KKG) ist verschriftlicht, dass bei gewichtigen Anhaltspunkten für die Gefährdung des Kindeswohls, die Situation mit dem Kind oder dem*der Jugendliche*n als auch den Sorgeberechtigten erörtert werden und soweit dies notwendig ist, auf die Inanspruchnahme von Hilfen hingewirkt werden muss.

> **Good to know**
>
> Zur Einschätzung der Kindeswohlgefährdung besteht ein Anspruch auf die Inanspruchnahme einer Beratung durch eine insoweit erfahrene Fachkraft (IseF) eines Trägers der öffentlichen Jugendhilfe. Eine solche IseF hilft als nicht in den Fall involvierte Instanz das individuelle Gefahrenrisiko für die Kinder und Jugendlichen einzuschätzen. Zu ihren Aufgaben gehören die Unterstützung, Beratung und Begleitung – ggf. auch in der Folgezeit noch – bei der Erstellung eines qualifizierten Hilfs- und Schutzkonzepts. Ziel dieser besonderen Inanspruchnahme ist, Fehlentscheidungen zum Nachteil von Kindern/Jugendlichen und

8 Rechtliche Aspekte

> deren Familien zu verhindern. Alle Informationen müssen vorher zwingend anonymisiert werden.

Es sollte sorgfältig abgewogen werden, ob die Schweigepflicht weiterhin eingehalten werden muss oder ob es notwendig ist, dem zuständigen Jugendamt eine Meldung über die potenzielle Kindeswohlgefährdung zu machen. Besteht der dringende Verdacht einer Kindeswohlgefährdung, sollte dieser direkt beim zuständigen Jugendamt gemeldet werden. Bei einer akuten Kindeswohlgefährdung sollte ebenfalls die Polizei hinzugezogen werden. Eine detaillierte Dokumentation über alle Schritte und Abwägungen sollte unbedingt schriftlich festgehalten werden. Für bestimmte Berufsgruppen (z. B. bei Tätigkeit an Schulen, in medizinischen, pädagogischen oder Kinder- und Jugendhilfeeinrichtungen) besteht eine gesetzliche Pflicht zur Meldung einer möglichen Kindeswohlgefährdung.

> **Exkurs: Schutz und Hilfen durch die Kinder- und Jugendhilfe bei Kindeswohlgefährdung**
>
> Kommt es zu einer Einbeziehung des Jugendamts, wird dieses im Rahmen seines Schutzauftrages nach § 8a SGB VIII die vorliegende Gefährdung einschätzen und gegebenenfalls spezifische Hilfen einleiten. Unter Umständen wird aber auch das Familiengericht involviert oder die Kinder und Jugendlichen werden in Obhut genommen.

8.4   Offenbarungsbefugnis

Gemäß § 34 StGB existiert eine sogenannte Offenbarungsbefugnis (keine Offenbarungspflicht!), die sich bei einem rechtfertigenden Notstand ergibt. Ein rechtfertigender Notstand kann dann geben sein, wenn nach Güterabwägung eine akute Gefährdung eines höherwertigen Rechtsguts vorliegt. Besteht eine unmittelbar konkrete Gefahr für Leib und Leben eines Menschen, sei es Fremd- oder Eigengefährdung, besteht eine Offenbarungspflicht vertraulicher Daten, wenn durch diese Offenlegung die Gefahr versucht wird abzuwenden. In diesen beiden Fällen darf bzw. muss die Schweigepflicht ohne Zustimmung des Kindes oder Jugendlichen gebrochen werden.

> **Offenbarungsbefugnis vs. Offenbarungspflicht**
>
> Die Offenbarungspflicht ist abzugrenzen von der Offenbarungsbefugnis, die weniger strengen Anforderungen unterliegt.

> Beispiel Offenbarungsbefugnis: Fahrlässige Brandstiftung, fahrlässige Verursachung der Gefahr einer Sprengstoffexplosion, Körperverletzungsdelikte, Sexualdelikte
> Beispiel Offenbarungspflicht: geplante Straftaten (z.B. Mord, Totschlag, Geiselnahme), besondere gesetzliche Meldepflichten (z.B. Infektionsschutzgesetz, Transplantationsgesetz).

8.5 Kindschaftsrecht

Unter dem Begriff Kindschaftsrecht werden die Regelungen zusammengefasst, die das Kind und die Beziehungen zu seiner Familie betreffen. Hierzu gehört ebenfalls das Recht auf eine gewaltfreie Erziehung. Körperliche Bestrafungen, seelische Verletzungen und andere entwürdigende Maßnahmen sind unzulässig (§ 1631 Absatz 2 BGB). Hierauf sollte im Rahmen der Behandlung sowohl gegenüber den Kindern und Jugendlichen, als auch den gewaltausübenden Bezugspersonen hingewiesen werden.

8.6 Opferentschädigungsgesetz

Wer innerhalb der Bundesrepublik Deutschland Opfer einer vorsätzlichen Gewalttat wird und dadurch eine gesundheitliche Schädigung erleidet, kann einen Anspruch auf Opferentschädigung (§ 68 SGB I) geltend machen. Dies gilt ebenfalls für Hinterbliebene von Personen, die durch oder infolge einer Gewalttat verstorben sind. Ziel dieser Entschädigung ist, die individuellen gesundheitlichen und wirtschaftlichen Folgen solcher Taten auszugleichen. Unter Gewalttaten zählen alle vorsätzlichen, rechtswidrigen tätlichen Angriffe gegen eine Person. Auch Sexualstraftaten und sexuelle Übergriffe an Minderjährigen fallen in diese Kategorie. Ebenso gilt als tätlicher Angriff die vorsätzliche Beibringung von Gift und die wenigstens fahrlässige Herbeiführung einer Gefahr für Leib und Leben eines anderen durch ein mit gemeingefährlichen Mitteln begangenes Verbrechen (Brandstiftung, Sprengstoffanschlag etc.).

Umfang und Höhe der Leistungen richten sich nach dem Bundesversorgungsgesetz. Sie umfassen insbesondere Heil- und Krankenbehandlungen, Pflegeleistungen, Hilfsmittel (z.B. Rollstuhl, Zahnersatz), Entschädigungszahlungen für Geschädigte und Hinterbliebene, Bestattungs- und Sterbegeld und zusätzliche Fürsorgeleistungen bei wirtschaftlicher Bedürftigkeit (z.B. Hilfe zur Pflege, ergänzende Hilfe zum Lebensunterhalt).

Zur Beantragung der Leistungen genügt ein formloser Antrag bei der Außenstelle des Landesamtes für Soziales, Jugend und Familie. Ein passendes Formular ist online zu finden. Dieser sollte möglichst vollständig ausgefüllt und unterschrieben und an die zuständige Versorgungsbehörde gesandt werden.

Da viele Kinder und Jugendliche und deren Bezugspersonen nicht über das Opferentschädigungsgesetz informiert sind, aber einen Anspruch auf Entschädigung haben, sollten sie durch Fachkräfte hierüber aufgeklärt werden.

8.7   Ärztliches Attest und Beweissicherung

Ein ärztliches Attest über jede Form der Gewalteinwirkung ist ein wichtiger Beweis vor Gericht. Wichtig ist eine gerichtsfeste Dokumentation der Verletzungen und Spurensicherung. Auch wenn die betroffenen Personen erst später darüber entscheiden wollen, ob sie tatbeteiligte Personen anzeigen wollen, muss das ärztliche Attest zeitnah nach der Tat erstellt werden. Es besteht immer die Möglichkeit, eine sogenannte vertrauliche oder anonyme Spurensicherung bei der Polizei in Anspruch zu nehmen. Hierbei werden Beweismittel vertraulich – also ohne die Bekanntgabe des Namens – gesichert. Ebenfalls gibt es einige NGOs, die eine solche anonyme Spurensicherung anbieten oder über eine solche beraten.

8.8   Vereinbarkeit von Therapie und Strafverfahren

»Keine traumatherapeutische Behandlung vor Abschluss des Strafverfahrens« lautet ein gängiger juristischer Rat an Betroffene von Gewalterfahrungen. Aus juristischer Sicht stellen traumafokussierte psychotherapeutische Behandlungen potenzielle Verfälschungen von Beweismitteln dar, da angenommen wird, dass sie Gedächtnisinhalte und Abrufprozesse zu verändern. Es ist unzutreffend, dass jede Traumatherapie die Aussage der Betroffenen prozessual unverwertbar macht oder jedenfalls ihren Beweiswert stark senkt. Bei verantwortlich durchgeführter Beratung oder Therapie kommen keine suggestiven Interventionen zum Einsatz und das Erinnerte wird nicht verzerrt. Erste Studienergebnisse untermauern dies (Ganslmeier et al., 2023).

Dennoch stellt dieses »traumatherapeutische Dilemma« die Kinder und Jugendlichen, ihre Sorgeberechtigten und die Behandelnden häufig vor die Entscheidung, entweder eine Traumatherapie auf Kosten der vom Gericht wahrgenommenen Glaubhaftigkeit zu beginnen oder die rechtlichen Chancen zu Lasten der psychischen Gesundheit zu wahren. Primär liegt diese Entscheidung bei den Kindern und Jugendlichen und ihren Sorgeberechtigten. Dennoch ist die therapeutische Beratung bedeutsam (Bublitz, 2020). Vor Beginn einer traumatherapeutischen Behandlung ist es demnach die Aufgabe der behandelnden Person, die Kinder und Jugendliche und deren Sorgeberechtigten über dieses Thema aufzuklären. Diese müssen neben der verpflichteten allgemeinen Aufklärung über mögliche Auswirkungen auf Erinnerungen sowie Beurteilungen ihrer Glaubhaftigkeit aufgeklärt werden, bevor sie in eine traumatherapeutische Behandlung einwilligen. Den Familien ist eine weitergehende rechtliche Beratung nahezulegen.

Von Seiten der Gesetzgebung gibt es seit Kurzem eine positive Positionierung zugunsten einer raschen und bedarfsgerechten Versorgung mit Psychotherapie (Fornaro et al., 2023): In dem »Gesetz zur Bekämpfung sexualisierter Gewalt gegen Kinder« vom 16.06.2021 steht in Teil B zu Artikel 2, Nr. 3:

> »Auch darf und muss, soweit medizinisch-psychologisch indiziert, ohne Rücksicht auf die in einem Strafverfahren anstehenden Vernehmungen mit einer Therapie begonnen oder eine bereits begonnene Therapie weiter durchgeführt werden. Anderslautende Empfehlungen, mit dem Therapiebeginn bis zum Abschluss des Strafverfahrens abzuwarten, wären geeignet, die Gesundheit der Verletzten zu gefährden, und finden eine Stütze weder im Gesetz noch in der Rechtssprechung, insbesondere ist der Beweiswert von Zeugenaussagen, die erst nach oder während einer Therapie erfolgen, nicht generell geringer.« (Bundesministerium der Justiz, 2021, zitiert nach Fornaro et al., 2023).

Dennoch ist auf eine vollständige und sorgfältige Dokumentation der Therapie zu achten. Eine weitere Empfehlung stellen Anpassungen der Befragungen vor Gericht dar. Diese können nach Absprache nur einmalig, videogestützt und in Abwesenheit der Täter*innen stattfinden (Fornaro et al., 2023). Videoaufnahmen von Aussagen der Kinder und Jugendlichen, die vor Beginn der Traumabehandlung durchgeführt werden, können auch möglichen Vorwürfen einer Verzerrung der Erinnerungen durch die Therapie entgegenwirken. Hierzu können Familien offizielle Videoaufnahmen in Anspruch nehmen, welche sie jedoch bei der Polizei oder zuständigen Staatsanwaltschaft selbstständig einfordern müssen. Das am 1. Dezember 1998 in Kraft getretene Zeugenschutzgesetz eröffnet mit den neuen Bestimmungen der §§ 58 a, 168 e, 247 a und 255 a (StPO) die Video-Aufzeichnung von Vernehmungsinhalten und deren Verwertung sowie die zeitgleiche Video-Übertragung von Vernehmungen innerhalb und außerhalb der Hauptverhandlung. Eine Bild-Ton-Aufzeichnung nach § 58 a Abs. 1 Satz 2 Nr. 2 StPO ist in den Fällen in Betracht zu ziehen, in denen aufgrund bestimmter Anhaltspunkte oder kriminalistischer Erfahrungen anzunehmen ist, dass der Zeuge in der Hauptverhandlung nicht vernommen werden kann. Solche Anhaltspunkte können sich aus dem Alter der bezeugenden Person, ihrem Gesundheitszustand oder etwa daraus ergeben, dass die Sorgeberechtigten eines kindlichen Zeugen ihr Kind aus berechtigter Sorge um dessen Wohl nicht in einer Hauptverhandlung aussagen lassen wollen. Bei Videoaufzeichnungen nach sexualisierter Gewalt sollte vorher geprüft werden, ob die Straftat nicht mit dem Einsatz von Videotechnik verknüpft ist und deshalb angenommen werden muss, dass die Bildaufzeichnung für die Betroffenen eine besondere Belastung darstellt. Sollte die Einforderung einer offiziellen Aufnahme abgelehnt werden, sollten dennoch eigene Aufnahmen gemacht werden. Eine DIY-Aufnahme (»do it yourself«) kann im Rahmen der Glaubhaftigkeitsanalyse verwendet werden, da sie eine Aussage vor Beginn einer Traumatherapie »konserviert«.

Hier bietet sich eine audiovisuelle Aufzeichnung an, beispielsweise mit einem Smartphone.

8.9 Psychotherapeutische Versorgung geflüchteter Kinder und Jugendlicher

In Bezug auf die medizinische, zahnärztliche und psychotherapeutische Versorgung greift bei geflüchteten Kindern und Jugendlichen die Regelung des § 4 Abs. 1 AsylbLG. Laut dieser Regelung haben diese Kinder und Jugendliche bei akuten Krankheiten und Schmerzzuständen einen Anspruch auf die erforderliche Behandlung. Diese medizinische Notfallversorgung ist allerdings deutlich eingeschränkt (Schülle, 2019). Um eine Behandlung in Anspruch nehmen zu können, muss eine »akute« Erkrankung vorliegen (703). Ebenso lässt sich ein Anspruch auf Psychotherapie allenfalls im Falle einer (Kurzzeit-)Behandlung eines akuten seelischen Schmerzzustandes auf § 4 Abs.1 AsylbLG stützen (Schülle, 2019).

Nach § 6 AsylbLG können darüber hinaus nach Ermessen »sonstige Leistungen« gewährt werden, die nicht bereits durch die Grundleistungen der materiellen Existenzgrundsicherung nach § 3 AsylbLG oder die Gesundheitsleistungen des § 4 AsylbLG abgedeckt sind (Berlit et al., 2019).

Diese Vorschrift ermöglicht demnach eine weitergehende grundsätzliche gesundheitliche Versorgung wie beispielsweise die Übernahme von Mehrkosten für eine krankheitsbedingte besondere Ernährung, Leistungen zur ambulanten oder stationären Versorgung, Psychotherapie, Drogentherapie sowie zur Behandlung notwendige sprachmittelnde Fachkräfte und in dem Kontext anfallende Fahrtkosten (Berlit et al., 2019). Vorausgesetzt wird jedoch, dass die Leistungen zur Sicherung der Gesundheit und des Lebens unbedingt notwendig (Cantzler, 2019) bzw. unverzichtbar (Turhan, 2016) sind.

> **Praxistipp**
>
> Hilfreich ist die Nennung von § 3 AsylbLG, § 4 AsylbLG und § 6 AsylbLG im Antrag auf Psychotherapie. Vor allem der Aspekt der Sicherung der Gesundheit und des Lebens sollte im Antrag deutlich herausgearbeitet werden.

8.10 Überprüfung der Lernziele

- Was ist der Unterschied zwischen der Offenbarungsbefugnis und der Offenbarungspflicht?
- In welchen Fällen sollte eine Bild-Ton-Aufzeichnung in Betracht gezogen werden?

9 Zusammenfassung und Ausblick

> **Lernziele**
>
> - Sie kennen zentrale Aspekte der psychotherapeutischen Versorgung und Psychotherapieforschung, die in den nächsten Jahren im Hinblick auf kindliche Traumafolgestörungen nach interpersonellen Gewalt- und Vernachlässigungserfahrungen von Bedeutung sind.

9.1 Zusammenfassung

Etwa 31 % der Kinder und Jugendlichen in Deutschland erleben interpersonelle Gewalt oder Vernachlässigung (Witt et al., 2017). In der Folge besteht für die Kinder und Jugendlichen ein erhöhtes Risiko zur Entwicklung verschiedener psychischer Störungen. Stehen diese weiteren psychischen Störungen mit traumatischen Erlebnissen in Zusammenhang, können sie als Traumafolgestörungen bezeichnet werden (► Kap. 1). Eine diagnostische Einordnung der häufig gerade im Kindesalter recht unspezifischen Symptomatik einer Traumafolgestörung ist nur möglich, wenn eine ausführliche Traumaanamnese mit dem Kind oder Jugendlichen selbst, als auch mindestens einer Bezugsperson durchgeführt wird. Studien zeigen, dass hierdurch keine übermäßige und anhaltende Belastung der Kinder zu erwarten ist (Skar et al., 2019). Neben Screening-, Selbst- und Fremdbeurteilungsbögen sollten stets auch klinische Interviews zur Diagnosestellung eingesetzt werden (► Kap. 4). Außerdem ist eine Abgrenzung der infrage kommenden Traumafolgestörung zu ähnlichen Störungsbildern notwendig. Bei der Diagnostik ist überdies zu beachten, dass sehr häufig Komorbiditäten bestehen. Bei der Mehrzahl der Jugendlichen mit PTBS (87,5 %) liegt auch mindestens eine weitere psychische Störung vor (Perkonigg et al., 2000) (► Kap. 3). Wenngleich einige betroffene Kinder und Jugendliche im Laufe der Zeit reduzierte Belastungen und PTBS Symptome aufzeigen, besteht bei einem Teil die Symptomatik fort oder wird sogar stärker (Osofsky et al., 2015). Die Inanspruchnahme einer psychotherapeutischen Behandlung kann das Risiko einer chronifizierten Störung und Beeinträchtigung bis in das Erwachsenenalter verringern (Goenjian et al., 2021) (► Kap. 2, ► Kap. 5). Verfahrensübergreifend lässt sich die Psychotherapie von Traumafolgestörungen in die Phasen der Stabilisierung, Traumabearbeitung und Integration einteilen (▶ Kap. 6). Die kognitive Verhaltenstherapie stellt das am besten empirisch untersuchte Therapieverfahren dar und zeigt im Vergleich zu aktiven Kontrollbedingungen mittlere bis große Effektstärken. Die größte Wirksamkeit zeigen traumafokussierte Interventionen (Gutermann et al., 2016). Neben der Traumakonfrontation scheint sich die Einbindung von Bezugspersonen in die Behandlung günstig auf die Symptomreduktion auszuwirken (▶ Kap. 7).

9.2 Ausblick

Im Folgenden soll eine Auswahl von Fragestellungen und Problembereichen dargestellt werden, die voraussichtlich in der nahen Zukunft in Forschung und Praxis von zentraler Bedeutung sein werden.

9.2.1 Identifikation von Kindern mit PTBS

In den vergangenen Jahren haben sich die Diagnosekriterien der PTBS durch die Veröffentlichung von DSM-5 und ICD-11 verändert. Hierdurch zeigte sich eine erhöhte Spezifität der Diagnosen nach ICD-11 verglichen mit ICD-10 und somit eine Annäherung der Prävalenzraten nach DSM-5 und ICD-11 (Heeke, O'Donald, Stammel & Böttche, 2020; Sachser & Goldbeck, 2016). Zugleich zeigen sich unterschiedliche zugrundeliegende Faktorenstrukturen, da im DSM-5 ein weiteres Symptomcluster zur Erfassung dysfunktionaler kognitiver und emotionaler Veränderungen hinzugefügt wurde (Hansen, Hyland, Armour, Shevlin & Elklit, 2015; Sachser et al., 2018). Zudem unterscheiden sich die Diagnosesysteme dahingehend, dass im DSM-5 ein Subtyp für Kinder bis zum sechsten Lebensjahr beschrieben wird. Hierdurch besteht eine größere Sensitivität für diese Altersgruppe (De Young & Landolt, 2018). Allerdings weisen Studien darauf hin, dass die Diagnosekriterien auch für die Altersgruppen von 6 bis 18 Jahren überarbeitet werden sollten (Danzi & La Greca, 2017; Mikolajewski, Scheeringa & Weems, 2017). Hierzu sind auch weitere Untersuchungen der Symptomatik bei jungen Kindern notwendig. In den S3-Leitlinien wird empfohlen, dass die PTBS im Alter von 0–3 Jahren untersucht werden sollte, um valide, reliable und ökonomische Diagnosekriterien sowie Messinstrumente entwickeln zu können (Rosner et al., 2019). Auch die Diagnose der kPTBS sollte im Kindesalter validiert werden. Diagnoseinstrumente sollten im interkulturellen Kontext Anwendung finden.

9.2.2 Psychotherapieforschung

Psychotherapieforschung steht insbesondere im Bereich der Kinder- und Jugendlichenpsychotherapie noch am Anfang ihres Weges. In Zukunft wären verschiedene Veränderungen wünschenswert (▶ Kap. 7.1.2), sodass eine individualisierte und prozessbasierte Planung modularer Psychotherapie auf Basis empirischer Studienergebnisse möglich ist. Hierbei sind die bereits bestehenden Bemühungen zur Berechnung präziser Vorhersagemodelle zu erwähnen, die sich jedoch auf die Behandlung von Erwachsenen beziehen (Hoeboer et al., 2021).

Die S3-Leitlinien empfehlen hinsichtlich der Psychotherapieforschung zur Behandlung von Kindern und Jugendlichen mit PTBS unter anderem Studien mit bisher kaum repräsentierten Stichproben wie Kindern im Vorschulalter oder älteren Jugendlichen zur traumafokussierten Psychotherapie, Kindern mit Fluchterfahrungen sowie Kindern mit komorbiden externalisierenden Störungen nach körperlichen Gewalterfahrungen, die Untersuchung von Wirkmechanismen und effektiver Therapiekomponenten durch Dismantlingstudien sowie assoziierter (Verhaltens-)Probleme wie Reviktimisierungen oder Substanzkonsum, Studien mit längeren Katamnesezeiträumen und zur Kombinationsbehandlung mit Psychotherapie und Pharmakotherapie (Rosner et al., 2019).

9.2.3 Behandlung komplexer posttraumatischer Belastungsstörungen

Zur Behandlung komplexer posttraumatischer Belastungsstörungen fehlen ausreichend empirische Ergebnisse, aus welchen sich spezifische Empfehlungen zur Behandlungsplanung ableiten ließen. Dies gilt auch für ein diskutiertes stufenweises Vorgehen, nach dem zunächst eine ausführliche Vermittlung von Fertigkeiten zur Emotionsregulation erfolgt, bevor traumafokussierte Techniken wie die Erstellung eines Traumaberichts durchgeführt werden. In den S3-Leitlinien wird daher empfohlen, dass die Eignung möglicher Interventionen und die Notwendigkeit eines stufenweisen Vorgehens bei Kindern und Jugendlichen mit kPTBS untersucht werden sollte (Rosner et al., 2019).

9.2.4 Interdisziplinäre Kooperation zur Versorgung

Kinder und Jugendliche in Jugendhilfeeinrichtungen stellen eine Risikogruppe für Traumafolgestörungen dar, weil viele von ihnen Gewalt- oder Vernachlässigungserfahrungen machen mussten. Um die psychotherapeutische Anbindung der Kinder und Jugendlichen zu erleichtern, aber auch um die traumasensible Versorgung der Kinder in der Kinder- und Jugendhilfe zu verbessern, wird eine enge Kooperation zwischen der Jugendhilfe und der Kinder- und Jugendlichenpsychotherapie und -psychiatrie empfohlen. Sogenannte Hometreatments in Jugendhilfeeinrichtungen können die Anzahl der Behandlungstage in Kinder- und Jugendpsychiatrien verringern (Besier, Fegert & Goldbeck, 2009). Allerdings bestehen

Hindernisse in der Kooperation und Zusammenarbeit (Müller-Luzi & Schmid, 2017) und vielversprechende regionale Kooperationsmodelle sind nicht bundesweit verbreitet (Adam & Hoffmann, 2012; Jörns-Presentati & Groen, 2019; Rexroth, Schnöbel-Müller, Berg & Linder, 2008). Entsprechend sollten die bereits bestehenden Forschungserkenntnisse zur Weiterentwicklung und Verbreitung von Modellen genutzt werden, welche einen nachhaltigen Aufbau von interdisziplinären Netzwerken ermöglichen.

9.2.5 Dissemination evidenzbasierter Psychotherapie

Nur ein Teil der von Gewalt- und Vernachlässigungserfahrungen betroffenen und psychisch belasteten Kinder und Jugendlichen erhält in Deutschland psychologische Unterstützung. Noch seltener erhalten sie eine evidenzbasierte Psychotherapie (Ganser et al., 2016; Münzer et al., 2018). Mehrere Umfragen deuten darauf hin, dass die Inanspruchnahme insgesamt gering und mit hohen Wartezeiten verbunden ist (Müller et al., 2018; Singer et al., 2022). Zudem wird bei der psychiatrischen oder psychotherapeutischen Vorstellung leider nicht flächendeckend eine Traumaanamnese erhoben (Szota, Schulte & Christiansen, 2021) und bekannte traumatische Ereignisse teilweise nicht thematisiert (Vogel et al., 2021). Zuletzt erfolgt häufig keine Behandlung nach den Empfehlungen der Leitlinien, so werden beispielsweise selten Methoden zur Traumakonfrontation durchgefüht (Equit, Maurer, Michael & Köllner, 2018; Kleine & Kröger, 2018).

Auf Ebene der Kinder und Jugendlichen und ihrer Bezugspersonen behindern unter anderem Befürchtungen vor Stigmatisierung, Prozesse der Selbststigmatisierung und unzureichendes Wissen über Psychotherapie und Zugangswege eine Inanspruchnahme. Sogenannte »Stepped-Care« Ansätze bieten den Vorteil, niedrigschwelliger zu sein und zugleich geringere Kosten mit sich zu bringen. Eine Stepped-Care-Tf-KVT zeigte eine vergleichbare Wirksamkeit mit einer Tf-KVT (Salloum et al., 2016, 2022). Einige Bemühungen zur Untersuchung von Stepped-Care Interventionen finden auch in Deutschland statt (Böge et al., 2020; Pfeiffer et al., 2019; Rosner et al., 2020), finden bislang in der allgemeinen Versorgungspraxis jedoch noch keine Anwendung. Das gleiche gilt für Online-Interventionen, die ebenfalls niedrigschwelliger sind und unter anderem auch zur Überbrückung der Wartezeit auf eine ambulante Psychotherapie eingesetzt werden können. Die Ergebnisse von Meta-Analysen stützen die Annahme einer Wirksamkeit von internetgestützten Interventionen zur Behandlung von Erwachsenen mit PTBS (Sijbrandij, Kunovski, & Cuijpers, 2016; Steubl, Sachser, Baumeister, & Domhardt, 2021). Die Umsetzbarkeit, Sicherheit und Effektivität zur Behandlung von Jugendlichen werden gegenwärtig untersucht (Schulte et al., 2022).

Auf Ebene der Behandelnden lässt sich feststellen, dass trotz des viele Jahre dauernden psychotherapeutischen Ausbildungswegs ein unzureichendes Kompetenzerleben und Befürchtungen in der Exploration von traumatischen Ereignissen und der Durchführung von evidenzbasierten Interventionen berichtet werden (Szota, Schulte et al., 2021). Zugleich bestehen praktische Hindernisse bei der Inanspruchnahme von Fortbildungen. Entsprechend vielversprechend können demnach die bereits evaluierten Web-Trainings betrachtet werden, die sich positiv auf das traumatherapeutische Wissen (Kasparik, Saupe, Mäkitalo & Rosner, 2022) und Kompetenzerleben von Behandelnden auswirkten und Befürchtungen eines Einsatzes reduzierten (Sansen et al., 2019, 2020). Es empfiehlt sich, Bemühungen zur Verbreitung der evidenzbasierten Psychotherapie bereits in die aktuell im Umbruch bestehende Aus- und Weiterbildung von psychotherapeutischen Fachkräften zu integrieren, da unter jüngeren Behandelnden eine größere Offenheit und positivere Einstellungen gegenüber evidenzbasierten Interventionen bestehen (Szota, Thielemann et al., 2021). Dies wird gegenwärtig in einem multizentrischen Projekt erprobt, das zudem die Nützlichkeit einer zusätzlichen traumafokussierten Supervision untersucht (Rosner, Barke et al., 2020).

Take Home Messages

Zur besseren Identifikation sollte bei allen Kindern und Jugendlichen, die sich psychotherapeutisch vorstellen, eine Traumaanamnese durchgeführt werden. Auch Fachkräfte anderer Professionen sollten aktiv nach möglichen Gewalterfahrungen fragen.

Der Zugang zum Hilfesystem und zur passenden Unterstützung kann auch durch eine Entstigmatisierung von psychischen Störungen und einer Enttabuisierung von Gewalt- und Vernachlässigungserfahrungen in der Gesellschaft verbessert werden.

Stepped-Care Ansätze könnten auch in Deutschland zur niedrigschwelligeren Inanspruchnahme von professioneller Unterstützung führen und so den Zugang zu Psychotherapie erleichtern.

Die Diagnosekriterien sollten angepasst werden, sodass Betroffene aller Altersgruppen identifiziert werden können.

Psychotherapieforschung sollte bisher wenig berücksichtigte Gruppen und Störungsbilder fokussieren und auf eine Identifikation von Wirkmechanismen und Empfehlungen für individualisierte Behandlungsplanungen hinzielen.

Fertigkeiten zur interdisziplinären Kooperation sollten in die Ausbildung unterschiedlicher Fachgruppen eingebunden werden. Zudem sollten Modelle zur Zusammenarbeit verbreitet und die Abrechnungsmöglichkeit einer Komplexversorgung auch für traumatisierte Kinder mit schweren psychischen Störungen ermöglicht werden.

Die Verbreitung evidenzbasierter Psychotherapie kann durch eine Einbindung in die reformierte Weiterbildung gelingen. Hierbei sollte das Kompetenzerleben der Behandelnden berücksichtigt und mögliche Befürchtungen reduziert werden.

9.3 Überprüfung der Lernziele

- Welche Bereiche der psychotherapeutischen Versorgung von Kindern und Jugendlichen mit Traumafolgestörungen sollten zukünftig verbessert werden?
- Welche empirischen Untersuchungen sind notwendig?

10 Literaturverzeichnis

Adam, H. & Hoffmann, M. (2012). You'll never walk alone. Ein Kooperationsprojekt von stationärer Kinder- und Jugendhilfe und Kinder- und Jugendpsychiatrie und Psychotherapie. Berlin: Verlag Ruhiges Bewegen.

Admon, R., Milad, M. R. & Hendler, T. (2013). A causal model of post-traumatic stress disorder: disentangling predisposed from acquired neural abnormalities. Trends in cognitive sciences, 17(7), 337–347.

Alisic, E., Zalta, A. K., van Wesel, F., Larsen, S. E., Hafstad, G. S., Hassanpour, K. et al. (2014). Rates of post-traumatic stress disorder in trauma-exposed children and adolescents: meta-analysis. The British Journal of Psychiatry, 204(5), 335–340.

American Psychiatric Association (APA). (2013). Diagnostic and statistical manual of mental disorders (5th ed.). American Psychiatric Association.

Augsburger, M. et al. (2019). Behandlung der PTBS bei Erwachsenen. In I. Schäfer, U. Gast, A. Hofmann, C. Knaevelsrud, A. Lampe, P. Liebermann et al. (Hrsg.), S3-Leitlinie Posttraumatische Belastungsstörung (S. 15–57). Berlin: Springer.

Basu, A., Farkas, D., Jiang, T., Koenen, K., Lash, T., Sørensen, H. & Gradus, J. (2020). Incident psychiatric comorbidity following stress disorder diagnoses in Danish school-aged children: Prospective population-based study. The British Journal of Psychiatry, 217(1), 377–382. https://doi.org/10.1192/bjp.2019.247

Berlit, U.-D., Conradis, W. & Pattar, A. K. (2019). Existenzsicherungsrecht SGB II / SGB XII / AsylbLG / Verfahrensrecht. Handbuch. Baden-Baden: Nomos.

Besier, T., Fegert, J. M. & Goldbeck, L. (2009). Evaluation of psychiatric liaison-services for adolescents in residential group homes. European Psychiatry, 24(7), 483–489. https://doi.org/10.1016/j.eurpsy.2009.02.006

Böge, K., Karnouk, C., Hahn, E., Schneider, F., Habel, U., Banaschewski, T. et al. (2020). Mental health in refugees and asylum seekers (MEHIRA): study design and methodology of a prospective multicentre randomized controlled trail investigating the effects of a stepped and collaborative care model. European Archives of Psychiatry and Clinical Neuroscience, 270(1), 95–106.

Bolten, M., Equit, M., von Gontard, A. & In-Albon, T. (2021). SIVA: 0–6. Das Strukturierte Interview für das Vorschulalter [Verfahrensdokumentation, Interviewleitfaden mit den Modulen 0–16, Handbuch, Zuordnung Module und Interview und Diagnoseblatt]. In Leibniz-Institut für Psychologie (ZPID) (Hrsg.), Open Test Archive. Trier: ZPID. https://doi.org/10.23668/psycharchives.4365

Bonanno, G. A., Papa, A., Lalande, K., Westphal, M. & Coifman, K. (2004). The importance of being flexible: the ability to both enhance and suppress emotional expression predicts long-term adjustment. Psychological Science, 15(7), 482–487.

Breh, D. C. & Seidler, G. H. (2007). Is peritraumatic dissociation a risk factor for PTSD? Journal of Trauma & Dissociation, 8(1), 53–69.

Brewin, C. R. (2011). The nature and significance of memory disturbance in posttraumatic stress disorder. Annual Review of Clinical Psychology, 7, 203–227.

Brewin, C. R., Andrews, B. & Valentine, J. D. (2000). Meta-analysis of risk factors for post-traumatic stress disorder in trauma-exposed adults. Journal of Consulting and Clinical Psychology, 68(5), 748.

Brunello, N., Davidson, J. R., Deahl, M., Kessler, R. C., Mendlewicz, J., Racagni, G. et al. (2001). Posttraumatic stress disorder: Diagnosis and epidemiology, comorbidity and social consequences, biology and treatment. Neuropsychobiology, 43(3), 150–162. https://doi.org/10.1159/000054884

Bublitz, C. (2020). Gesundheit oder Glaubhaftigkeit? Auswege aus dem traumatherapeutischen Dilemma. Ethik in der Medizin, 32(1), 65-83.

Bundespsychotherapeutenkammer (2014). Musterberufsordnung für die Psychologischen Psychotherapeutinnen und Psychotherapeuten und Kinder- und Jugendlichenpsychotherapeutinnen und Kinder- und Jugendlichenpsychotherapeuten in der Fassung des Beschlusses des 24. Deutschen Psychotherapeutentages in Berlin am 17. Mai 2014. Verfügbar unter https://www.ptk-nrw.de/fileadmin/user_upload/downloads/02_kammer/bptk/BPtK_Musterberufsordnung_20140517.pdf (Zugriff am 29.04.2024)

Bundesweiten Arbeitsgemeinschaft der Psychosozialen Zentren für Flüchtlinge und Folteropfer e.V. (BAfF). (2022). Leitlinien für Beratung und Therapie mit qualifizierter Sprachmittlung. https://www.baff-zentren.org/aktuelles/leitlinien-sprachmittlung/ (Zugriff am 19.01.2024)

Canale, C. A., Hayes, A. M., Yasinski, C., Grasso, D. J., Webb, C., & Deblinger, E. (2022). Caregiver behaviors and child distress in trauma narration and processing sessions of trauma-focused cognitive behavioral therapy (TF-CBT). Behavior therapy, 53(1), 64–79.

Cantzler, C. (2019). Asylbewerberleistungsgesetz. Handbuch. Baden-Baden: Nomos

Cisler, J. M., Steele, J. S., Lenow, J. K., Smitherman, S., Everett, B., Messias, E. et al. (2014). Functional reorganization of neural networks during repeated exposure to the traumatic memory in posttraumatic stress disorder: an exploratory fMRI study. Journal of Psychiatric Research, 48(1), 47–55.

Cloitre, M., Stolbach, B. C., Herman, J. L., van der Kolk, B., Pynoos, R., Wang, J. et al. (2009). A developmental approach to complex PTSD: childhood and adult cumulative trauma as predictors of symptom complexity. Journal of traumatic stress, 22(5), 399–408. https://doi.org/10.1002/jts.20444

Cobham, V. E. & McDermott, B. (2014). Perceived parenting change and child posttraumatic stress following a natural disaster. Journal of Child and Adolescent Psychopharmacology, 24(1), 18–23P

Cohen, J. A., Deblinger, E., Mannarino, A. P. & Steer, R. A. (2004). A multisite, randomized controlled trial for children with sexual abuse–related PTSD symptoms. Journal of the American Academy of Child & Adolescent Psychiatry, 43(4), 393–402.

Cohen, J. A., Mannarino, A. P., Deblinger, E. & Goldbeck, L. (2009). Traumafokussierte kognitive Verhaltenstherapie bei Kindern und Jugendlichen. Heidelberg: Springer.

Cohen, J. A., Mannarino, A. P., Perel, J. M. & Staron, V. (2007). A pilot randomized controlled trial of combined trauma-focused CBT and sertraline for childhood PTSD symptoms. Journal of the American Academy of Child & Adolescent Psychiatry, 46 (7), 811–819.

Cornelisse, S., Biermann, M., Enning, F., Schmahl, C. & Kleindienst, N. (2021). DBT-PTSD-EA: Behandlung der posttraumatischen Belastungsstörung nach interpersoneller Traumatisierung in der Kindheit bei Adoleszenten mit Borderline-Symptomatik: Eine Pilotstudie. Der Nervenarzt, 92(7), 679–685.

Dammann, G. & Overkamp, B. (2006). Diagnose, Differentialdiagnose und Komorbidität dissoziativer Störungen des Bewusstseins. In L. Reddemann, A. Hofmann & U. Gast (Hrsg.), Psychotherapie der dissoziativen Störungen: Krankheitsmodelle und Therapiepraxis – störungsspezifisch und schulenübergreifend (2., unveränderte Aufl.) (S. 3–25). Stuttgart, New York: Georg Thieme Verlag.

Danzi, B. A. & La Greca, A. M. (2017). Optimizing clinical thresholds for PTSD: Extending the DSM-5 preschool criteria to school-age children. International Journal of Clinical and Health Psychology, 17(3), 234–241. https://doi.org/10.1016/j.ijchp.2017.07.001

De Bellis M. D. (2001). Developmental traumatology: the psychobiological development of maltreated children and its implications for research, treatment, and policy. Development and psychopathology, 13(3), 539–564. https://doi.org/10.1017/s0954579401003078

de Haan, A., Petermann, F., Meiser-Stedman, R. & Goldbeck, L. (2016). Psychometric properties of the German version of the Child Post-Traumatic Cognitions Inventory (CPTCI-GER). Child psychiatry and human development, 47(1), 151–158.

de Roos, C., Zijlstra, B., Perrin, S., van der Oord, S., Lucassen, S., Emmelkamp, P. et al. (2021). Predictors and moderators of treatment outcome for single incident paediatric PTSD: a multi-centre randomized clinical trial. European Journal of Psychotraumatology, 12(1), 1968138.

De Young, A. C. & Kenardy, J. A. (2017). Preventative early intervention for children and adolescents exposed to trauma. In M. A. Landolt, M. Cloitre & U. Schnyder (Hrsg.), Evidence-based treatments for trauma, (pp. 121–143). Basel: Springer Cham.

De Young, A. C. & Landolt, M. A. (2018). PTSD in children below the age of 6 years. Current psychiatry reports, 20(11), 97. https://doi.org/10.1007/s11920-018-0966-z

Deblinger, E. & Heflin, A. H. (1996). Treating sexually abused children and their nonoffending parents: A cognitive behavioral approach. Newbury Park, CA: Sage Publications.

Deblinger, E., Mannarino, A. P., Cohen, J. A., Runyon, M. K. & Steer, R. A. (2011). Trauma-focused cognitive behavioral therapy for children: Impact of the trauma narrative and treatment length. Depression and anxiety, 28(1), 67–75. https://doi.org/10.1002/da.20744

Deutsche Gesellschaft für Kinder- und Jugendpsychiatrie und -psychotherapie. (2003). Leitlinien zur Diagnostik und Therapie von psychischen Störungen im Säuglings-, Kindes- und Jugendalter (2., überarb. Aufl.). Bonn: Deutscher Ärzte Verlag.

Dolan, Y. (1991). Resolving sexual abuse. New York: Norton.

Döpfner, M. & Görtz-Dorten, A. (2017). Diagnostik-System für psychische Störungen nach ICD-10 und DSM-5 für Kinder und Jugendliche III (DISYPS-III). Göttingen: Hogrefe.

Döpfner, M., Plück, J. & Kinnen, C. (2014). Deutsche Schulalter-Formen der Child Behavior Checklist von Thomas M. Achenbach: Elternfragebogen über das Verhalten von Kindern und Jugendlichen (CBCL/6-18R). Göttingen: Hogrefe.

Doran, G. T. (1981). There's a S.M.A.R.T. way to write management's goals and objectives. Management Review, 70(11), 35–36.

Dorsey, S., McLaughlin, K. A., Kerns, S. E., Harrison, J. P., Lambert, H. K., Briggs, E. C. et al. (2017). Evidence base update for psychosocial treatments for children and adolescents exposed to traumatic events. Journal of Clinical Child & Adolescent Psychology, 46(3), 303–330.

Egle, U. T. & Hardt, J. (2005). Pathogene und protektive Entwicklungsfaktoren für die spätere Gesundheit. In U. T. Egle, S. O. Hoffmann & P. Joraschky (Hrsg.), Sexueller Missbrauch, Misshandlung, Vernachlässigung: Erkennung, Therapie und Prävention der Folgen früher Stresserfahrungen (S. 20–43). Stuttgart: Schattauer Verlag.

Ehlers, A. & Clark, D. M. (2000). A cognitive model of posttraumatic stress disorder. Behaviour Research and Therapy, 38, 319–345. https://doi.org/10.1016/S0005-7967(99)00123-0.

Ehring, T. (2013). Behandlung der posttraumatischen Belastungsstörung bei erwachsenen Überlebenden sexueller oder körperlicher Gewalt in der Kindheit. In A. Maercker (Hrsg.), Posttraumatische Belastungsstörungen (4. Aufl.) (S. 399–418). Berlin, Heidelberg: Springer.

Eilers, R., Rimane, E., Vogel, A., Renneberg, B., Steil, R. & Rosner, R. (2021). Response of young patients with probable ICD-11 complex PTSD to treatment with developmentally adapted cognitive processing therapy. European journal of psychotraumatology, 12(1), 1929024. https://doi.org/10.1080/20008198.2021.1929024

Elliott, R., McKinnon, A., Dixon, C., Boyle, A., Murphy, F., Dahm, T. et al. (2021). Prevalence and predictive value of ICD-11 post-traumatic stress disorder and Complex PTSD diagnoses in children and adolescents exposed to a single-event trauma. Journal of child psychology and psychiatry, and allied disciplines, 62(3), 270–276. https://doi.org/10.1111/jcpp.13240

Equit, M., Maurer, S., Michael, T. & Köllner, V. (2018). Konfrontation oder Stabilisierung: Wie planen Verhaltenstherapeuten die Behandlung bei Posttraumatischer Belastungsstörung? Verhaltenstherapie, 28(1), 7–14.

Essau, C., Conradt, J. & Petermann, F. (1999). Häufigkeit der Posttraumatischen Belastungsstörung bei Jugendlichen: Ergebnisse der Bremer Jugendstudie. Zeitschrift für Kinder-und Jugendpsychiatrie und Psychotherapie, 27, 37-45.

Fegert, J. M. (2015). Selbstfürsorge in der Fallarbeit. In J. M. Fegert, U. Hoffmann, E. König, J. Niehues & H. Liebhardt (Hrsg.), Sexueller Missbrauch von Kindern und Jugendlichen (S. 285–291). Berlin, Heidelberg: Springer Medizin.

Fegert, J. M., Spröber, N., Streeck-Fischer, A. & Freyberger, H. J. (2010). Adoleszenzkrisen aus entwicklungspsychologischer und psychiatrischer Sicht. PDP-Psychodynamische Psychotherapie, 9(1), 2–13.

Felitti, V. J., Anda, R. F., Nordenberg, D., Williamson, D. F., Spitz, A. M., Edwards, V. et al. (1998). Relationship of childhood abuse and household dysfunction to many of the leading causes of death in adults: The Adverse Childhood Experiences (ACE) Study. American Journal of Preventive Medicine, 14, 245–258.

Fischer, G. & Riedesser, P. (2009). Lehrbuch der Psychotraumatologie (4. Aufl.). München: Ernst Reinhardt.

Flatten, G., Gast, U., Hofmann, A., Knaevelsrud, C., Lampe, A., Liebermann, P. et al. (2011). S3-Leitlinie: Posttraumatische Belastungsstörung (ICD-10: F43.1). Trauma & Gewalt, 5, 202–210.

Foa, E. B., Chrestman, K. R. & Gilboa-Schechtman, E. (2016). Verlängerte Konfrontationstherapie für Jugendliche mit einer Posttraumatischen Belastungsstörung: Die emotionale Verarbeitung traumatischer Erfahrungen. Göttingen: Hogrefe.

Foa, E. B. & Kozak, M. J. (1986). Emotional processing of fear: Exposure to correcting information. Psychological Bulletin, 99, 20–35.

Foa, E. B., McLean, C. P., Capaldi, S., & Rosenfield, D. (2013). Prolonged exposure vs supportive counseling for sexual abuse-related PTSD in adolescent girls: a randomized clinical trial. JAMA, 310(24), 2650–2657. https://doi.org/10.1001/jama.2013.282829

Fornaro, P., Szesny-Mahlau, N. & Unterhitzenberger, J. (2023). Traumatherapie mit Kindern und Jugendlichen: Eine Orientierungshilfe für die Behandlung der (komplexen) PTBS. Paderborn: Junfermann Verlag.

Ford, J. D. & Courtois, C. A. (2021). Complex PTSD and borderline personality disorder. Borderline personality disorder and emotion dysregulation, 8(1), 1–21.

Ford, J. D., Charak, R., Karatzias, T., Shevlin, M. & Spinazzola, J. (2022). Can developmental trauma disorder be distinguished from posttraumatic stress disorder? A symptom-level person-centred empirical approach. European journal of psychotraumatology, 13(2), 2133488. https://doi.org/10.1080/20008066.2022.2133488

Ford, J. D., Spinazzola, J. & van der Kolk, B. (2021). Psychiatric comorbidity of developmental trauma disorder and posttraumatic Stress disorder: Findings from the DTD field trial replication (DTDFT-R), European Journal of Psychotraumatology, 12, 1929028. https://doi.org/10.1080/20008198.2021.1929028.

Frost, R., Murphy, J., Hyland, P., Shevlin, M., Ben-Ezra, M., Hansen, M. et al. (2020). Revealing what is distinct by recognising what is common: distinguishing between complex PTSD and Borderline Personality Disorder symptoms using bifactor modelling. European journal of psychotraumatology, 11(1), 1836864.

Ganser, H. G., Münzer, A., Plener, P. L., Witt, A. & Goldbeck, L. (2016). Kinder und Jugendliche mit Misshandlungserfahrungen: Bekommen sie die Versorgung, die sie brauchen? Bundesgesundheitsblatt – Gesundheitsforschung – Gesundheitsschutz, 59(6), 803–810. https://doi.org/10.1007/s00103-016-2351-6

Ganslmeier, M., Kunze, A. E., Ehring, T., & Wolkenstein, L. (2023). The dilemma of trauma-focused therapy: effects of imagery rescripting on voluntary memory. Psychological research, 87(5), 1616–1631. https://doi.org/10.1007/s00426-022-01746-z

Geng, F., Zhou, Y., Liang, Y., Zheng, X., Li, Y., Chen, X. et al. (2019). Posttraumatic stress disorder and psychiatric comorbidity among adolescent earthquake survivors: A longitudinal cohort study. Journal of Abnormal Child Psychology, 47(4), 671–681. https://doi.org/10.1007/s10802-018-0462-2

Gilboa-Schechtman, E., Foa, E. B., Shafran, N., Aderka, I. M., Powers, M. B., Rachamim, L. et al. (2010). Prolonged exposure versus dynamic therapy for adolescent PTSD: A pilot randomized controlled trial. Journal of the American Academy of Child & Adolescent Psychiatry, 49(10), 1034–1042.

Goenjian, A. K., Steinberg, A. M., Walling, D., Bishop, S., Karayan, I. & Pynoos, R. (2021). 25-year follow-up of treated and not-treated adolescents after the Spitak earthquake: Course and predictors of PTSD and depression. Psychological Medicine, 51(6), 976–988. https://doi.org/10.1017/S0033291719003891

Goldbeck, L., Muche, R., Sachser, C., Tutus, D. & Rosner, R. (2016). Effectiveness of trauma-focused cognitive behavioral therapy for children and adolescents: A randomized controlled trial in eight german mental health clinics. Psychother Psychosom, 85, 159–170.

Graf, A., Irblich, D. & Landolt, M. A. (2008). Posttraumatische Belastungsstörungen bei Säuglingen und Kleinkindern. Praxis der Kinderpsychologie und Kinderpsychiatrie, 57(4), 247–263. https://doi.org/10.13109/prkk.2008.57.4.247

Grawe, K. (1995). Grundriss einer Allgemeinen Psychotherapie. Psychotherapeut, 40, 130–145.

Greenwald, R. & Rubin, A. (1999). Brief assessment of children's post traumatic symptoms: Development and preliminary validation of parent and child scales. Research on Social Work Practice, 9, 61.

Guay, S., Billette, V. & Marchand, A. (2006). Exploring the links between posttraumatic stress disorder and social support: Processes and potential research avenues. Journal of Traumatic Stress, 19, 327–338.

Gutermann, J., Schreiber, F., Matulis, S., Schwartzkopff, L., Deppe, J. & Steil, R. (2016). Psychological treatments for symptoms of posttraumatic stress disorder in children, adolescents, and young adults: A meta-analysis. Clinical Child and Family Psychology Review, 19(2), 77–93.

Hagenaars, M. A., van Minnen, A. & Hoogduin, K. A. L. (2010). The impact of dissociation and depression on the efficacy of prolonged exposure treatment for PTSD. Behav Res Ther, 48(1), 19–27.

Hansen, M., Hyland, P., Armour, C., Shevlin, M. & Elklit, A. (2015). Less is more? Assessing the validity of the ICD-11 model of PTSD across multiple trauma samples. European Journal of Psychotraumatology, 6(1). https://doi.org/10.3402/ejpt.v6.28766

Hausmann, C. (2003). Handbuch Notfallpsychologie und Traumabewältigung. Grundlagen, Interventionen, Versorgungsstandards. Wien: Facultas.

Hausmann, U. (2020). Sprachmittlung in der psychiatrisch-psychotherapeutischen Versorgung von Geflüchteten in Baden-Württemberg: Bestandsaufnahme und Bedarfsanalyse. Refugio Stuttgart. https://www.baff-zentren.org/wp-content/uploads/2020/10/23_Refugio-Stuttgart_Doku_Sprachmittlung.pdf (Zugriff am 19.01.2024)

Hébert, M. & Amédée, L. M. (2020). Latent class analysis of post-traumatic stress symptoms and complex PTSD in child victims of sexual abuse and their response to Trauma-Focused Cognitive Behavioural Therapy. European journal of psychotraumatology, 11(1), 1807171.

Heeke, C., O'Donald, A., Stammel, N. & Böttche, M. (2020). Same same but different? DSM-5 versus ICD-11 PTSD among traumatized refugees in Germany. Journal of Psychosomatic Research, 134, 110129. https://doi.org/10.1016/j.jpsychores.2020.110129

Hendriks, L., De Kleine, R. A., Heyvaert, M., Becker, E. S., Hendriks, G.-J. & van Minnen, A. (2017). Intensive prolonged exposure treatment for adolescent complex posttraumatic stress disorder: A single-trial design. Journal of Child Psychology and Psychiatry, 58(11), 1229–1238. https://doi.org/10.1111/jcpp.12756

Hensel, T. (2006). EMDR mit Kindern und Jugendlichen: Ein Handbuch. Göttingen: Hogrefe.

Herman, J. L. (2015). Trauma and recovery: The aftermath of violence–from domestic abuse to political terror. Paris: Hachette UK.

Herzog, P., Kaiser, T. & de Jongh, A. (2023). Wie Mythen der traumafokussierten Psychotherapie eine adäquate Versorgung erschweren. Psychotherapeutenjournal, 1, 30–36.

Hiller, R. & Hensel, T. (2019). ResonaT – Ressourcenorientierte narrative Traumatherapie: Kindern und Jugendlichen mit komplexen Traumafolgestörungen helfen (2., erw. Aufl.). Göttingen: Vandenhoeck & Ruprecht.

Hiller, R. (2012). Narrative in der Behandlung von Kindern mit Posttraumatischer Belastungsstörung. Inaugural-Dissertation zur Erlangung des Doktorgrades der Naturwissenschaften in der Medizin durch die Medizinische Fakultät der Universität Duisburg-Essen.

Hoeboer, C. M., Oprel, D. A., De Kleine, R. A., Schwartz, B., Deisenhofer, A. K., Schoorl, M. et al. (2021). Personalization of treatment for patients with childhood-abuse-related posttraumatic stress disorder. Journal of Clinical Medicine, 10(19), 4522.

Holz, E., Lass-Hennemann, J., Streb, M., Pfaltz, M. & Michael, T. (2014). Effects of acute cortisol administration on perceptual priming of trauma-related material. PloS One, 9(9), 104864.

Huemer, J., Greenberg, M. & Steiner, H. (2017). Pharmacological treatment for children and adolescents with trauma-related disorders. In M. A. Landolt, M. Cloitre & U. Schnyder (Eds.), Evidence-Based Treatments for Trauma Related Disorders in Children and Adolescents (pp. 385–401). Basetl: Springer Cham.

In-Albon, T., Christiansen, H. & Schwenck, C. (2020). Verhaltenstherapie bei Kindern, Jugendlichen und jungen Erwachsenen: Vom Erstgespräch zur Therapieplanung. Stuttgart: Kohlhammer.

International Society for the Study of Trauma and Dissociation (2011). Guidelines for Treating Dissociative Identity Disorder in Adults, Third Revision. Journal of Trauma & Dissociation, 12(2), 115–187.

Isele, D., Teicher, M. H., Ruf-Leuschner, M., Elbert, T., Kolassa, I-T., Schury, K. et al. (2014). KERF – Ein Instrument zur umfassenden Ermittlung belastender Kindheitserfahrungen Erstellung und psychometrische Beurteilung der deutschsprachigen MACE (Maltreatment and Abuse Chronology of Exposure) Scale. Zeitschrift für Klinische Psychologie und Psychotherapie, 43(2), 121–130.

Jans, T., Schneck-Seif, S., Weigand, T. et al. (2008). Long-term outcome and prognosis of dissociative disorder with onset in childhood or adolescence. Child and Adolescent Psychiatry and Mental Health, 2(19). https://doi.org/10.1186/1753-2000-2-19.

Jensen, T. K., Braathu, N., Birkeland, M. S., Ormhaug, S. M. & Skar, A. M. S. (2022). Complex PTSD and treatment outcomes in TF-CBT for youth: A naturalistic study. European journal of psychotraumatology, 13(2), 2114630.

Jensen, T. K., Holt, T., Mørup Ormhaug, S., Fjermestad, K. W. & Wentzel-Larsen, T. (2018). Change in post-traumatic cognitions mediates treatment effects for traumatized youth – A randomized controlled trial. Journal of Counseling Psychology, 65(2), 166–177.

Jörns-Presentati, A. & Groen, G. (2019). Die Lücke schließen. Zur kooperativen Versorgung belasteter junger Menschen zwischen Kinder- und Jugendpsychiatrie und Kinder- und Jugendhilfe. Sozialpsychiatrische Informationen, 49(3), 13–17.

Juen, B., Öhler, U. & Thormar, S. (2009). Posttraumatisches Wachstum bei Einsatzkräften. Zeitschrift Für Psychotraumatologie, Psychotherapiewissenschaft, Psychologische Medizin, 7(1), 9–19.

Kanfer, F. H. & Saslow, G. (1976). Verhaltenstheoretische Diagnostik. In D. Schulte (Hrsg.), Diagnostik in der Verhaltenstherapie (S. 24–59). München: Urban & Schwarzenberg.

Kantor, V., Knefel, M. & Lueger-Schuster, B. (2017). Perceived barriers and facilitators of mental health service utilization in adult trauma survivors: A systematic review. Clinical Psychology Review, 52, 52–68.

Kantor, V., Verginer, L., Glück, T., Knefel, M. & Lueger-Schuster, B. (2022). Barriers and facilitators to accessing mental health services after child maltreatment in foster care: An Austrian survivors' perspective. European Journal of Trauma & Dissociation, 6, 100228.

Kasparik, B., Saupe, L. B., Mäkitalo, S. & Rosner, R. (2022). Online training for evidence-based child trauma treatment: evaluation of the German language TF-CBT-Web. European journal of psychotraumatology, 13(1), 2055890.

Kaufman, A. S. & Kaufman, N. L. (2015). KABC-II – Kaufman-Assesment Battery for Children – Second Edition – Deutsche Bearbeitung hrsg. von P. Melchers & M. Melchers. Göttingen: Hogrefe.

Kessler, R. C., Berglund, P., Demler, O., Jin, R., Merikangas, K. R. & Walters, E. E. (2005). Lifetime prevalence and age-of-onset distributions of DSM-IV disorders in the National Comorbidity Survey Replication. Archives of General Psychiatry, 62(6), 593–602. https://doi.org/10.1001/archpsyc.62.6.593

Kessler, R. C., Sonnega, A., Bromet, E., Hughes, M. & Nelson, C. B. (1995). Posttraumatic stress disorder in the National Comorbidity Survey. Archives of General Psychiatry, 52(12), 1048–1060. https://doi.org/10.1001/archpsyc.1995.03950240066012

Kilpatrick, D. G., Resnick, H. S., Milanak, M. E., Miller, M. W., Keyes, K. M. & Friedman, M. J. (2013). National estimates of exposure to traumatic events and PTSD prevalence using DSM-IV and DSM-5 criteria. Journal of Traumatic Stress, 26(5), 537–547. https://doi.org/10.1002/jts.21848

10 Literaturverzeichnis

Kirsch, V., Keller, F., Tutus, D., & Goldbeck, L. (2018). Treatment expectancy, working alliance, and outcome of Trauma-Focused Cognitive Behavioral Therapy with children and adolescents. Child Adolesc Psychiatry Ment Health, 12, 16.

Kleine, B. & Kröger, C. (2018). Emotionale Reaktionen, Einstellungen und Behandlungstechniken bei Kindern mit einer Posttraumatischen Belastungsstörung. Zeitschrift für Klinische Psychologie und Psychotherapie, 48(1), 2–16.

König, J., Resick, P. A., Karl, R. & Rosner, R. (2012). Posttraumatische Belastungsstörung: Ein Manual zur Cognitive Processing Therapy. Göttingen: Hogrefe.

Krüger, A. (2018). Powerbook – Erste Hilfe für die Seele, Band 1: Trauma-Selbsthilfe für junge Menschen (8. Aufl.). Hamburg: Elbe & Krueger Verlag.

Krüger, A. (2015). Erste Hilfe für traumatisierte Kinder. Ostfildern: Patmos.

Kultalahti, T. T. & Rosner, R. (2008). Risikofaktoren der Posttraumatischen Belastungsstörung nach Trauma-Typ-I bei Kindern und Jugendlichen. Kindheit und Entwicklung, 17(4), 210–218.

Landolt, M. A. (2012). Psychotraumatologie des Kindesalters. Grundlagen, Diagnostik und Interventionen (2. Aufl.). Göttingen: Hogrefe.

Larsen, S. E., Wiltsey, S. S., Smith, B. N. & Resick, P. A. (2016). Symptom exacerbations in trauma-focused treatments: Associations with treatment outcome and non-completion. Behaviour Research and Therapy, 77, 68–77. https://doi.org/10.1016/j.brat.2015.12.009

Levinson, D. B., Halverson, T. F., Wilson, S. M. & Fu, R. (2022). Less dropout from prolonged exposure sessions prescribed at least twice weekly: A meta-analysis and systematic review of randomized controlled trials. Journal of Traumatic Stress, 35(4), 1047–1059. https://doi.org/10.1002/jts.22822

Lewis, S. J., Arseneault, L., Caspi, A., Fisher, H. L., Matthews, T., Moffitt, T. E. et al. (2019). The epidemiology of trauma and post-traumatic stress disorder in a representative cohort of young people in England and Wales. The Lancet Psychiatry, 6(3), 247–256. https://doi.org/10.1016/S2215-0366(19)30031-8

Lincoln, T. & Heibach, E. (2017). Psychosen (Fortschritte der Psychotherapie, Band 67). Göttingen: Hogrefe.

Linehan, M. M. (1987). Dialectical Behavior Therapy for borderline personality disorder: Theory and method. Bulletin of the Menninger Clinic, 51(3), 261–276.

Lommen, M. J. J., Engelhard, I. M., Sijbrandij, M., van den Hout, M. A. & Hermans, D. (2013). Pre-trauma individual differences in extinction learning predict posttraumatic stress. Behaviour Research and Therapy, 51(2), 63–67.

Lühr, K., Zens, C. & Müller-Engelmann, M. (2021). Therapie-Tools Posttraumatische Belastungsstörung. Weinheim, Basel: Beltz.

Maercker, A. (2002). Der PeriTraumaBelastungs-Fragebogen-deutsche Übersetzung. Zürich: Universität Zürich.

Maercker, A. & Eberle, D. J. (2022). Was bringt die ICD-11 im Bereich der trauma- und belastungsbezogenen Diagnosen? Verhaltenstherapie, 32(3), 62–71.

Maercker, A. & Hecker, T. (2016). Trauma-und Gewaltfolgen–psychische Auswirkungen. Bundesgesundheitsblatt-Gesundheitsforschung-Gesundheitsschutz, 59(1), 28–34.

Maercker, A. & Michael, T. (2009). Posttraumatische Belastungsstörungen. In J. Margraf & S. Schneider (Hrsg.) Lehrbuch der Verhaltenstherapie (S. 105–124). Berlin, Heidelberg: Springer. https://doi.org/10.1007/978-3-540-79543-8_6

Maercker, A. & Müller, J. (2004). Societal acknowledgement as victim or survivor: A scale to measure a recovery factor of PTSD. Journal of Traumatic Stress, 17(4), 345–351. https://doi.org/10.1023/B:JOTS.0000038484.15488.3d.

Maercker, A. (2013). Posttraumatische Belastungsstörungen (4. Aufl.). Berlin, Heidelberg: Springer.

Maercker, A. (2017). Trauma und Traumafolgestörungen. München: CH Beck.

Maercker, A., Brewin, C. R., Bryant, R. A., Cloitre, M., Reed, G. M., van Ommeren, M. et al. (2013). Proposals for mental disorders specifically associated with stress in the International Classification of Diseases-11. Lancet, 381(9878), 1683–1685. https://doi.org/10.1016/S0140-6736(12)62191-6

Maercker, A., Forstmeier, S., Wagner, B., Glaesmer, H. & Brähler, E. (2008). Posttraumatische Belastungsstörungen in Deutschland. Ergebnisse einer gesamtdeutschen epidemiologischen Untersuchung. Der Nervenarzt, 79(5), 577–586. https://doi.org/10.1007/s00115-008-2467-5

Maercker, A., Pielmaier, L. & Gahleitner, S. B. (2019). Risikofaktoren, Resilienz und posttraumatische Reifung. In G. H. Seidler, H. J. Freyberger, H. Glaesmer & S. B. Gahleitner (Hrsg.), Handbuch der Psychotraumatologie (S. 87–100). Stuttgart: Klett-Cotta.

Martsenkovskyi, D. (2017). A pilot study: Comparison of one-year outcomes of fluoxetine vs trauma-focused cognitive behavioural therapy of war-related PTSD in children. Eur Neuropsychopharmacol., 27, 1106–1107.

Matulis, S., Resick, P. A., Rosner, R. & Steil, R. (2014). Developmentally adapted cognitive processing therapy for adolescents suffering from posttraumatic stress disorder after childhood sexual or physical abuse: A pilot study. Clinical Child and Family Psychology Review, 17, 173–190. https://doi.org/10.1007/s10567-013-0156-9

May, A. & Bundesarbeitsgemeinschaft Prävention & Prophylaxe (Hrsg.) (2006). Emotionale Gewalt: Traumatisierung in der Kindheit durch nahe Bezugspersonen. Berlin: Verlag Jonglerie.

Mayer, S. (2007). Soziodemografische und personenrelevante Resilienzfaktoren und deren Einfluss auf die Traumabewältigung. Eine Bedingungsanalyse am Beispiel der Katastrophe von Kaprun. Unveröffentlichte Dissertation, Leopold-Franzens-Universität Innsbruck.

McGuire, A., Steele, R. G. & Singh, M. N. (2021). Systematic review on the application of trauma-focused cognitive behavioral therapy (TF-CBT) for preschool-aged children. Clinical Child and Family Psychology Review, 24(1), 20–37.

McNally, R. (1991). Assessment of posttraumatic stress disorder in children. Psychological Assessment: A Journal of Consulting and Clinical Psychology, 3, 531–537.

Mehl, M. R. & Pennebaker, J. W. (2003). The social dynamics of a cultural upheaval: Social interactions surrounding September 11, 2001. Psychological Science, 14, 579–585.

Meiser-Stedman, R., Dalgleish, T., Glucksman, E., Yule, W. & Smith, P. (2009). Maladaptive cognitive appraisals mediate the evolution of posttraumatic stress reactions: A 6-month follow-up of child and adolescent assault and motor vehicle accident survivors. Journal of Abnormal Psychology, 118(4), 778–787.

Merod, R. (2020). Dialektisch-behaviorale Therapie (DBT-A) mit Jugendlichen mit einer Borderline-Persönlichkeitsstörung: Therapiemanual für Einzeltherapie und Skills-Training bei Borderline-Persönlichkeitsstörung. Tübingen: DGVT Verlag.

Metzner, F., Sobania, K., Vasileva, M., Wichmann, M., Lempertz, D., & Pawils, S. (2020). Die Posttraumatische Belastungsstörung (PTBS) bei Kindern im Vorschulalter: Ein Überblick zu Diagnostik, Prävalenz und Versorgungssituation in Deutschland. Zeitschrift für Psychiatrie, Psychologie und Psychotherapie. 68(1), 16–32

Michael, T. & Ehlers, A. (2007). Enhanced priming for trauma-related stimuli and PTSD symptoms: Two experimental investigations. Behaviour Research and Therapy, 45, 341–358.

Michael, T., Ehlers, A. & Halligan, S. L. (2005). Enhanced priming for trauma-related material in posttraumatic stress disorder. Emotion, 5, 103–112.

Michael, T., Ehlers, A., Halligan, S. L. & Clark, D. M. (2005). Unwanted memories of assault: What intrusion characteristics are associated with PTSD? Behaviour Research and Therapy, 43, 613–628.

Michael, T., Köllner, V. & Frommberger, U. (2019). Adjuvante Verfahren. In I. Schäfer, U. Gast, A. Hofmann, C. Knaevelsrud, A. Lampe, P. Liebermann et al. (Hrsg.), S3-Leitlinie Posttraumatische Belastungsstörung (S. 33–37). Berlin: Springer.

Michael, T., Munsch, S. & Lajtman, M. (2006). Kognitiv-verhaltenstherapeutische Frühinterventionsverfahren nach Traumatisierung: Übersicht und Evaluation. Verhaltenstherapie, 16, 283–292.

Michael, T., Sopp, R. & Maercker, A. (2018). Posttraumatische Belastungsstörungen. In S. Schneider & J. Margraf (Hrsg.), Lehrbuch der Verhaltenstherapie, Band 2 (S. 105–124). Berlin, Heidelberg: Springer.

Mikolajewski, A. J., Scheeringa, M. S. & Weems, C. F. (2017). Evaluating Diagnostic and Statistical Manual of Mental Disorders, fifth edition posttraumatic stress disorder diagnostic

criteria in older children and adolescents. Journal of Child and Adolescent Psychopharmacology, 27(4), 374–382. https://doi.org/10.1089/cap.2016.0134
Morelli, N. M. & Villodas, M. T. (2022). A systematic review of the validity, reliability, and clinical utility of Developmental Trauma Disorder (DTD) symptom criteria. Clinical child and family psychology review, 25(2), 376–394. https://doi.org/10.1007/s10567-021-00374-0
Moreno-Alcázar, A., Treen, D., Valiente-Gómez, A., Sio-Eroles, A., Pérez, V., Amann, B. L. et al. (2017). Efficacy of Eye Movement Desensitization and Reprocessing in children and adolescent with post-traumatic stress disorder: A meta-analysis of randomized controlled trials. Frontiers in psychology, 8, 1750.
Morina, N., Koerssen, R. & Pollet, T. V. (2016). Interventions for children and adolescents with posttraumatic stress disorder: A meta-analysis of comparative outcome studies. Clinical Psychology Review, 47, 41–54.
Mowrer, O. H. (1951). Two-factor learning theory: summary and comment. Psychological review, 58(5), 350–354. https://doi.org/10.1037/h0058956
Müller, M., Klewer, J., & Karutz, H. (2019). Ambulante psychotherapeutische Versorgungssituation von traumatisierten Kindern und Jugendlichen in Deutschland. Zeitschrift für Kinder-und Jugendpsychiatrie und Psychotherapie, 47(4), 314–322.
Müller-Luzi, S. & Schmid, M. (2017). Gelingensfaktoren und Stolpersteine in der Kooperation mit der Kinder-und Jugendpsychiatrie/-psychotherapie aus Sicht sozialpädagogischer Fachkräfte. Praxis der Kinderpsychologie und Kinderpsychiatrie, 66(8), 576–598.
Münzer, A., Rosner, R., Ganser, H. G., Naumann, A., Plener, P. L., Witt, A. et al. (2018). Usual care for maltreatment- related pediatric posttraumatic stress disorder in Germany. Zeitschrift für Kinder- und Jugendpsychiatrie und Psychotherapie, 46(2), 135–141. https://doi.org/10.1024/1422-4917/a000548
Murray, J., Ehlers, A. & Mayou, R. A. (2002). Dissociation and posttraumatic stress disorder: two prospective studies of motor vehicle accident survivors. British Journal of Psychiatry, 180, 613–628.
Naveed, S., Shaik, S. N., Faquih, A. E., Kumar, V. & Motiwala, F. (2020). Psychopharmacological treatment of pediatric PTSD. Psychiatric Annals, 50(5), 209–228.
Neuschwander, M., In-Albon, T., Adornetto, C., Roth, B. & Schneider, S. (2013). Interrater-Reliabilität des Diagnostischen Interviews bei psychischen Störungen im Kindes- und Jugendalter (Kinder-DIPS). Zeitschrift für Kinder- und Jugendpsychiatrie und Psychotherapie, 41(5), 319–334.
Nugent, N. R., Christopher, N. C., Crow, J. P., Browne, L., Ostrowski, S. & Delahanty, D. L. (2010). The efficacy of early propranolol administration at reducing PTSD symptoms in pediatric injury patients: A pilot study. J Trauma Stress, 23(2), 282–287.
Osofsky, J. D., Osofsky, H. J., Weems, C. F., King, L. S. & Hansel, T. C. (2015). Trajectories of post-traumatic stress disorder symptoms among youth exposed to both natural and technological disasters. Journal of child psychology and psychiatry, 56(12), 1347–1355.
Ozer, E. J., Best, S. R., Lipsey, T. L. & Weiss, D. S. (2003). Predictors of posttraumatic stress disorder and symptoms in adults: A meta-analysis. Psychological Bulletin, 129(1), 52–73. https://doi.org/10.1037/1942-9681.S.1.
Pausch, M. J. & Matten, S. J. (2018). Trauma und Posttraumatische Belastungsstörung (PTBS)–Definition, Einteilung, Epidemiologie und Geschichte. In M. J. Pausch & S. J. Matten (Hrsg.), Trauma und Traumafolgestörung: In Medien, Management und Öffentlichkeit (S. 3–12). Wiesbaden: Springer.
Pennebaker, J. W., Barger, S. D. & Tiebout, J. (1989). Disclosure of traumas and health among Holocaust survivors. Psychosomatic Medicine, 51, 577–589.
Perkonigg, A., Kessler, R. C., Storz, S. & Wittchen, H. U. (2000). Traumatic events and post-traumatic stress disorder in the community: prevalence, risk factors and comorbidity. Acta Psychiatr Scand, 101(1), 46–59.
Perrin, S., Meiser-Stedman, R., & Smith, P. (2005). The children's revised impact of event scale (CRIES): Validity as a screening instrument for PTSD. Behavioural and Cognitive Psychotherapy, 33(4), 487–498. https://doi.org/10.1017/S1352465805002419
Pfeiffer, E., Sachser, C., Tutus, D., Fegert, J. M. & Plener, P. L. (2019). Trauma-focused group intervention for unaccompanied young refugees: »Mein Weg»—predictors of treatment

outcomes and sustainability of treatment effects. Child and adolescent psychiatry and mental health, 13(1), 1–10.

Popp, L., Neuschwander, M., Mannstadt, S., In-Albon, T. & Schneider, S. (2017). Parent-child diagnostic agreement on anxiety symptoms with a structured diagnostic interview for mental disorders in children. Frontiers in Psychology, 8(404), 1–12. https://doi.org/10.3389/fpsyg.2017.00404.

Powers, A., Petri, J. M., Sleep, C., Mekawi, Y., Lathan, E. C., Shebuski, K., Bradley, B. & Fani, N. (2022). Distinguishing PTSD, complex PTSD, and borderline personality disorder using exploratory structural equation modeling in a trauma-exposed urban sample. Journal of anxiety disorders, 88, 102558. https://doi.org/10.1016/j.janxdis.2022.102558

Raven, J. C. (2001). CPM – Coloured Progressive Matrices. Göttingen: Hogrefe.

Reddemann, L. (2016). Imagination als heilsame Kraft: Ressourcen und Mitgefühl in der Behandlung von Traumafolgen (19., vollst. überarb. Neuaufl.). Stuttgart: Klett-Cotta.

Reddemann, O., Schellong, J., Lueger-Schuster, B., Köllner, V., Frommberger, U. & Liebermann, P. (2019). Versorgungskonzepte und Versorgungsrealität bei Menschen mit PTBS. In I. Schäfer, U. Gast, A. Hofmann, C. Knaevelsrud, A. Lampe, P. Liebermann et al. (Hrsg.), S3-Leitlinie Posttraumatische Belastungsstörung (S. 71–82). Berlin: Springer.

Rexroth, C., Schnöbel-Müller, E., Berg, W. & Linder, M. (2008). Kinder-und jugendpsychiatrischer Liaisondienst. Nervenheilkunde, 27(01), 40–41. https://doi.org/10.1055/s-0038-1627278

Robb, A. S., Cueva, J. E., Sporn, J., Yang, R. & Vanderburg, D. G. (2010). Sertraline treatment of children and adolescents with posttraumatic stress disorder: A double-blind, placebo-controlled trial. Journal of Child and Adolescent Psychopharmacology, 20(6), 463–471.

Robert, R., Tcheung, W. J., Rosenberg, L., Rosenberg, M., Mitchell, C., Villarreal, C. et al. (2008). Treating thermally injured children suffering symptoms of acute stress with imipramine and fluoxetine: a randomized, double-blind study. Burns, 34(7), 919–928.

Roozendaal, B., Okuda, S., de Quervain, D. J.-F. & McGaugh, J. L. (2006). Glucocorticoids interact with emotion-induced noradrenergic activation in influencing different memory functions. Neuroscience, 138(3), 901–910.

Rörig, J. W. (2021, 25. August). Definition von sexuellem Missbrauch. Verfügbar unter https://beauftragte-missbrauch.de/themen/definition/definition-von-kindesmissbrauch (Zugriff am 29.04.2024)

Rosner, R. & Steil, R. (2014). Posttraumatische Belastungsstörung häufig mit chronischem Verlauf. Pädiatrie: Kinder- und Jugendmedizin hautnah, 26(5), 327–335.

Rosner, R. & Unterhitzenberger, J. (2019). Posttraumatische Belastungsstörung. In S. Schneider & J. Margraf (Hrsg.), Lehrbuch der Verhaltenstherapie, Band 3 (S. 623–640). Berlin, Heidelberg: Springer. https://doi.org/10.1007/978-3-662-57369-3_35

Rosner, R., Barke, A., Albrecht, B., Christiansen, H., Ebert, D. D., Lechner-Meichsner, F. et al. (2020). BEST FOR CAN – bringing empirically supported treatments to children and adolescents after child abuse and neglect: study protocol. European journal of psychotraumatology, 11(1), 1837531. https://doi.org/10.1080/20008198.2020.1837531

Rosner, R., Gutermann, J., Landolt, M. A., Plener, P. & Steil, R. (2019). Behandlung der PTBS bei Kindern und Jugendlichen. In I. Schäfer, U. Gast, A. Hofmann, C. Knaevelsrud, A. Lampe, P. Liebermann et al. (Hrsg.), S3-Leitlinie Posttraumatische Belastungsstörung (S. 51–70). Berlin: Springer.

Rosner, R., Rimane, E., Frick, U., Gutermann, J., Hagl, M., Renneberg, B., Schreiber, F., Vogel, A. & Steil, R. (2019). Effect of developmentally adapted cognitive processing therapy for youth with symptoms of posttraumatic stress disorder after childhood sexual and physical abuse: A randomized clinical trial. JAMA psychiatry, 76(5), 484–491.

Rosner, R., Sachser, C., Hornfeck, F., Kilian, R., Kindler, H., Muche, R. et al. (2020). Improving mental health care for unaccompanied young refugees through a stepped-care approach versus usual care+: study protocol of a cluster randomized controlled hybrid effectiveness implementation trial. Trials, 21(1), 1–13.

Rothbaum, B. O. & Davis M. (2003). Applying learning principles to the treatment of post-trauma reactions. Annals of the New York Academy of Sciences, 1008, 112–121.

Ruf, M., Schauer, M., Neuner, F., Catani, C., Schauer, E. & Elbert, T. (2010). Narrative exposure therapy for 7- to 16-year-olds: a randomized controlled trial with traumatized refugee children. Journal of traumatic stress, 23(4), 437–445.

Ruf, M., Schauer, M., Neuner, F., Schauer, E., Catani, C. & Elbert, T. (2007). KIDNET – Narrative Expositionstherapie (NET) für Kinder. In M. A. Landolt & T. Hensel (Hrsg.), Traumatherapie bei Kindern und Jugendlichen (S. 84–109). Göttingen: Hogrefe.

Sachser, C. & Goldbeck, L. (2017). Angst, Depression und Trauma – transdiagnostische Effekte der traumafokussierten kognitiven Verhaltenstherapie (TF-KVT). Kindheit und Entwicklung, 26(2), 93–99.

Sachser, C., Berliner, L., Holt, T., Jensen, T., Jungbluth, N., Risch, E. et al. (2018). Comparing the dimensional structure and diagnostic algorithms between DSM-5 and ICD-11 PTSD in children and adolescents. European Child & Adolescent Psychiatry, 27(2), 181–190. https://doi.org/10.1007/s00787-017-1032-9

Sachser, C., Berliner, L., Risch, E., Rosner, R., Birkeland, M. S., Eilers, R. et al. (2022). The Child and Adolescent Trauma Screen 2 (CATS-2) – Validation of an instrument to measure DSM-5 and ICD-11 PTSD and complex PTSD in children and adolescents. European journal of psychotraumatology, 13(2), 2105580. https://doi.org/10.1080/20008066.2022.2105580

Sachser, C., Keller, F. & Goldbeck, L. (2017). Complex PTSD as proposed for ICD-11. Validation of a new disorder in children and adolescents and their response to trauma-focused cognitive behavioral therapy. Journal of Child Psychology and Psychiatry, 58, 160–168. https://doi.org/10.1111/jcpp.12640

Sachser, C., Rassenhofer, M., & Goldbeck, L. (2016). Traumafokussierte kognitive Verhaltenstherapie mit Kindern und Jugendlichen – Klinisches Vorgehen, Evidenzbasis und weitere Perspektiven. Zeitschrift fur Kinder- und Jugendpsychiatrie und Psychotherapie, 44(6), 479–490. https://doi.org/10.1024/1422-4917/a000436

Salloum, A., Lu, Y., Chen, H., Quast, T., Cohen, J. A., Scheeringa, M. S. et al. (2022). Stepped care versus standard care for children after trauma: A randomized non-inferiority clinical trial. Journal of the American Academy of Child and Adolescent Psychiatry, 61(8), 1010–1022.e4. https://doi.org/10.1016/j.jaac.2021.12.013

Salloum, A., Wang, W., Robst, J., Murphy, T. K., Scheeringa, M. S., Cohen, J. A. et al. (2016). Stepped care versus standard trauma-focused cognitive behavioral therapy for young children. Journal of child psychology and psychiatry, and allied disciplines, 57(5), 614–622. https://doi.org/10.1111/jcpp.12471

Salmon, K., Pipe, M.-E., Malloy, A. & Mackay, K. (2012). Do non-verbal aids increase the effectiveness of »best practice« verbal interview techniques? An experimental study. Applied Cognitive Psychology, 26, 370–380.

Sansen, L. M., Saupe, L. B., Steidl, A., Fegert, J. M., Hoffmann, U. & Neuner, F. (2019). Daring to process the trauma: Using a web-based training to reduce psychotherapists' fears and reservations around implementing trauma-focused therapy. European Journal of Psychotraumatology, 10(1), 1696590. https://doi.org/10.1080/20008198.2019.1696590

Sansen, L. M., Saupe, L. B., Steidl, A., Fegert, J. M., Hoffmann, U. & Neuner, F. (2020). Development and randomized-controlled evaluation of a web-based training in evidence-based trauma therapy. Professional Psychology: Research and Practice, 51(2), 115–124. https://doi.org/10.1037/pro0000262

Schäfer, I., Gast, U., Hofmann, A., Knaevelsrud, C., Lampe, A., Liebermann, P. et al. (Hrsg.). (2019). S3-Leitlinie Posttraumatische Belastungsstörung. Berlin: Springer.

Scheeringa, M. S. & Zeanah, C. H. (1994). PTSD semi-structured interview and observation record for infants and young children: department of psychiatry and neurology. Tulane University Health Sciences Center, New Orleans.

Scheeringa, M. S. (2011). PTSD in children younger than age of 13: Towards a developmentally sensitive diagnosis. Journal of Child & Adolescent Trauma, 4(3), 181–197.

Scheeringa, M. S., Peebles, C. D., Cook, C. A., & Zeanah, C. H. (2001). Towards establishing procedural, criterion, and discriminant validity for PTSD in early childhood. Journal of the American Academy of Child and Adolescent Psychiatry, 40, 52–60. https://doi.org/10.1097/00004583-200101000-00016

Scheeringa, M. S., Zeanah, C. H., Drell, M. J. & Larrieu, J. A. (1995). Two approaches to the diagnosis of posttraumatic stress disorder in infancy and early childhood. Journal of the American Academy of Child and Adolescent Psychiatry, 34, 191–200.

Scheeringa, M. S., Zeanah, C. H., Myers, L. & Putnam, F. W. (2003). New findings on alternative criteria for PTSD in preschool children. Journal of the American Academy of Child & Adolescent Psychiatry, 42(5), 561–570. https://doi.org/10.1097/01.CHI.0000046822.95464.14

Scheeringa, M. S., Zeanah, C. H., Myers, L. & Putnam, F. W. (2005). Predictive validity in a prospective follow-up of PTSD in preschool children. Journal of the American Academy of Child & Adolescent Psychiatry, 44(9), 899-906.

Schellong, J., Schützwohl, M., Lorenz, P. & Trautmann, S. (2019). Diagnostik und Differenzialdiagnostik. In A. Maercker, A. (Hrsg.), Traumafolgestörungen (S. 130–156). Berlin, Heidelberg: Springer.

Schmidt, M. H. & Poustka, F. (2006). Multiaxiales Klassifikationsschema für psychische Störungen des Kindes-und Jugendalters nach ICD-10 der WHO: mit einem synoptischen Vergleich von ICD-10 mit DSM-IV. Göttingen: Hogrefe.

Schneider, S., Pflug, V., In-Albon, T. & Margraf, J. (2017). Kinder-DIPS Open Access: Diagnostisches Interview bei psychischen Störungen im Kindes- und Jugendalter. Bochum: Forschungs- und Behandlungszentrum für psychische Gesundheit, Ruhr-Universität Bochum. Verfügbar unter https://doi.org/10.13154/rub.101.90 (Zugriff am 29.04.2024).

Schülle, M. (2019). Medizinische Versorgung für Menschen mit Behinderungen, die Leistungen nach dem Asylbewerberleistungsgesetz erhalten. In M. Westphal & G. Wansing (Hrsg.), Migration, Flucht und Behinderung. Herausforderungen für Politik, Bildung und psychosoziale Dienste (S. 145–165). Wiesbaden: Springer VS.

Schulte, C., Zarski, A. C., Sachser, C., Rosner, R. & Ebert, D. D. (2022). Internet- and mobile-based trauma-focused intervention for adolescents and young adults with posttraumatic stress disorder: a study protocol of a proof-of-concept feasibility study. European journal of psychotraumatology, 13(2), 2101345. https://doi.org/10.1080/20008198.2022.2101345

Sciarrino, N. A., Warnecke, A. J. & Teng, E. J. (2020). A systematic review of intensive empirically supported treatments for posttraumatic stress disorder. Journal of Traumatic Stress, 33(4), 443–454. https://doi.org/10.1002/jts.22556

Siehl, S., Robjant, K. & Crombach, A. (2021). Systematic review and meta-analyses of the long-term efficacy of narrative exposure therapy for adults, children and perpetrators. Psychotherapy Research, 31(6), 695–710.

Sijbrandij, M., Kunovski, I. & Cuijpers, P. (2016). Effectiveness of internet-delivered cognitive behavioral therapy for posttraumatic stress disorder: A systematic review and meta-analysis. Depression and Anxiety, 33(9), 783–791.

Simons, M. (2018). Metakognitive Therapie mit Kindern und Jugendlichen. Weinheim: Beltz.

Simons, M., & Herpertz-Dahlmann, B. (2008). Traumata und Traumafolgestörungen bei Kindern und Jugendlichen-eine kritische Übersicht zu Klassifikation und diagnostischen Kriterien. Zeitschrift für Kinder-und Jugendpsychiatrie und Psychotherapie, 36(3), 151–161.

Singer, S., Maier, L., Paserat, A., Lang, K., Wirp, B., Kobes, J. et al. (2022). Wartezeiten auf einen Psychotherapieplatz vor und nach der Psychotherapiestrukturreform. Psychotherapeut, 67(2), 176–184.

Skar, A. M. S., Ormhaug, S. M. & Jensen, T. K. (2019). Reported levels of upset in youth after routine trauma screening at mental health clinics. JAMA Network Open, 2(5), 194003.

Somers, K., Spruit, A., Stams, G. J., Vandevelde, S., Lindauer, R. & Assink, M. (2022). Identifying effective moderators of cognitive behavioural trauma treatment with caregiver involvement for youth with PTSD: a meta-analysis. European Child & Adolescent Psychiatry, 1–15.

Splevins, K. A., Cohen, K., Joseph, S., Murray, C. & Bowley, J. (2010). Vicarious posttraumatic growth among interpreters. Qualitative Health Research, 20(12), 1705–1716. https://doi.org/10.1177/1049732310377457

Spranz, S., Loos, R. & Steil, R., (2018). Trauma-Symptom-Checkliste für Kinder und Jugendliche (TSC-KJ). Göttingen: Hogrefe.

10 Literaturverzeichnis

Starostzik, C. (2020). Mehr Beachtung der PTBS bei Kindern und Jugendlichen. DNP-Der Neurologe & Psychiater, 21(3), 19–22.

Steil, R. & Füchsel, G. (2006). IBS-KJ (Interviews zu Belastungsstörungen bei Kindern und Jugendlichen). Göttingen: Hogrefe.

Steil, R. & Rosner, R (2009). Posttraumatische Belastungsstörung (Leitfaden Kinder- und Jugendpsychotherapie, Band 12). Göttingen: Hogrefe.

Steil, R., Dyer, A., Priebe, K., Kleindienst, N. & Bohus, M. (2011). Dialectical behavior therapy for posttraumatic stress disorder related to childhood sexual abuse: a pilot study of an intensive residential treatment program. Journal of Traumatic Stress, 24(1), 102–106.

Steinberg, A. M., Brymer, M. J., Decker, K. B. & Pynoos, R. S. (2004). The University of California at Los Angeles post-traumatic stress disorder reaction index. Current psychiatry reports, 6(2), 96–100.

Steiner, H., Saxena, K. S., Carrion, V., Khanzode, L. A., Silverman, M. & Chang, K. (2007). Divalproex sodium for the treatment of PTSD and conduct disordered youth: A pilot randomized controlled clinical trial. Child psychiatry and human development, 38(3), 183–193.

Steubl, L., Sachser, C., Baumeister, H. & Domhardt, M. (2021). Mechanisms of change in internet- and mobile-based interventions for PTSD: A systematic review and meta-analysis. European Journal of Psychotraumatology, 12(1), 1879551.

Steudte, S., Kirschbaum, C., Gao, W., Alexander, N., Schönfeld, S., Hoyer, J. & Stalder, T. (2013). Hair cortisol as a biomarker of traumatization in healthy individuals and post-traumatic stress disorder patients. Biological psychiatry, 74(9), 639–6.

Stoddard, F. J., Jr, Luthra, R., Sorrentino, E. A., Saxe, G. N., Drake, J., Chang, Y. et al. (2011). A randomized controlled trial of sertraline to prevent posttraumatic stress disorder in burned children. Journal of child and adolescent psychopharmacology, 21(5), 469–477. https://doi.org/10.1089/cap.2010.0133

Stoltenborgh, M., Bakermans-Kranenburg, M. J. & van Ijzendoorn, M. H. (2013). The neglect of child neglect: A meta-analytic review of the prevalence of neglect. Social Psychiatry and Psychiatric Epidemiology, 48(3), 345–355. https://doi.org/10.1007/s00127-012-0549-y.

Stoltenborgh, M., Bakermans-Kranenburg, M. J., Alink, L. R. A. & van Ijzendoorn, M. H. (2012). The universality of childhood emotional abuse: A meta-analysis of worldwide prevalence. Journal of Aggression, Maltreatment & Trauma, 21(8), 870–890. https://doi.org/10.1080/10926771.2012.708014.

Stoltenborgh, M., van Ijzendoorn, M. H., Euser, E. M. & Bakermans-Kranenburg, M. J. (2011). A global perspective on child sexual abuse: Meta-analysis of prevalence around the world. Child Maltreatment, 16(2), 79–101. https://doi.org/10.1177/1077559511403920.

Streb, M., Häller, P. & Michael, T. (2014). PTSD in paramedics: resilience and sense of coherence. Behavioural and Cognitive Psychotherapy, 42(4), 452–463.

Szota, K., Schulte, K. L. & Christiansen, H. (2021). Kompetenzerleben von Psychotherapeut_innen im Umgang mit Kindern und Jugendlichen mit Gewalterfahrungen und Traumafolgestörungen. Kindheit und Entwicklung, 30(3), 192–201.

Szota, K., Schulte, K. L. & Christiansen, H. (2022). Interventions Involving Caregivers for Children and Adolescents Following Traumatic Events: A Systematic Review and Meta-Analysis. Clinical Child and Family Psychology Review, 1–16. https://doi.org/10.1007/s10567-022-00415-2

Szota, K., Thielemann, J. F. B., Christiansen, H., Rye, M., Aarons, G. A. & Barke, A. (2021). Cross-cultural adaption and psychometric investigation of the German version of the Evidence Based Practice Attitude Scale (EBPAS-36D). Health research policy and systems, 19(1), 90. https://doi.org/10.1186/s12961-021-00736-8

Tagay, S., Düllmann, S., Hermans, E., Repic, N., Hiller, R. & Senf, W. (2011). Das Essener Trauma-Inventar für Kinder und Jugendliche (ETI-KJ). Zeitschrift für Kinderund Psychiatrie und Psychotherapie, 39(5), 323–340.

Tagay, S., Hermans, B. E., Düllmann, S. & Senf, W. (2007). Essener Traumainventar für Kinder und Jugendliche. LVR-Klinikum Essen, Universität Duisburg Essen.

Teicher, M. H. & Parigger, A. (2011). Modified Adverse Childhood Experience Scale, version 0.9; inspired by the ACE Scale. In M. Schauer, F. Neuner & T. Elbert (Eds.), Narrative

Exposure Therapy (NET): A short-term intervention for traumatic stress disorders (2nd ed.) (pp. 80–90). Cambridge, Göttingen: Hogrefe Publishing.

Terr, L. C. (1991). Childhood traumas: An outline and overview. The American Journal of Psychiatry, 148(1), 10–20.

Thielemann, J. F. B., Kasparik, B., König, J., Unterhitzenberger, J. & Rosner, R. (2022). A systematic review and meta-analysis of trauma-focused cognitive behavioral therapy for children and adolescents. Child abuse & neglect, 134, 105899. https://doi.org/10.1016/j.chiabu.2022.105899

Trickey, D. & Meiser-Stedman, R. (2019). Advances in the assessment of PTSD in children and young people. In L. J. Farrell, T. H. Ollendick, & P. Muris (Eds.), Innovations in CBT for childhood anxiety, OCD, and PTSD: Improving access and outcomes (pp. 550–569). Cambridge University Press.

Trickey, D., Siddaway, A. P., Meiser-Stedman, R., Serpell, L. & Field, A. P. (2012). A meta-analysis of risk factors for post-traumatic stress disorder in children and adolescents. Clinical psychology review, 32(2), 122–138.

Turhan, H. (2016). Gesundheitsversorgung von geflüchteten Menschen mit Behinderung. In: Rechtsdienst der Lebenshilfe, 3,151–154.

Tutus, D. & Goldbeck, L. (2016). Posttraumatic symptoms and cognitions in parents of children and adolescents with PTSD. European Child & Adolescent Psychiatry, 25(9), 997–1005.

Tutus, D., Pfeiffer, E., Plener, P. L., Rosner, R., Bernheim, D. & Sachser, C. (2021). The change in parental symptoms and dysfunctional cognitions in the course of trauma-focused cognitive-behavioral therapy: Sustainability until one-year post-treatment. Journal of Child and Adolescent Psychopharmacology, 31(2), 129–136.

Ullman, S. (2003) Social reactions to child sexual abuse disclosures: a critical review. Journal of Child Sexual Abuse, 12, 89–121.

United Nations Children's Fund (UNICEF). (2017). A Familiar Face: Violence in the lives of children and adolescents. UNICEF Publications. Verfügbar unter: https://data.unicef.org/resources/a-familiar-face/l (Zugriff am 12.05.2024)

van der Kolk, B. A. (2005). Developmental Trauma Disorder: Toward a rational diagnosis for children with complex trauma histories. Psychiatric Annals, 35(5), 401–408. https://doi.org/10.3928/00485713-20050501-06

Villagrana, M., Guillen, C., Macedo, V. & Lee, S.-Y. (2018). Perceived self-stigma in the utilization of mental health services in foster care and post foster care among foster care alumni. Children and Youth Services Review, 85, 26–34.

Vogel, A., Steil, R., Comteße, H., Eilers, R., Renneberg, B. & Rosner, R. (2021). Routineversorgung für Jugendliche und junge Erwachsene mit Posttraumatischer Belastungsstörung nach sexualisierter und physischer Gewalt in Deutschland. Kindheit und Entwicklung, 30(3), 183–191. https://doi.org/10.1026/0942-5403/a000346

Wechsler, D. (2017). WISC-V – Wechsler Intelligence Scale for Children – Fifth Edition – Deutsche Bearbeitung hrsg. von Franz Petermann. Göttingen: Hogrefe.

Weinstein, D., Staffelbach, D. & Biaggio, M. (2000). Attention-deficit hyperactivity disorder and posttraumatic stress disorder: Differential diagnosis in childhood sexual abuse. Clinical psychology review, 20(3), 359–378.

Weiß, R. H. (2006). CFT 20-R – Grundintelligenztest Skala 2 – Revision. Göttingen: Hogrefe.

Wiedemann, J. (2000). Messung von posttraumatischer Belastungsstörung bei Kindern. Unveröffentlichte Diplomarbeit, Technische Universität Berlin.

Witt, A., Brown, R. C., Plener, P. L., Brähler, E., & Fegert, J. M. (2017). Child maltreatment in Germany: prevalence rates in the general population. Child and adolescent psychiatry and mental health, 11, 47. https://doi.org/10.1186/s13034-017-0185-0

Wolf, E. J., Lunney, C. A. & Schnurr, P. P. (2016). The influence of the dissociative subtype of post-traumatic stress disorder on treatment efficacy in female veterans and active duty service members. J Consult Clin Psychol, 84(1), 95–100.

World Health Organization (WHO) (1993). The ICD-10 classification of mental and behavioural disorders. World Health Organization.

10 Literaturverzeichnis

World Health Organization. (2019). International statistical classification of diseases and related health problems (11th ed.). https://icd.who.int/

Xiang, Y., Cipriani, A., Teng, T., Del Giovane, C., Zhang, Y., Weisz, J. R. et al. (2021). Comparative efficacy and acceptability of psychotherapies for post-traumatic stress disorder in children and adolescents: a systematic review and network meta-analysis. Evidence-based mental health, 24(4), 153–160.

Yohannan, J., Carlson, J. S. & Volker, M. A. (2022). Cognitive behavioral treatments for children and adolescents exposed to traumatic events: A meta-analysis examining variables moderating treatment outcomes. Journal of Traumatic Stress, 35(2), 706–717.

Zandberg, L., Kaczkurkin, A.N., McLean, C.P., Rescorla, L., Yadin, E. & Foa, E. B. (2016). Treatment of adolescent PTSD: The impact of prolonged exposure versus client-centered therapy on co-occurring emotional and behavioral problems. Journal of Traumatic Stress, 29(6), 507–514.

11 Weiterführende Literatur

Fornaro, P., Szesny-Mahlau, N. & Unterhitzenberger, J. (2023). Traumatherapie mit Kindern und Jugendlichen: Eine Orientierungshilfe für die Behandlung der (komplexen) PTBS. Paderborn: Junfermann Verlag.

Jensen, T., Cohen, J., Jaycox, L. & Rosner, R. (2020). Treatments for Children and Adolescents: Treatment of PTSD and Complex PTSD. In D. Forbes, J. I. Bisson & C. M. Monson (Eds.), Effective treatments for PTSD: practice guidelines from the International Society for Traumatic Stress Studies (pp. 385–416). New York: The Guilford Press.

König, J. & Rosner, R. (2021). Traumafolgestörungen. In W. Rief, E. Schramm & B. Strauß (Hrsg.), Psychotherapie: ein kompetenzorientiertes Lehrbuch (S. 171–185). München: Elsevier.

Landolt, M. A. & Hensel, T. (Hrsg.) (2007). Traumatherapie bei Kindern und Jugendlichen. Göttingen: Hogrefe.

Landolt, M. A. (2021). Psychotraumatologie des Kindesalters: Grundlagen, Diagnostik und Interventionen (3., überarb. Aufl.). Göttingen: Hogrefe.

Landolt, M. A., Cloitre, M. & Schnyder, U. (Eds.). (2017). Evidence-based treatments for trauma related disorders in children and adolescents. Cham: Springer.

Maercker, A. (Hrsg.) (2019). Traumafolgestörungen. Berlin, Heidelberg: Springer.

Rosner, R. & Unterhitzenberger, J. (2019). Posttraumatische Belastungsstörung. In S. Schneider & J. Margraf (Hrsg.), Lehrbuch der Verhaltenstherapie, Band 3 (S. 623–640). Berlin, Heidelberg: Springer. https://doi.org/10.1007/978-3-662-57369-3_35

Rosner, R., Gutermann, J., Landolt, M. A., Plener, P. & Steil, R. (2019). Behandlung der PTBS bei Kindern und Jugendlichen. In I. Schäfer, U. Gast, A. Hofmann, C. Knaevelsrud, A. Lampe, P. Liebermann et al. (Hrsg.), S3-Leitlinie Posttraumatische Belastungsstörung (S. 59–82). Berlin: Springer.

Vogel, A., Eilers, R., & Rosner, R. (2022). Therapie der Posttraumatischen Belastungsstörung bei Kindern und Jugendlichen. In J. Müller, M. Ruf-Leuschner, B. Grimmer, C. Knaevelsrud & G. Dammann (Hrsg.), *Traumafolgen: Forschung und therapeutische Praxis* (S. 147–162). Stuttgart: Kohlhammer.

Stichwortverzeichnis

A

Akute Belastungsreaktion 13
Anamnese 47
Anhaltende Trauerstörung 20
Anpassungsstörung 15
Aufklärung 120

B

Behandlungsmanuale 106
Behandlungsplanung 81
Behandlungssetting 58
Bindungsstörung mit Enthemmung 22

D

Diagnoseinstrumente 49
Diagnosestellung 55
Diagnostische Interviews 52
Differenzialdiagnostik 35
Dissoziation 104
Dissoziative Störungen 39

E

Einwilligung 120
Elternzentrierte Interventionen 100
emotionale, auch seelische oder psychische Gewalt 12
Emotionale Vernachlässigung 13
Empirische Evidenz 111
Erstgespräch 43

F

Fragebögen 50
Furchtstrukturmodell 70

I

Interpersonelle Gewalt 12

K

Kindeswohlgefährdung 46
Kindschaftsrecht 123
Kognitives Störungsmodell 71
Komorbidität 34
Komplexe posttraumatische Belastungsstörung 18
Konfrontation 98
körperliche Gewalt 12
Körperliche Vernachlässigung 13

M

Makroanalyse 57
Mikroanalyse 57

O

Offenbarungsbefugnis 122
Offenbarungspflicht 122
Opferentschädigungsgesetz 123

P

Posttraumatische Belastungsstörung 17
Prävalenz 29
Psychoedukation 91
Psychopathologischer Befund 49

R

Rahmenmodell der Ätiologie 65
Reaktive Bindungsstörung des Kindesalters 21
Risikofaktor 28

S

Schutzfaktor 29
Schweigepflicht 121
sexualisierte Gewalt 12

Social-Facilitation-Modell der Traumafolgen 72
SORKC-Modell 57
Stabilisierung 91
Stabilisierungsübungen 93
Störungsmodell 63
Stresstoleranzskills 94

T

Testverfahren 54
Therapieantrag 76
Therapiebausteine 90
Therapieziele 85
Trauma 12

Traumabearbeitung 96
Traumaentwicklungsstörung 19
Traumafolgestörungen 13
Traumatherapeutisches Dilemma 124

V

Verhaltensbeobachtung 55
Vernachlässigung 13

Z

Zwei-Faktoren-Modell 70